资产评估案例集

喻建红 温蓓 主编

ZICHAN PINGGU ANLIJI

中国财经出版传媒集团
经济科学出版社
Economic Science Press

图书在版编目（CIP）数据

资产评估案例集/喻建红，温蓓主编．—北京：经济科学出版社，2018.9（2024.2 重印）

ISBN 978-7-5218-0936-7

Ⅰ．①资⋯　Ⅱ．①喻⋯　②温⋯　Ⅲ．①资产评估－案例　Ⅳ．①F20

中国版本图书馆 CIP 数据核字（2019）第 206426 号

责任编辑：谭志军　李　军
责任校对：隗立娜
责任印制：邱　天

资产评估案例集

喻建红　温　蓓　主编

经济科学出版社出版、发行　新华书店经销
社址：北京市海淀区阜成路甲 28 号　邮编：100142
总编部电话：010-88191217　发行部电话：010-88191522
网址：www.esp.com.cn
电子邮箱：esp@esp.com.cn
天猫网店：经济科学出版社旗舰店
网址：http://jjkxcbs.tmall.com
固安华明印业有限公司印装
787×1092　16 开　18.5 印张　300000 字
2020 年 3 月第 1 版　2024 年 2 月第 2 次印刷
ISBN 978-7-5218-0936-7　定价：68.00 元
(图书出现印装问题，本社负责调换。电话：010-88191545)
(版权所有　侵权必究　打击盗版　举报热线：010-88191661
QQ：2242791300　营销中心电话：010-88191537
电子邮箱：dbts@esp.com.cn）

前言

1908年，美国哈佛商学院在管理教学中首创并大力推广"案例教学法"，之后中国引进案例教学法，并从20世纪80年代开始建设企业管理案例库。在联合国教科文组织进行的"不同管理教学法教学功效的比较"调查中，案例教学综合排名第一。

案例教学的精妙之处在于其不仅是一种教学过程，还是一种认识现实、启发思考的工具。工商管理学科教学应把学生的能力培养放在首位，以培养学生的专业素养和实践技能为重点，以学生为中心，充分发挥学生的学习主动性，不断提升学生自主学习、批判性思维、系统性分析问题和快速提出解决方案的能力。案例教学法能够较好地满足工商管理学科教学的这一要求。资产评估是一项实践性很强的实务操作工作，国内外都非常重视评估案例分析。中国资产评估行业经过三十余年的实践，积累了丰富的评估实践经验。资产评估案例是对资产评估理论实践的描述、解释、探索和总结。资产评估案例教学是实现理论与实践相结合的有效途径和重要方法。

本案例集分别按照评估标的资产属性或评估报告类型，系统地介绍和分析了机器设备、建筑物与构筑物、土地、房地产、车辆、无形资产、流动资产、长期投资、企业价值的评估案例，比较全面地涉及了资产评估的各种专业类型与业务类型。精选了34个典型案例，共8章22节。每个板块（即章和节）包括三部分：教学目的与要求、案例资料、讨论问题。其中，"教学目的与要求"主要说明相关案例涉及的理论和教学要求，"讨论问题"旨在引导读者思考。本案例集既有小型案例，又有大型案例。小型案例旨在加深读者对单一或简单理论知识点的实践认识；大型案例旨在培养读者的综合分析问题能力和创新能力，案例中的分析，代表作者的主张，仅供借鉴。本书所有案例的研究范围均不包括我国港澳台地区。

本案例集所选案例资料的内容完整翔实，弥补了理论教材在案例实务上一般只有简单计算，却缺乏完整的评估过程的不足。

本案例集由喻建红、温蓓共同编写，负责全书的总体框架设计和具体案例收集编写工作，喻建红负责全书的修订审核定稿工作。

本书在编写过程中参考了大量的文献资料，书后只列了其中一部分，在此一并向书中所涉及文献资料的作者表示衷心感谢！

鉴于编者水平有限，书中难免有不尽如人意之处，希望广大读者多提宝贵意见，也特别希望读者能将与本书有关的理论难点和现实热点问题反馈给我们，以便修订本书时使内容更贴近实际，更具有针对性。

编者

2018 年 8 月

目 录

第一章 资产评估目的

第一节 概述 ·· 1
第二节 资产评估目的案例 ·· 4

第二章 机器设备评估

第一节 概述 ··· 30
第二节 市场法案例 ··· 35
第三节 成本法评估机器设备案例 ··· 38

第三章 房地产评估

第一节 概述 ··· 66
第二节 土地使用权评估案例 ·· 79
第三节 建筑物评估案例 ··· 118
第四节 房地产评估案例 ··· 131

第四章 无形资产评估

第一节 概述 ··· 141

第二节　专利技术评估案例 ·················· 151
第三节　专有技术评估案例 ·················· 161
第四节　商标资产评估案例 ·················· 172
第五节　商誉评估案例 ······················ 179

第五章　长期投资性资产评估

第一节　概述 ······························ 181
第二节　长期投资性资产评估案例 ············ 185

第六章　流动资产评估

第一节　概述 ······························ 196
第二节　流动资产评估案例 ·················· 202

第七章　企业价值评估

第一节　概述 ······························ 211
第二节　企业价值评估案例 ·················· 216

第八章　资产评估报告

第一节　概述 ······························ 276
第二节　资产评估报告案例 ·················· 278

主要参考文献 ································ 287

第一章 资产评估目的

教学目的和要求：通过本章案例学习，能对资产评估一般目的和特定目的有一个深刻、全面的理解，同时能根据资产评估不同的特定目的选择价值类型和评估方法以及由此对资产评估价值的影响。

第一节 概述

资产评估是专业机构和人员，按照国家法律法规和资产评估准则，根据特定目的，遵循评估原则，依照相关程序，选择适当的价值类型，运用科学方法，对资产价值进行评定和估算的行为。资产评估目的是指评估委托人要求对评估对象的价值进行评估后所要从事的行为。资产评估目的要解决的是为什么要进行资产评估，这是资产评估工作进入实质性阶段后首先要考虑的重要因素。资产评估的目的是指资产评估的原因和用途。资产评估的目的没有公认的限制范围，它一般由委托者提出。

一、资产评估的目的

第一，财产所有权转移。如帮助潜在买主或卖主确定客观的买价或卖价，为交易提供合理的价格基础；帮助多个财产所有权合并或重组提出申请各自应占的份额；帮助依附于同一财产上的多重所有权分割财产等。

第二，金融、保险的各种原因。如为筹资者抵押、担保的财产估价，帮助银行支付贷款进行决策；为保险公司或承保人提供客观损失补偿的标准和限额等。

第三，为税务部门和纳税人提供各类财产税基的建议等。

第四，强制性收购和补偿。如由于政府或法令要求强制性收购他人财产，对收购方损失程度的估算等。

第五，为投资人提供投入财产所有权价值投资回收的周期等。

第六，破产清算时的财产变现价格估算。

第七，企业经营评价中的财产重新估价等。

二、资产评估目的的分类

资产评估目的有一般目的和特定目的。

（一）资产评估的一般目的

资产评估的一般目的或资产评估的基本目的是由资产评估的性质及其基本功能决定的。资产评估作为一种专业人员对特定时点及特定条件约束下资产价值的估计和判断的社会中介活动，其所要实现的一般目的只能是资产在评估时点的公允价值。资产评估中的公允价值是一种相对合理的评估价值，它是一种相对于当事人各方地位、资产状况及资产所面临市场条件的合理评估价值，是评估人员根据被评估资产自身的条件及其所面临的市场条件，对被评估资产客观交换价值的合理估计值。资产评估中的公允价值的显著特点是，它与相关当事人的地位、资产状况及资产所面临市场条件相吻合并且没有损害各当事人的合法权益，也没有损害他人的利益。

（二）资产评估的特定目的

资产评估作为一种资产价值判断活动，总是为满足特定资产业务的需要而进行的，这里的资产业务是指引起资产评估的经济行为。通常把资产业务对评估结果用途的具体要求称为资产评估的特定目的。我国资产评估实践表明，资产业务主要有：资产转让、企业兼并、企业出售、企业联营、股份经营、中外合资（合作）、企业清算、担保、企业租赁、债务重组等。

1. 资产转让

资产转让是指资产拥有单位有偿转让其拥有的资产，通常是指转让非整体性资产的经济行为。

2. 企业兼并

企业兼并是指一个企业以承担债务、购买、股份化和控股等形式有偿接收其他企业的产权，使被兼并方丧失法人资格或改变法人实体的经济行为。

3. 企业出售

企业出售是指独立核算的企业或企业内部的分厂、车间及其他整体资产产权出售行为。

4. 企业联营

企业联营是指国内企业、单位之间以固定资产、流动资产、无形资产及其他资产，投入组成各种形式的联合经营实体的行为。

5. 股份经营

股份经营是指资产占有单位实行股份制经营方式的行为，包括法人持股、内部职工持股、向社会发行不上市股票和上市股票。

6. 中外合资（合作）

中外合资（合作）是指我国境内的企业和其他经济组织与外国企业和其他经济组织或个人在我国境内举办合资或合作经营企业的行为。

7. 企业清算

包括破产清算、终止清算和结业清算。

8. 担保

担保是指资产占有单位，以本企业的资产为其他单位的经济行为保证并承担连带责任的行为。担保通常包括抵押、质押、保证等。

9. 企业租赁

企业租赁是指资产占有单位在一定期限内，以收取租金的形式，将企业全部或部分资产的经营使用权转让给其他经营使用者的行为。

10. 债务重组

债务重组是指债权人按照其与债务人达成的协议或法院的裁决。同意债务人修改债务条件的事项。

11. 引起资产评估的其他合法经济行为

（三）资产评估特定目的在资产评估中的作用

第一，资产评估特定目的对评估结果的性质、价值类型等有重要的影响。

第二，资产评估特定目的是界定评估对象的基础。

第三，资产评估特定目的对于资产评估价值类型的选择具有约束作用。

三、确定资产评估目的的作用

在资产评估工作中，确定资产评估目的是非常重要的一个环节。从理论上来讲，任何资产都具有一定的使用价值，从而具有交换价值。如果我们对某项资产进行评估，无疑是可以评估出该项资产的价值的。但这里需要考虑一个问题，即该项资产的使用价值是在什么条件下产生的。如果为了发挥其使用价值而发生了大量的成本，发生的成本超过该项资产继续使用所带来的预期收益，那么，从评估的角度看，该项资产是没有价值的。因此，在对被评估资产进行评估时，首先要明确被评估资产的目的。目的不同，用途也就不同，资产在使用时所需要具备的条件也就不同，其产生的预期收益也将不会相同。这会影响到评估方法的运用。评估方法不同，评估结果也就不同。因而，可以说，不同的资产评估目的，会导致不同的资产评估结果。不同的资产评估结果，会对评估事项当事人的经济利益产生不同的影响。

第二节　资产评估目的案例

案例1　资产抵押评估

A建筑装饰工程有限公司资产抵押项目案例资料：

注册资产评估师声明

本公司评估人员在执行本次评估业务过程中，恪守独立、客观、公正、科学的原则，遵循有关法律、法规和资产评估准则的规定，按照公认的资产评估方法，对被评估资产在评估基准日特定目的下的价值做出了公允反映并且承担相应的责任。

本评估报告只能用于评估报告中载明的评估目的，因使用不当造成的后果与本评估机构以及签字注册资产评估师无关。

评估结论不应被认为是对被评估资产在评估目的下可实现价格的保证。

我们只对评估结论本身符合职业规范要求负责，而不对报告使用者的资产业务定价决策负责。

我们对评估对象的法律权属状况给予了必要的查验，但本评估报告不具有对被评估资产法律权属确认或发表意见的能力，也不具有对被评估资产法律权属提供保证的能力。

评估报告使用者应关注评估报告特别事项说明和使用限制对评估结论的影响。

本评估机构及项目参加人员在被评估资产中没有现实的和预期的利益与报告使用人也没有利益相关的问题。

A建筑装饰工程有限公司资产抵押项目《资产评估报告书》摘要

重要提示：

以下内容摘自资产评估报告书，欲了解本评估项目的全面情况，应认真阅读资产评估报告书全文。

××资产评估有限公司接受A建筑装饰工程有限公司的委托，对其申报资产抵押所涉及的固定资产进行了评估。本公司评估人员根据国家有关资产评估的规定，本着独立、客观、公正、科学的原则，按照公认的资产评估方法，实施了包括实地查勘、市场调查与询证、评定估算等必要的评估程序，对××有限公司申报的拟抵押资产在评估基准日时所表现的价值做出了公允反映。现将评估情况及评估结果简要报告如下。

1. 评估委托方：A建筑装饰工程有限公司
2. 产权持有者：A建筑装饰工程有限公司
3. 评估目的：为委托方资产抵押提供价值参考依据
4. 评估范围与对象：A建筑装饰工程有限公司所申报的固定资产
5. 评估基准日：2015年3月10日
6. 评估方法：本次评估主要采用成本法
7. 评估结论：在评估基准日2015年3月10日，委托方委托评估资产的评估值为8 603 454.79元（人民币捌佰陆拾万叁仟肆佰伍拾肆元柒角玖分）
8. 本评估结论的有效使用期限自评估基准日2015年3月10日～2016年3月9日

评估报告的使用者应关注特别事项及使用限制对评估结论所产生的影响。

评估报告成立的前提、假设条件、特别事项说明及使用限制说明详见资产评估报告书正文。

本评估报告书仅供委托方及"资产评估业务约定书"中约定的评估报告其他

使用者为本次评估目的参考使用和送交资产评估主管机关审查使用。我们只对评估结论本身符合职业规范要求负责，而不对报告使用者业务定价决策负责。

本评估报告书的使用权归委托方所有，除法律、法规规定以及相关当事方另有约定外，未经许可，报告书的全部或部分内容不得向他人提供或公开，也不得见之于任何公开媒体。

A 建筑装饰工程有限公司资产抵押项目《资产评估报告书》

××资产评估有限公司接受 A 建筑装饰工程有限公司的委托，对其资产抵押所涉及的固定资产进行了评估。本公司评估人员根据国家有关资产评估的规定，本着独立、客观、公正、科学的原则，按照公认的资产评估方法，实施了包括实地查勘、市场调查与询证、评定估算等必要的评估程序，对 A 建筑装饰工程有限公司申报的拟抵押资产在评估基准日时所表现的价值做出了公允反映。现将评估情况及评估结果简要报告如下。

一、委托方、产权持有者和委托方以外的其他评估报告使用者

（一）委托方、产权持有者：

1. 企业名称：A 建筑装饰工程有限公司
2. 注册地址：××市大和平 X 路
3. 法定代表人：贾某某
4. 企业性质：有限公司
5. 有效期限：自 20××年1月19日至20××年9月30日
6. 发证机关：××市工商管理局
7. 注册号：略
8. 经营范围：室内装饰、装修设计等

（二）委托方以外的其他评估报告使用者

在了解资产价值目的实施的过程中，除委托方外，不排除其他相关方会阅读到本评估报告，但我们对其他相关方基于自身立场对本报告的理解不负任何责任。

二、评估目的

××资产评估有限公司接受 A 建筑装饰工程有限公司的委托，对申报的固定资产进行评估。以确定申报固定资产的价值，为 A 建筑装饰工程有限公司资产抵

押提供公允的价值参考依据。

三、评估对象和评估范围

评估范围为 A 建筑装饰工程有限公司申报的固定资产。截至评估基准日 2015 年 3 月 10 日，申报评估的固定资产主要为房屋建筑物和机器设备。以上评估范围和对象与委托评估时确定的范围和对象一致。

四、价值类型及其定义

本报告所称评估价值，是指本评估机构对被评估资产在本报告所列明的评估原则、假设和前提条件下，依据本报告所述的评估依据、评估程序和评估方法，为本评估报告所列明的评估目的而做出的公允价值反映。

市场价值是指资产在评估基准日公开市场上最佳使用状态下，由自愿交易的买卖双方在知情、谨慎、非强迫的情况下，最有可能实现的交换价值的估计数额。

通过对委托方确定的评估目的的分析和对评估所依据的市场条件、评估对象自身的状态等的了解，选择市场价值作为本次评估的价值类型。

五、评估基准日

本项目资产评估基准日是 2015 年 3 月 10 日。

此基准日是根据评估规范和 A 建筑装饰工程有限公司的实际情况，同时遵循评估基准日尽可能与本次评估目的的实现日接近的原则和考虑完成评估工作的实际可能，由 A 建筑装饰工程有限公司确定，并且与《资产评估业务约定书》中约定的评估基准日一致。

本次评估的取价标准均为评估基准日有效的价格标准。

六、评估依据

我公司在评估过程中主要遵守以下依据（包括但不限于）：

（一）法律依据

1.《国有资产评估管理若干问题的规定》

2. 中国资产协会《资产评估新准则》

3. 中国注册会计师协会《注册资产评估师关注评估对象法律权属指导意见》

（二）准则依据

1. 资产评估准则——基本准则

2. 资产评估职业道德准则——基本准则

3. 资产评估准则——评估报告

4. 资产评估准则——评估程序

5. 资产评估准则——固定资产

6. 其他与资产评估有关的法律、法规等

（三）权属依据

1. 资产评估业务约定书

2. 委托方《企业法人营业执照》复印件

3. 设备购置发票复印件

（四）取价依据

1. 委托方委托评估资产的申报材料以及其他材料

2. 资产评估常用数据与参数手册

3. 评估人员现场勘察、记录等

4. 有关市场询价资料和参数资料

七、评估方法

按照《资产评估准则》等评估法规规章的规定，评估方法一般有市场比较法、收益法和成本法 3 种。

（一）市场比较法

市场比较法是指利用市场上相同或类似资产的近期交易价格，经过比较、分析从而确定估测被评估资产价值的一种评估方法。采用市场比较法必须具备以下前提条件。

第一，需要有一个充分发育活跃的市场，以获得与被评估资产相同或类似资产的市场价格。

第二，参照物及其与被评估资产可比较的指标、技术参数等是可收集到的。

该项目符合以上两个条件，适合使用市场比较法。

（二）收益法

收益法是通过估算被评估资产在未来期间的预期收益并使用一定的折现率折成评估基准日的现值，以各收益期收益现值累加之和作为被评估资产价值的评估方法。其适用条件是：评估对象使用时间较长且具有连续性，能在未来相当期间取得一定收益；评估对象的未来收益和评估对象的所有者所承担的风险能用货币来衡量。但被评估单位不具备以下应用收益法评估的前提条件：未来收益期限可以确定、股东权益与企业经营收益之间存在稳定的关系、未来的经营收益可以正确预测计量、与企业预期收益相关的风险报酬能被估算计量，因此无法使用收益法进行评估。

（三）成本法

成本法即资产基础法，是指在合理评估企业各项资产价值和负债的基础上确定评估对象价值的评估思路。具体是指将构成企业的各种要素资产的评估值加总减去负债评估值求得企业价值的评估方法。根据本次资产评估目的，结合被评估资产的特点和采用的资产评估价值类型，考虑各种评估方法的作用、特点和所要求具备的条件，本次采用成本法作为主要的评估方法。

评估人员按照国家有关法律、法规及资产评估操作规范的要求，结合被评估资产的特点，对委托评估固定资产评估方法简要介绍如下：

基本公式为：评估值 = 重置全价 × 成新率。

1. 重置全价

重置全价主要参考市场相同设备现行市价，同时考虑其运杂费、安装调试费、资金成本及其他费用；对于部分无市场价格的设备，按照替代原则参考同类设备的购置价；技术进步程度较小的，以物价指数法来确定重置价。对于少数新近购进的设备，在核实有关会计凭证的基础上，确定其重置价；非标设备以重置核算法确定重置全价。基本公式为：

重置全价 = 购置价 + 运杂费 + 安装费 + 工程建设其他相关费用 + 资金成本

2. 成新率

对于一般性设备或小型设备，根据设备的实际技术状态、正常负荷率、维修保养情况、技改情况、工作环境和条件等结合其经济技术使用年限来确定其成新率，基本公式为：

年限法成新率 = 尚可使用年限/（已使用年限 + 尚可使用年限）× 100%

对于大型、重要、关键固定资产，首先根据现场勘察情况结合设计使用寿命、现实使用状况、维护状况，以实地勘查鉴定的结果结合设备的主要部件，制定鉴定打分标准，通过对各主要部件进行鉴定打分，根据各部件的得分情况计算出该设备的综合成新率，基本公式为：现场勘察成新率 = ∑单项分数，该项权重60%；

同时根据设备的经济使用年限及尚可使用年限计算出其年限法成新率，该项权重40%，将二者加权平均计算确定综合成新率。即：

$$\eta \text{综合} = \eta^1 \times 40\% + \eta^2 \times 60\%$$

其中：η^1——年限法成新率

η^2——现场勘察成新率

成新率的确定是专业评估人员基于技术、经验及现场勘察情况所做出的专业性综合判断的结果。

（四）机器设备评估案例资料

机器设备名称：电梯

规格型号：6/6/6 医用电梯

该设备购置于2014年5月，经过安装调试和试运行，于2014年5月达到预计可使用状态。

1. 设备简介

设备所属单位：A建筑装饰工程有限公司

制造厂家：上海××

名称及型号：6/6/6电梯

安置地点：办公楼

层数：6

站数：6

载重：1.6吨

数量：2

2. 重置全价的确定

（1）经查生产厂家网址，并结合市场询价，该型号设备市场售价165 000元。

（2）运杂费、安装调试费：费率取3%

重置全价 = 设备购置费 + 运杂费 + 安装调试费

= （165 000 + 165 000）×103%

= 339 900.00（元）

3. 成新率的确定

评估人员对设备现场勘察，该设备主要包括箱体、传动系统、电梯门、系统控制等几部分，可靠性高、可控性好、精度高、工艺性好，技术水平居国内领先。评估人员查阅《常用数据与参数手册（第二版）》，经济使用年限10年，已使用0.76年。

年限法成新率 = （10 - 0.76）÷ 10 × 100% = 92.40%

由于该设备购置时间不长，保养和维护良好，使用正常，评估人员认为现场勘察成新率与年限法成新率大致相同，不对年限法成新率进行调整，综合成新率为92%。

4. 评估值

评估值 = 重置完全价值 × 成新率
= 339 900.00 × 92% = 312 708.00（元）

（五）建筑物评估案例资料

建筑物名称：办公楼

建筑面积：9 707.84 平方米

1. 建筑物单位造价

该工程为六层混合结构，地上五层，地下一层。外墙贴瓷片，大门铺花岗岩地面，其余为水磨石地面，铝合金钢窗，楼梯扶手为不锈钢，电照齐全。评估基准日同类建筑物的单位造价为770元/平方米（参考公司周围的同类工程）。与现行建筑物相比，该楼在室内结构、材料使用、附属设施等方面都已装修，总造价高5%。综上所述，待估建筑物单位造价为：

建筑物单位造价 = 770 × （1 + 5%） = 808.5（元/平方米）

2. 前期费用及其他费用

根据有关规定，计算各类建设取费及建设单位所支付的前期费用为5%。

前期费用 = 808.5 × 5% = 40.425（元/平方米）

3. 资金成本

利息：建设物的建设周期为1年期，利率5.31%，资金均匀投入。

资金成本 = （直接费用 + 前期费用） × 利息
= 848.925 × 5.31% × 0.50
= 22.53（元/平方米）

4. 重置价值的计算

待估建筑物单位重置成本 = 工程直接费 + 前期费用 + 资金成本

= 808.5 +（808.5×5%）+（808.5 + 40.425）×5.31%×0.50

= 808.5 + 40.425 + 22.53

= 871.455（元/平方米）

待估建筑物的重置成本 = 871.455×9 707.84 = 8 459 945.71（元）

5. 成新率的计算

理论成新率 =（50 − 1/50）×100% = 98%

现场勘察成新率，经现场勘察的结果如表1−1所示。

表1−1　　　　　　　　现场勘察成新率计分表

序号	部位名称	完全分	勘察分
1	基础	30	29.5
2	承重结构	30	29.5
3	非承重结构	8	7.5
4	屋面	6	6.0
5	地面	4	4.0
6	内外装修	12	11.5
7	门窗	5	5.0
8	水、电配套设施	5	5.0
	合计	100	98.0

综合成新率 = 98.00%×60% + 98.00%×40% = 98%（取整）

6. 评估值的计算

评估值 = 重置全价×综合成新率

　　　 = 8 459 945.71×98%

　　　 = 8 290 746.79（元）

八、评估程序实施过程和情况

（一）接受委托

第一，进行项目前期调查，明确评估目的、评估范围、评估对象、评估基准日等评估业务基本事项。

第二，进行项目风险评价，同意接受委托。

第三，与委托方签订资产评估业务约定书。

第四，制订评估工作计划。

第五，项目组人员进行业务培训。

（二）指导企业填报资产评估申报表。

指导企业按照中国资产协会 2008 年《资产评估新准则》规定的资产清查评估明细表格式逐项将纳入资产评估范围的资产进行填报。

（三）现场调查、收集评估资料

评估人员进入现场后，首先指导企业对纳入评估范围的资产进行申报和全面的清查核实工作，并收集准备评估所需资料，检查核实资产与验证资料等工作。在企业对纳入评估范围的资产进行了全面清查盘点的基础上，评估人员根据企业提供的委托评估固定资产清查评估明细表进行现场清查核实和勘察鉴定，对被评估资产的法律权属予以必要的查验关注，对企业提供的资料进行验证。

根据企业提供的固定资产清查评估明细表，通过对有关的合同、发票等权属证明材料及相关会计凭证的审查核实，对其权属予以必要的关注。组织专业技术人员进行现场勘查和核实，查阅主要设备的运行、维护记录和生产统计资料，并向设备管理和使用人员了解设备的使用、维护、修理和技术改造等情况，对主要的大型关键设备进行详细的现场勘察和鉴定，通过查阅有关的设备购置发票和财务决算情况对其账面价值进行核实。

（四）整理评估资料

对收集的评估资料进行分析，判断每一份资料的可靠性、合理性和可用性，其过程是去粗取精、去伪存真的过程。经过分析和筛选，汇集所有合理、可靠的资料。根据评估工作需要进行分类，将评估资料进行归纳整理。

（五）评定估算、形成评估结论

评估人员对从现场收集的资料进行分析和汇总，进行市场调研和询价等程序，按照前述的资产评估方法对各类资产进行评定估算。

第一，分项对委托评估资产进行分析、计算和评定估算，编制各项资产评估说明，然后将各项结果进行汇总，得出评估结果。

第二，分析评估结论，确认评估工作中没有发生重评、漏评的情况，考虑期后事项、特殊事项等可能对评估结论产生重大影响的事项。

第三，汇集资产评估工作底稿，审查复核各类工作底稿。

（六）编制和提交评估报告

第一，撰写资产评估报告、评估说明、资产评估明细表初稿，并进行评估机构内部三级审核。

第二，在不影响对最终评估结论进行独立判断的前提下，与委托方或者委托方许可的相关当事方就评估报告有关内容进行必要沟通。

第三，向委托方提交资产评估报告。

九、评估假设

第一，评估过程中遵循以下评估假设，当其中的假设条件不成立时，评估结论不成立，评估报告将无效。

一是持续使用假设，即本次评估假设评估基准日后，被评估资产按照目前的用途和使用的方式、规模、频度、环境等继续使用。

二是公开市场假设，即假定被评估资产将在一种较为完善的公开市场上进行交易，评估选取的作价依据和结论都可在公开市场上存在和成立。

三是交易假设，即假定被评估资产已经处于交易过程中，评估师根据被评估资产的交易条件等模拟市场进行估价。

四是国家宏观经济政策和被评估资产所在地区社会经济环境无重大变化，行业政策、法律法规、管理制度、税收政策、信贷利率等无重大变化，产权持有者主要管理人员、职工队伍、管理水平、主营业务无重大变化。

五是产权持有者对申报评估的资产拥有完整的所有权、管理权、处置权、收益权。

六是委托方及产权持有者提供的资料真实、合法、完整、有效。

七是评估报告仅用于评估报告书指明的评估目的。

第二，评估假设对评估结论的影响。

一是评估假设直接关系到评估报告书和评估结论的有效与无效。

二是评估假设关系到企业经营的外部环境，其变化将有可能使企业调整经营方向和方式，或者改变产品结构或提高产品质量标准，或者对企业的经济效益产

第一章 资产评估目的

生重大影响,这都会严重影响评估结论的合理性和公允性。

三是评估假设的实现与否,关系到评定估算中各种数据、参数选取的正确与否,影响评估结论的合理性和公允性,严重时评估结论不能成立。

十、评估结论

本公司评估人员根据国家有关资产评估的规定,本着独立、客观、公正、科学的原则,按照公认的资产评估方法对 A 建筑装饰工程有限公司申报评估的固定资产进行了评估。根据以上评估工作,依据评估结论成立的前提和条件:在评估基准日 2015 年 3 月 10 日,委托评估资产的评估值为 8 630 454.79 元,人民币大写为捌佰陆拾叁万零肆佰伍拾肆元柒角玖分。

十一、特别事项说明

第一,本次评估机器设备的重置成本中包含了增值税税款,税率为 17%。

第二,本评估结论没有考虑被评估资产如果出售所应承担的税费等事项,以及特殊的交易方可能追加(或减少)付出的价格等对评,估结论的影响,也未考虑国家宏观经济政策发生变化以及遇有自然力和其他不可抗力对评估结论的影响。当前述条件及评估中遵循的持续经营等原则发生变化时,评估结果将会失效。

第三,对可能存在影响评估结论的瑕疵事项,在委托方及产权持有者未做出特别说明、而评估人员根据专业经验不能获悉或无法收集资料的情况下,评估机构及签字注册资产评估师不承担责任。

第四,委托方及产权持有者管理层和其他相关人员提供的与评估有关的所有资料,是编制本报告的基础,应对其提供资料的真实性、合法性和有效性负责,如资料与事实不符,将可能造成评估结果失实。

第五,我们执行本次资产评估业务的目的是对被评估资产进行评估并发表专业意见,对被评估资产的法律权属确认或发表意见不在我们的执业范围之内。提供被评估资产法律权属证明资料并保证其真实性、合法性、完整性是委托方的责任,我们仅限于对被评估资产的法律权属予以必要的查验。

第六,本评估结论是对 2015 年 3 月 10 日这一评估基准日时点被评估资产价值的客观公允反映,本评估机构对评估基准日以后被评估资产价值发生的重大变化不承担责任。

第七,评估基准日后至评估报告有效期内,若被评估资产数量及作价标准发生重大变化,并对评估结论产生影响时,不能直接使用本评估结论,须对评估结论进行调整或重新评估。

第八,本次评估中,对固定资产的技术鉴定主要采用目测观察手段以及查阅资产占有方提供的设备检测记录,未使用仪器对设备进行测试查验。

第九,本公司及本次评估工作人员与委托方不存在除业务收费以外的其他任何经济关系。

第十,委托方及产权持有者的建筑物均无房产证。

评估报告使用者应关注特别事项对评估结论所产生的影响。

以上事项造成评估报告合法使用人的任何损失均与本公司无关,本公司及资产评估师和其他评估人员也不承担任何责任。

十二、评估报告使用限制说明

第一,评估报告只能用于评估报告载明的评估目的和用途。

第二,评估报告只能由评估报告载明的评估报告使用者使用。

第三,评估结论不应被认为是对被评估资产在评估目的下可实现价格的保证。

第四,除法律、法规规定以及相关当事方另有约定外,未经本评估机构及签字注册资产评估师同意,评估报告的内容不得被摘抄、引用或披露于任何公开媒体。

第五,评估报告使用者应将本评估报告作为一个整体使用,不得摘录报告的部分内容使用。

第六,评估报告的有效使用期限为2015年3月10日~2016年3月9日。

十三、评估报告提交日期

本项目评估报告提交日为2015年3月14日。

1. 法定代表人:××资产评估有限公司

2. 注册资产评估师:略

3. 注册资产评估师:略

4. 资料来源:××资产评估事务所

十四、问题讨论

1. 资产评估的目的是什么?在评估中有何作用?

2. 如何理解资产评估的目的、价值类型和评估方法三者之间的关系?

第一章 资产评估目的

案例 2 对外出资评估

一、案例背景

S 种业科技股份有限公司是注册于 H 省 S 市的股份有限公司,其经营范围包括:粮食、棉花、油料、糖料、瓜菜、果树、茶树、桑树、花卉、草类等作物种子的选育、生产、销售(凭许可证经营);生物激素、农药、化肥、农业机械及配件、汽车配件、橡胶及制品、种用仪器设备、人造革、塑料制品销售;农业信息咨询。(凡需行政许可的项目凭许可证经营)

S 种业科技股份有限公司是具有《全国农作物种子经营许可证》的种子高科技大型企业,具有国家农作物种子进出口权。主要从事优质杂交水稻、杂交玉米、抗虫棉花、瓜菜等农作物种子的选育、繁殖、生产、销售与技术服务。在南方稻区多个省(区)等设有分公司或控股子公司。销售网络覆盖全国 15 个水稻主产省区,杂交稻种子销量位居全国种业前列。S 种业科技股份有限公司在 H 省 S 市拥有农作物育种中心;根据不同生态区域,分别在南方稻区多个省建立了作物研究所,与中国多家大学或科研院所建立了合作关系。每年参加国家或省级区域试验品种 20~30 个,一批具有自主知识产权的新品种陆续上市,并开始向东南亚、南亚国家辐射。

B 评估公司接受 S 种业科技股份有限公司的委托,对 S 公司拟对外出资的需要,S 种业科技股份有限公司"S 稻××水稻品种"植物新品种权进行估价,为上述经济行为提供市场价值参考依据。评估基准日 2013 年 7 月 31 日。

经 B 评估公司评估,S 种业科技股份有限公司"S 稻××水稻品种"植物新品种权的评估价值为 144.24 万元。

二、案例内容

(一)评估对象与评估范围

本次评估对象为 S 种业科技股份有限公司拥有的"S 稻××水稻品种"植物新品种权。

本次评估范围为 S 种业科技股份有限公司拥有的"S 稻××水稻品种"植物新品种权,具体权利包括但不限于生产权、销售权、使用权、许可权、转让权和名称标记权。

S种业科技股份有限公司拥有的"S稻××水稻品种"植物新品种权于2007年9月1日经农业部授权而来。"S稻××水稻品种"植物新品种权证书号：第××号；品种权人：S种业科技股份有限公司；培育人：何××、张××、席××、杨××；品种权号：CNA2××58.4；申请日：20××年8月5日；授权日：20××年9月1日；保护期限为15年，自授予之日起生效。

所谓植物新品种，是指经过人工培育的或者对发现的野生植物予以开发，具备新颖性，特异性、一致性和稳定性并有适当命名的植物品种。植物新品种权的核心在于赋予育种者对于其开发的品种一定时期内的独占的权利，使其可以收回投入的成本，从而有动力和积极性去开发新的品种。S种业科技股份有限公司拥有的"S稻××水稻品种"植物新品种权经H省农作物品种审定委员会会议审定通过。具体审定说明如下：

类型：籼型三系杂交水稻

适种地区：H省中南地区种植

品种来源：不育系金××杂交选配的杂交早稻组合度

特征特性：全生育期111.1天，比对照金优402迟熟0.7天。该品种株型适中，长势繁茂，叶色浓绿，剑叶短挺，分蘖力较强，成穗率高，穗长粒稀，结实率高，后期落色好。株高87.9厘米，亩有效穗25.3万，每穗总粒数97.8粒，每穗实粒数77.9粒，结实率79.7%，千粒重26.6克。出糙率82.6%，精米率67.4%，整精米率31.9%，垩白粒率57%，垩白度8.6%，直链淀粉含量19.30%，胶稠度57毫米，粒长7.2毫米，长宽比3.1，透明度3级，碱消值5级。稻瘟病抗性自然诱发鉴定：苗瘟0级，叶瘟2级，穗瘟0级。

栽培技术要点：3月20～25日播种，亩大田用种2千克。秧龄30天左右，栽插规格5×6寸，每穴6-7根苗。底肥以农家肥和三元复合肥为主，插后7天追施氮肥和钾肥，抽穗前5天看苗补肥。浅水灌溉，及时晒田，后期干干湿湿。注意防治病虫害。

（二）评估方法

由于很多植物新品种在研制过程中并没有设立专户进行核算，而客观上一些植物新品种研制的成功得益于大量的先期研究和教训的积累。因此，如对植物新品种价值评估采用成本法，其原始成本资料是不易取得的。此外，由于植物新品种一般研发周期长，研究经费有时是由国家投入，因此，植物新品种的开发成本与其可能带来的预期收益之间存在着很高的不对称性。有可能有的新品种开发成本较低，但其应用前景看好，能为其所有者持续不断地创造收益。反之，可能存在开发成本较高，但应用前景不大，为所有者创造的收益较少甚至不能带来收益的情况。因此，一般植物新品种的价值评估不适宜用成本法。

由于植物新品种这一无形资产往往具有唯一性，这就使利用市场法评估植物新品种价值产生很大的困难。此外，我国目前植物新品种市场还处于初级阶段，市场上缺乏可以借鉴的交易案例。即使存在着一些交易案例，但人为的影响因素也较大，因此缺乏可借鉴性。同时，植物品种的价值由于和自然环境的关系密切，具有很强的地域性，这也给寻找可作为参照物的交易案例带来了很大的困难。所以，在植物新品种价值评估中运用市场法也很难付诸实施。

植物新品种的转让或投资，一般都是以未来可获得的超额收益能力为基础的，因此适宜采用收益法。本次评估具体采用收益现值法。

收益现值法又称收益还原法、收益本金化法。它是通过预测评估对象剩余寿命期间未来年期的收益，并选择适当的折现率，将未来收益折算为评估基准日的现值，用未来收益现值累加之和作为评估对象重估价值的一种方法。

"S稻××水稻品种"已在公司生产销售并产生了巨大的经济效益和社会效益。根据相关经济理论，任何生产企业经济效益的产生不外乎资金（资产）、经营能力和技术作用而得，因此在对专有技术评估时应采用分成比例确定，本次评估时我们即采用收益现值法中的收益分成法；故评估时以委托方提供的相关销量、售价及成本、费用及其他专有技术历史资料为预测基础。

1. 编制基准

根据S大丰种业科技股份有限公司的各项基础、能力、潜力和经营情况及各项经济指标，并考虑其今后发展计划和可实现程度，遵循国家现行法律、法规和相关制度的有关规定，本着求实、稳健的原则进行收益预测。

2. 假设前提

收益预测分析是运用收益现值法评估资产价值的基础，而任何预测都建立在一定假设前提下"S稻××水稻品种"植物新品种权专有技术未来收益的预测建立在下列前提下：

（1）企业在现有规模基础上持续经营并根据市场需求和产量要求规模逐步扩大。

（2）企业所遵循的国家有关法律、法规、政策、制度仍如现时状况而无重大改变。

（3）企业所在地区以及经济业务涉及地区的社会政治、经济环境无重大变化。

（4）依法持续经营，在经营范围、方式和决策程序上与现时及计划大方向保持一致。

（5）有关金融信贷利率、税赋基准及税率以及市场行情在正常范围内变化。

（6）企业各项管理目标、经营计划如期实现。

（7）"S稻××水稻品种"推广地区在可预见的将来不会产生重大的自然灾害和种植条件（如施肥、灌溉的条件）发生重大变化的不利影响。

（8）杂交水稻市场需求逐年增加。

（9）S种业科技股份有限公司销售的"S稻××水稻品种"种子能在J省和H省等推广地区现有基础上保持基本稳定。

（10）无其他人力不可抗拒因素及不可预见因素造成的重大不利影响。

在评估中，评估人员根据资产评估的要求，采用的现行政策条款，统计参数或通用行业参数，均认定其在假设前提评估基准日期成立，当未来经济环境发生较大变化时，评估人员将不承担由于假设前提的改变而推导评估出不同结果的责任。

本次植物新品种权专有技术评估采用如下计算公式：

$$p = a\sum_{t=1}^{n}\frac{R_t}{(1+r)^t}$$

式中：t——寿命年限；

R_t——未来各年度收益额；

R——折现率；

a——利润分成率。

3. 我国种业行业分析

（1）我国宏观经济发展状况。

据国家统计局公报显示2013年国内生产总值595 244亿元，比2012年增长

7.8%。分产业看,第一产业增加值 56 957 亿元,增长 4.0%;第二产业增加值 249 684 亿元,增长 7.8%;第三产业增加值 262 204 亿元,增长 8.3%。第一产业增加值占国内生产总值的比重为 9.3%;第二产业增加值比重为 44.0%;第三产业增加值比重为 46.7%。

根据《中共中央关于制定国民经济和社会发展第十一个五年规划的建议》,"十一五"期间,我国将在保持经济平稳较快发展的前提下,落实以全面、协调、可持续发展为特征的"科学发展观",政府将更加注重推进增长方式的转变、调整优化产业结构、解决三农问题、推进城市化健康发展、促进区域协调发展,2014 年预计 GDP 平均增长率为 7.5%。

(2) 我国农业发展状况。

中国是一个农业历史悠久的国家,农业在整个国民经济中占有重要的地位。自中华人民共和国成立以来,尤其是 20 世纪 80 年代改革开放以来,中国的农业发展迅速,以有限的耕地养活了占全世界 22% 的人口,取得了令世人瞩目的成就。其中 2013 年全年全国粮食总产量达到 60 194 万吨,比 2012 年增加 1 236 万吨,增长 2.1%。其中,夏粮产量 13 189 万吨,增长 1.5%;早稻产量 3 407 万吨,增长 2.4%;秋粮产量 43 597 万吨,增长 2.3%。全年棉花产量 631 万吨,比 2012 年减少 7.7%;油料产量 3 531 万吨,增长 2.8%;糖料产量 13 759 万吨,增长 2.0%。全年猪牛羊禽肉产量 8 373 万吨,比 2012 年增长 1.8%,其中猪肉产量 5 493 万吨,增长 2.8%。生猪存栏 47 411 万头,比 2012 年下降 0.4%;生猪出栏 71 557 万头,比 2012 年增长 2.5%。全年禽蛋产量 2 876 万吨,比 2012 年增长 0.5%;牛奶产量 3 531 万吨,下降 5.7%。

(3) 我国种业发展现状和特点。

我国种子主要分为粮食作物种子(水稻、玉米和小麦)、棉花种子、瓜菜种子和花卉种子等。其中粮食作物种子是最主要的种子产品,由于小麦种子基本上是农民自留种,因此形成商品化的主要是水稻杂交种子和玉米杂交种子,二者占了所有种子产品中的 48% 左右。

我国种子商品化率与种粮价比较低,未来利润增长空间大。目前,我国种子商品化率仅 36%,种粮价比仅为 3~5:1,而美国等发达国家的商品化率高达 90% 以上,种粮价比平均为 20~25:1。与发达国家相比,我国种子的相对价格和毛利率仍然很低。另外，美国种子成本占种植业产值比重为6%，而我国仅为1.5%，拥有4倍的差距。随着我国种子商品化程度的不断提高，以及种子价格水平的提升，国内种子市场的巨大潜力将得以发挥。

（4）细分种子市场份额分析。

我国水稻种子的主要类别结构为：杂交水稻种子占水稻种子总量的比例为45%，常规种子占55%左右。

从品种结构来看，我国杂交水稻种子市场格局基本保持稳定。隆平高科、神农大丰、丰乐种业、亚华等企业占有全国相对较大市场份额，其余为规模相对较小的种子企业，这与我国水稻种植量保持稳定的背景基本相符。

（5）优质杂交水稻、杂交玉米种子的盈利能力较强，毛利率高达50%，但整个行业供给仍大于需求。

我国种子行业盈利能力略高于其他传统行业，其中优质杂交水稻、杂交玉米毛利率高达50%以上。目前大田作物种子的毛利率较低，平均水平在10%～30%，而蔬菜和经济作物等的毛利率则在50%以上（其中以杂交水稻，杂交玉米，抗虫棉和瓜菜种子的毛利率较高，高达60%以上），总体盈利水平略高于其他传统产业。

（6）种业行业特征。

种子属于农业生产资料，其生产和销售具有很强的季节性，农民购买种子一般集中在上年度的10月份到下年度的8月份并且早、中、晚稻也有差别，当年销售的种子需要提前一年安排生产，由于产销不同期，故整个经营活动存在较大的盲目性。生产的前置期长且最终的收种产量往往由自然条件决定；高要求的仓储；市场需求及竞争状态的不确定性；售后的风险性（每当农户出现收成不好时，哪怕是自然条件或自身原因引起，但由于界定原因非常困难，所以种子公司都会受到影响）等决定了种业是经营难度较大、风险较高的行业。

与其他行业不同的是种子需求的价格弹性非常低，甚至接近于零，即种子价格的变化对单位面积播种量几乎没有影响，农民并不会因为价格低了就多买种。而供给的价格弹性却较高，种子是必需的农业生产资料，具有不可替代性且无法即时生产（必须提前一年，所以一旦遇到种子生产量不足或自然灾害减产的年份，种子的价格会出奇的高）。

种子的质量指标较为复杂，有些指标如净度、发芽率、水分等可及时检测，而有些指标如纯度等却无法及时检测，只有播种后在实际生长过程当中才能发现和检验。另种子的实际田间表现除了与种子本身的质量相关外，还与自然气候、田间管理、生态适应性等许多方面有关。当销售季节结束，多余的种子需要转到第二年销售时，必须将种子晾晒到一定的水分含量以下进入低温库冷藏。一般随着时间的推移种子的发芽率会快速降低，当发芽率低于国家规定的80%时，该种子也就不能销售，只能转为低价商品粮了。这也是许多种子公司在销售季节后期不惜亏损但一定要出清库存的主要原因了。

4. 农作物新品种权价值影响因素

农作物新品种的培育投入了人力、物力，并且能给其所有者及使用者带来预期的收益，因此具有一定的价值。农作物新品种的价值主要有商业价值和社会价值，其中影响农作物新品种商业价值的因素主要有：

（1）农作物新品种自身状况。

农作物新品种的种植产量、适应性（如地域的广泛性，抗倒伏、抗病虫害等）、品质（如玉米品种中粗蛋白、粗脂肪、粗淀粉、赖氨酸的含量）、制种的产量等都会影响到其价值的大小，是影响其价值的主要因素。

（2）转让时间和条件。

农作物新品种的转让时间，有的是在新品种被审定后，有的是被审定前。审定前后的价值不同。此外，转让时是否带有附带条件以及转让费用的支付方式都会对农作物新品种的价值产生影响。

（3）外部环境因素。

影响农作物新品种价值的外部环境因素主要有市场因素和自然因素、农作物新品种的市场供求关系、其他同类农作物品种的市场竞争。自然环境的变化也会对其价值实现产生很大的影响。

（4）其他因素。

农作物新品种转让之后，对品种具有使用权的种子企业的制种规模、制种环境及市场营销运作等都会对新品种价值产生影响。

（三）评估依据（略）

（四）资产评估过程及评估参数的确定

1. 评估过程（略）

2. 评估主要参数的选取

(1) 收益额的预测。

S 种业科技股份有限公司收益额的确定，是在以前年度经营状况及企业生产能力基础上确定的，管理及销售费用根据其以前年度发生数及同类上市公司费用率分析确定。具体预测如下：

第一，主营业务收入预测。

一是历史年度主营业务收入。

公司主要在 J 省和 H 省推广销售"S 稻××水稻品种"种子。经查实，自 2006 年以来该品种经营收入一直稳步发展，因此经营收入逐年增加。2011～2013 年，"S 稻××水稻品种"种子实际经营收入情况如表 1-2 所示。

表 1-2　　　　　　　　　实际经营收入情况

序号	年份	项目内容		
		销售数量(千克)	销售单价(元/千克)	销售金额(万元)
1	2011 年度	804 143	12.8	1 029.30
2	2012 年度	871 394	12.8	1 115.38
3	2013 年度	900 967	13.2	1 189.28
2011～2013 年复合增长率(%)		4.93		

二是未来主营业务收入的预测。

由于"S 稻××水稻品种"种子销售收入主要由年推广面积、单位面积用种量和该品种的种子单价决定，因而其未来销售收入可从两方面来预测：一方面根据历年该品种销售数量（即年推广面积和单位面积用种量的乘积）增长趋势分析，另一方面分析未来销售单价的变化情况，由此来确定主营业务收入。

由于农作物育种工作是在不断进行的，因而任何一个植物新品种均存在着一定期限的经济寿命周期。这直接导致受法律保护的植物新品种可能在其保护期内出现替代或更新品种，进而使该品种销售出现波动，即销售收入呈现出进入期、成熟期、衰退期的现象。

基于以上分析，本次评估结合主要农作物品种更新周期规律，预计该品种销售收入自 2013～2020 年为进入期和成熟期，即呈逐年递增趋势；自 2021 年起进入衰退期,呈逐步下降的趋势,直至剩余保护期。

第二,主营业务成本的预测。

一是企业 2011~2013 年主营业务成本情况。

2011~2013 年该品种的产品经营成本具体情况如表 1-3 所示。

表 1-3　　　　　　　　　　产品经营成本

序号	年度	项目内容		
		入库数量(千克)	购进单价(元/千克)	经营成本(万元)
1	2011	804 143	7.8	627.23
2	2012	871 394	7.6	662.26
3	2013	900 967	8.1	729.78
	2011~2013 年复合增长率(%)	5.18(其中购置价格复合增长率为 1.27)		

二是主营业务成本的预测。

据了解,公司采用"公司加农户"生产模式。该生产模式主要指以具有实力的加工、销售型企业为龙头,与农户在平等、自愿、互利的基础上签订经济合同,明确各自的权利和义务及违约责任,通过契约机制结成利益共同体,企业向农户提供产前、产中和产后服务,按合同规定收购农户生产的产品,建立稳定供销关系的合作模式。鉴于主营业务成本的复杂性,我们对该品种主营业务成本预测主要是依据前三年经营成本复合增长率情况分析确定。具体详见专有技术评估价值测算表。

第三,销售费用的预测。

销售费用主要为包装费、运费、宣传推广费和劳务费等。经咨询及分析得知,上市种业公司销售费用与销售收入正比例关系,平均比例约在 10%。基于谨慎原则,本次预测年度的销售费用主要根据前 3 年的营业费用收入平均比调整确定,经适当调整后按固定比例确定为 8%~10%。

第四,管理费用的预测。

管理费用主要为办公费和劳务费等。经咨询及分析得知,上市种业公司管理费用与销售收入正比例关系。本次预测年度的销售费用主要根据前 3 年的营业费用收入平均比并结合同类上市公司水平调整确定,经适当调整后按固定比例确定为 6%～8%。

第五，其他税费的预测。

S 种业科技股份有限公司主要经营粮食、棉花、油料、糖料、瓜菜、果树、茶树、桑树、花卉、草类等作物种子的选育、生产、销售（凭许可证经营）。根据《中华人民共和国企业所得税法》第二十七条以及《中华人民共和国增值税暂行条例》第十六条，该品种产品销售收入和经营所得分别免征流转税和企业所得税。

（2）折现率的选取。

本次评估专有技术，风险主要来自于市场和财务方面，综合考虑折现率由风险报酬率、无风险报酬率和企业个别风险系数确定。

第一，风险报酬率的确定。

风险报酬率主要根据同行业净资产收益率确定。由于上市公司的收益情况具有一定的代表性，故我们选取上市公司中 3 家与 S 种业科技股份有限公司类似的种业公司收益率作为案例。经查询类似上市种业公司净资产收益率如表 1 - 4 所示。

表 1 - 4 净资产收益率

证券代码	公司名称	每股收益(元/股)	每股净资产(元/股)	净资产收益率(%)
略	FLZY	0.129	2.294	5.62
略	LPGK	0.257	3.700	6.95
略	DHZY	0.075	3.090	2.43
合计				5%

以上 3 家上市公司平均净资产收益率为 5%，故风险报酬率取 5%。

第二，无风险报酬率的确定。

无风险报酬率是对资金时间价值的补偿，这种补偿分两个方面：一方面是在无通货膨胀、无风险情况下的平均利润率，是转让资金使用权的报酬；另一方面是通货膨胀附加率，是对因通货膨胀造成购买力下降的补偿。由于现实中无法将这两种补偿分开，而共同构成无风险利率。本次估值参照期限在 15 年以上、剩余年限在 10 年以上的 7 只国债利率的平均值 3.844286 和标准差 0.428581，并考虑到未来升息的可能，按照剩余年限在 10 年以上的 7 只国债利率的平均值的 1.96 倍（95% 置信度）的标准差确定无风险报酬率，即无风险报酬率为 4.67%。具体计算如表 1-5 所示。

表 1-5　　　　　　　　　　无风险报酬率

序号	代码简称	债券代码	期限(年)	年利率(%)
1	07 国债(13)	略	20	4.52
2	21 国债(7)	略	20	4.26
3	05 国债(4)	略	20	4.11
4	05 国债(12)	略	15	3.65
5	06 国债(19)	略	15	3.27
6	国债 0303	略	20	3.40
7	06 国债(9)	略	20	3.70
平均值				3.844286
标准差				0.428581
95% 置信度				4.67

第三，企业个别风险系数的确定。

通过分析企业上下游产业的依赖风险、市场风险、政策风险，据以确定企业特定风险调整系数。S 种业科技股份有限公司与可比上市公司相比，在公司治理结构、融资条件和资本流动性等方面与可比上市公司存在差异，而且行业受自然灾害的影响较大，未来预期存在较大的不确定性，因此企业个别风险较大，综合以上情况确定企业个别风险系数取 5%。

综上所述，则折现率 = 5% + 4.67% + 5% = 14.67%，取整 15%。

（3）分成率（β）的确定。

本次对无形资产的评估采用收益分成法，利润分成率是以专有技术投资产生的收益为基础，按一定比例分成确定专有技术的收益。本次技术分成率的确定，我们采用专家打分法，用加权平均的方式确定，将技术评价细分为十项指标。每项权重根据历年企业财务指标、技术背景资料和咨询相关技术人员科学地确定，然后计算出加权平均值。根据我国和联合国工业发展组织惯例，技术分成率的最大值取 27%。利润分成率选取及评价指标如表 1-6 所示。

表 1-6　利润分成率选取及评价指标表

序号	评价指标	权重(X)	平均值(Y)	XY
1	技术水平	0.15	80	12.0
2	获奖等级	0.05	0	0.0
3	技术成熟程度	0.10	80	8.0
4	经济效益	0.30	80	24.0
5	市场前景	0.10	80	8.0
6	转让方式	0.05	100	5.0
7	社会效益	0.05	80	4.0
8	产业政策吻合度	0.05	90	4.5
9	市场风险	0.05	80	4.0
10	投入产出比	0.10	80	8.0
合计		1.00		77.5

$$\beta = \beta_{max} \times A = 77.5\% \times 27\% = 20.925\%$$

式中：β_{max}——最大分成率；

　　　A——专家对该技术评价的量化值。

（4）收益期的确定。

植物新品种权专有技术的法定保护期为 15 年，该植物新品种权授予之日为 2007 年 9 月 1 日，保护期到期日为 2022 年 8 月 30 日，剩余保护期限约为 9 年，据此确定其收益期为 9 年。

（五）评估结果

截至评估基准日 2013 年 7 月 31 日，采用收益现值法评估的纳入评估范围的 S 种业科技股份有限公司拥有的"S 稻××水稻品种"植物新品种权的评估价值为 144.24 万元（大写贰佰肆拾贰万陆仟叁佰元）。

第一章　资产评估目的

表1-7　"S稻××水稻品种"植物新品种权专有技术评估价值测算

项目	2014年8~12月（万元）	2015年（万元）	2016年（万元）	2017年（万元）	2018年（万元）	2019年（万元）	2020年（万元）	2021年（万元）	2022年1~7月（万元）
一、营业收入	416.250	1 236.970	1 312.690	1 379.380	1 379.380	1 324.750	1 221.910	1 127.050	736.340
减：营业成本	243.270	759.280	824.290	898.370	943.850	970.850	974.830	936.230	611.670
销售费用	41.630	123.700	131.270	137.940	137.940	125.850	103.860	90.160	58.910
管理费用	33.300	98.960	105.010	110.350	110.350	99.360	79.420	67.620	44.180
财务费用									
三、营业利润	98.060	255.040	252.120	232.720	187.240	128.700	63.790	33.030	21.580
四、利润总额	98.060	255.040	252.120	232.720	187.240	128.700	63.790	33.030	21.580
减：所得税									
五、净利润	98.060	255.040	252.120	232.720	187.240	128.700	63.790	33.030	21.580
六、利润分成率（%）	20.925	20.925	20.925	20.925	20.925	20.925	20.925	20.925	20.925
七、分成利润	20.520	53.370	52.760	48.700	39.180	26.930	13.350	6.910	4.520
八、折现率（%）	15.000	15.000	15.000	15.000	15.000	15.000	15.000	15.000	15.000
九、折现系数	0.940	0.820	0.620	0.470	0.350	0.270	0.200	0.150	0.140
十、折现值	19.360	43.780	32.730	22.840	13.900	7.220	2.710	1.060	0.640
评估价值	144.240								

资料来源：百度文库，https：//wenku.baidu.com/view/af53d130eefdc8d376ee327e.html

三、问题讨论

1. 该评估案例与资产评估特定评估目的是否一致？

2. 分析案例在无形资产权利实施范围、分成率以及折现率计算存在的缺陷。

第二章 机器设备评估

教学目的和要求：通过本章案例学习，能掌握各种机器设备价值的评估方法并且对成本法评估机器设备有一个深刻、全面的理解，以及了解如何运用市场法评估机器设备价值。

第一节 概述

机器设备评估是指注册资产评估师依据相关法律、法规和资产评估准则，对机器设备的价值进行分析、估算并发表专业意见的行为和过程。在企业资产评估中，通常把纳入固定资产管理范围的机器设备作为机器评估对象。

一、机器设备概述

（一）机器设备及其分类

机器设备是指由金属或其他材料组成，由若干零部件装配起来，在一种或几种动力驱动下，能够完成生产、加工、运行等功能或效用的装置。典型的机器设备主要是由原动机部分、传动部分和工作部分三大部分组成。

机器设备的特点：

（1）机器设备作为主要劳动手段，属于会计学中所称的固定资产，具有单位价值高、使用期限长的特点。

（2）机器设备属于动产类资产（整体属于动产，不排除局部属于不动产）。

(3) 机器设备属于有形资产。

(4) 机器设备更新换代比较快。

确定机器设备评估范围时应注意区别下列几个问题：

(1) 机器设备和土地、房屋及构筑物。

(2) 机器设备和无形资产。

(3) 机器设备和流动资产。

(二) 机器设备的类型

1. 按国家固定资产分类标准分类

(1) 通用设备。

(2) 专用设备。

(3) 交通运输设备。

(4) 电气设备。

(5) 电子及通信设备。

(6) 仪器仪表、计量标准器具及工具、衡器。

2. 按现行会计制度规定分类

(1) 生产经营用机器设备。

(2) 非生产经营用机器设备。

(3) 租出机器设备。

(4) 未使用机器设备。

(5) 不需用机器设备。

(6) 融资租入机器设备。

3. 按机器设备的组合程度分类

(1) 单台设备（独立设备）。

(2) 机组，如柴油发电机组等。

(3) 成套设备（包括生产线），由若干不同设备按生产工艺过程依次排序联结，形成一个完整或主要生产过程的机器体系，如合成氨成套设备、胶合板生产线等。

4. 按机器设备的来源分类

(1) 通常可分为自制设备。

(2) 外购设备两种，外购设备中又有国内购置和国外引进之分。

(三) 机器设备评估的特点

(1) 不具备独立的获利能力，评估很难用收益法。

(2) 整体的价格不仅是单台设备价格的简单相加。

(3) 影响机器设备磨损的因素很多，设备的磨损、失效规律不易确定，个体差异较大。确定贬值往往需要逐台地对设备的实体状态进行调查、鉴定。

(4) 设备的贬值因素比较复杂，除实体性贬值外，往往还存在功能性贬值和经济性贬值。

(四) 机器设备评估的程序

(1) 明确评估目的。

(2) 清查机器设备，明确评估对象。

(3) 对机器设备进行必要的鉴定，确定其适用性、可用度以及主要技术参数。

(4) 研究确定评估方法、搜集和处理有关信息资料。由于机器设备收益边界的难确定性，因此单台机器设备的评估几乎不会采用收益法，收益法可以用于机组设备、生产流水线的评估。

(5) 评定估算，撰写评估报告。

二、机器设备评估成本法

成本法也是资产评估的基本方法之一。成本法是指首先估测被评估资产的重置成本，其次估测被评估资产业已存在的各种贬损因素，最后将其从重置成本中予以扣除而得到被评估资产价值的各种评估方法的总称。基本计算思路如下所示。

机器设备评估值 = 重置成本 − 实体性贬值 − 功能性贬值 − 经济性贬值

(一) 成本法的基本前提

(1) 被评估资产处于继续使用状态或被假定处于继续使用状态。

(2) 应当具备可利用的历史资料。成本法的应用是建立在历史资料基础上的，信息资料、指标需要通过历史资料获得。同时，现时资产与历史资产具有相同性或可比性。

(3) 形成资产价值的耗费是必须的。

(二) 成本法中的基本要素

1. 资产的重置成本

重置成本一般包括重新购置或建造与评估对象功效相同的全新设备所需的一

切合理的直接费用和间接费用，如设备购置成本、运杂费、安装费、基础费、其他间接费用、税金、资金成本等，重置成本分为复原重置成本和更新重置成本。复原重置成本是指采用与评估对象相同的材料、建筑或制造标准、设计、规格及技术等，以现时价格水平重新购建与评估对象相同的全新资产所发生的费用。更新重置成本是指采用新型材料，现代建筑或制造标准，新型设计、规格和技术等，以现行价格水平购建与评估对象具有同等功能的全新资产所需的费用。机器设备重置成本的构成如下所示。

（1）设备现行购置成本。

（2）设备运杂费。

（3）设备基础费。

（4）设备安装费。

（5）建设单位管理费。

（6）建设单位临时设施费。

（7）工程监理费。

（8）研究试验费。

（9）勘察设计费。

（10）工程保险费。

（11）联合试运转费。

（12）施工单位迁移费。

（13）建设期资金成本（机会成本）。

（14）其他合理费用（设备操作人员培训费，不包括维修费）。进口设备重置成本还包括设备的进口从属费用，如：①海外运费；②海外保险费；③进口关税；④增值税；⑤公司代理手续费；⑥银行手续费；⑦商检费等。

2. 资产的实体性贬值

资产的实体性贬值即是有形损耗，是指资产由于使用及自然力作用导致的资产的物理性能的损耗或下降引起的资产的价值损失。

3. 资产的功能性贬值

资产的功能性贬值是指由于技术进步引起的资产功能相同而性能更好的资产而造成的资产价值损失。

4. 资产的经济性贬值

资产的经济性贬值是指由于外部条件的不利变化引起资产闲置收益下降等而造成的资产价值损失。

（三）重置成本的估算方法

重置成本的估算方法主要有重置核算法、价格指数法和功能价值类比法。

（四）实体性贬值的测算方法

实体性贬值的测算方法主要有观察法（也称成新率法）、使用年限法和修复费用法。

（五）资产的功能性贬值测算方法

资产的功能性贬值包括超额投资成本引起的功能性贬值和超额运营成本引起的功能性贬值。超额投资成本等于复原重置成本与更新重置成本之差额；超额运营成本引起的功能性贬值是设备未来超额运营成本的折现值。一般功能性贬值指超额运营成本引起的功能性贬值。

（六）资产经济性贬值的估算

经济性贬值包括预期收益率降低造成经济性贬值和设备开工不足造成经济性贬值。预期收益率降低造成的经济性贬值为未来每年税后损失额的现值之和；设备开工不足引起的经济性贬值的计算一般采用规模经济指数法。

三、市场法

在市场经济和市场发育比较完善的国家和地区，运用市场法比较普遍，具体做法是：通过对市场近期同类设备或类似设备的成交价或报价进行分析、对比，调整获取被评估设备的评估值。基本步骤如下所示。

（一）明确鉴定被评估对象

主要包括设备类别、名称、规格型号、购置时间、生产厂家、设备性能、技术状况等。

（二）选择参照物

最重要的是选择的参照物具有可比性。确定基本因素具有可比性，确认其成交价具有代表性和合理性，才可以作为参照物。在条件允许的情况下，最好有多个参照物。

（三）选择适当的方法估算比准价值

具体的方法有：直接比较法、相似类比法和市价折余法等。

（1）直接比较法：是利用二手市场已成交的相同设备的交易资料，通过与被评估设备直接对比、调整得出评估值的方法。

（2）相似类比法：是利用与评估对象相似的且在市场已成交的设备的交易资料，通过与被评估设备对比、调整得出评估值的方法。

（3）市价折余法：利用市场上与评估设备相同或相似设备的全新价格，根据评估对象的现时状态，凭借对市场行情的把握和经验，对全新设备价格进行打折估算出评估对象价值的方法。

（四）确定评估结果

四、收益法

运用收益法进行设备评估的前提是该资产具有独立的生产能力和获利能力。就单台设备而言，大部分不具备独立获利的能力。因此，单项设备评估通常不采用收益法评估。对于自成体系的成套设备、生产线以及可以单独作业的车辆等可以采取收益法评估。

第二节 市场法案例

案例3 市场法评估机器设备

一、案例资料

（一）被评估对象基本情况

设备名称：普通车床

规格型号：CA××××

制造厂家：A机床厂

出厂日期：20××年2月

安装方式：未安装

附件：齐全（包括仿形车削装置、后刀架、快速换刀架、快速移动机构）

实体状态：评估人员通过对车床的传动系统、导轨、进给箱、溜板箱、刀架、

尾座等部位进行检查、打分,确定其综合分值为61分

(二) 确定市场参照物

评估人员对二手调协市场进行调研,确定三个与被评估对象较接近的三个市场参照物。

(三) 对评估对象和参照物进行因素比较。

1. 个别因素比较

如表 2-1 所示:

(1) 三个参照物与评估对象的规格型号、安装方式、附件情况均相同,调整系数为1。

(2) 参照物 B 和参照物 C 为 B 机床厂生产,已知相同型号的新车床 A 机床厂比 B 机床厂的产品费贵11%。以此作为调整系数。

(3) 役龄因素调整,评估人员根据市场调查,发现设备的役龄相差0.5年,其售价相差5%左右。

(4) 根据评估对象和参照物的实体状态分值确定实体状态调整系数。

表 2-1　　　　　　　　　　个别因素比较

项目	评估对象	参照物 A	参照物 B	参照物 C
规格型号	CA6140×1 500	CA6140×1 500	CA6140×1 500	CA6140×1 500
	1	1.00	1.00	1.00
制造厂家	A 机床厂	A 机床厂	B 机床厂	B 机床厂
	1	1.00	1.11	1.11
役龄	7	7.50	7.00	6.50
	1	1.05	1.00	0.95
安装方式	未安装	未安装	未安装	未安装
	1	1.00	1.00	1.00
附件	齐全	齐全	齐全	齐全
	1	1.00	1.00	1.00
实体状态	61	57.00	60.00	66.00
	1	1.07	1.02	0.92
比较系数	1	1.12	1.13	0.97

2. 市场因素比较

评估对象与参照物的市场交易状况、交易动机及背景、交易数量等因素均相同，调整系数均为1。

3. 时间因素

三个参照物的交易时间如表2-2所示，根据不同交易时间的物价水平确定时间因素调整系数。

表2-2　　　　　　　　　　　　　　时间因素调整系数

项目	评估对象	参照物 A	参照物 B	参照物 C
交易时间	当前	半年前	半年前	一年前
时间因素调整系数	1	1.02	1.02	1.05

4. 地域因素

参照物A与评估对象属同一地区，参照物B和参照物C的交易地点在另一地区。已知参照物B和参照物C所在地区的交易价格比评估对象所在地区高2%（见表2-3）。

表2-3　　　　　　　　　　　　　　地域因素调整系数

项目	评估对象	参照物 A	参照物 B	参照物 C
交易时间	X地区	X地区	Y地区	Y地区
地域因素调整系数	1	1	0.98	0.98

（四）计算评估值（表2-4）

表2-4　　　　　　　　　　　　　调整后结果　　　　　　　　　　单位：元

项目	参照物 A	参照物 B	参照物 C
交易价格	27 590	27 070	32 350
比较因素调整系数	1.1424	1.1295	0.9981
调整后结果	31 520	30 580	32 290

被评估对象的评估值 =（31 520 + 30 580 + 32 290）/3 = 31 460（元）

资料来源：潘学模. 资产评估学（第二版）[M]. 成都：西南财经大学出版社，2014.

二、问题讨论

1. 市场法评估机器设备的程序和适用条件?
2. 运用市场法计算机器设备评估值时不同参照物价格差异怎么处理?

第三节　成本法评估机器设备案例

案例4　单项国产机器设备评估

一、设备概况

设备名称：锅炉装置

型号规格：型号为××××

制造厂家：××锅炉厂

安装地点：主厂房锅炉房

启用日期：2007年12月

数量：1台

账面原值：36 819 022.00元

账面净值：15 134 978.70元

该锅炉属自然循环式煤粉锅炉，由汽包、水冷壁、过热器、管式空气预热器与省煤器四角布置的直流式燃烧器、固体排渣、露天钢架结构、硅酸铝保护炉墙等组成、锅炉露天布置。配套汽轮机为××汽轮机厂生产的汽轮机，配套电机为××电机厂生产的发电机。2007年10月5日随4号机组点火首次整组启动，10月4日首次达到额定转速，11月1日首次并网发电，11月23日完成72小时试运行，12月6日结束24小时试运行移交试生产。在正式投产至2017年9年多的运行中，该锅炉随该机组经过了3次大修和多次小修与技改，最近一次大修时间为2017年第一季度。通过大修，在锅炉原有的技术性能基础上，对存在的一些缺陷进行了改进。主要有：（1）因运行中制粉，燃烧系统设备，管道煤粉泄漏严重，在2009年9~11月的锅炉首次大修中，对一次风煤粉管道由原绞接式补偿器，全部改用上海亚达仪表机械厂生产的Q型挠性接头。（2）改用与清华大学联合开发的"富集型"燃烧器，可在≥50%负荷条件下维持燃烧不熄火，节省了点火燃料。（3）省煤器部分改用"鳍片管",不仅减少了"四管"爆漏概率,而且降低了排烟温度,降低了煤耗,因而提高了热效率。(4)高温过热器管子材质改用T91,以消除超温爆漏现象。(5)对炉顶,炉墙进行整治,消除了漏烟,漏灰现象等。

二、主要技术参数

额定蒸发量:670吨/时

再热蒸汽流量;562吨/时

过热器出口压力:5 140×10帕

再热器入口压力/出口压力:26.5×105帕斯卡

过热器出口蒸汽温度:/24.5×105帕斯卡

再热器入口温度/出口温度:315℃/540℃

给水温度:252℃

热风温度:370℃~380℃

排烟温度:140℃

燃烧方式:四角布置

燃烧器形式:直流式

制粉系统:中间储仓,热风送粉系统

球磨机型号:钢球磨煤机××,380/830

点火方式:采用二级高能点火

三、重置价值的确定

经向该锅炉生产厂家——××锅炉厂询价,该套设备现行出厂价为49 000 000元人民币(含包装费)。重置价值计算过程如下:

设备原价(含包装费):49 000 000.00元

设备运杂费:49 000 000×6.5% =3 185 000.00(元)

设备成套费:49 000 000×(1+6.5%)×0.5% =260 925.00(元)

设备运杂费及成套费合计:3 445 925.00元

安装工程费合计:12 746 374.00元

其他费用。如前所述,该费用是根据装机容量(电厂建设规模)计收的,整套起动试运费由设备单独承担外,四项其他费用应由设备安装和土建工程两大块共同分摊。因此,我们在计算该费用时,是根据电厂总装机容量计算出总费用后,按 1∶3 的比例分摊到土建和设备中。其中设备部分，在计算出总费用后，按设备价款分摊到各设备中。

（一）前期工程勘察设计竣工图等费

根据能源部电规《关于印发〈电力工程设计收费工日定额〉的通知》电力部，《电力工程综合取费标准》的有关规定，计算出前期工程勘察设计竣工图等费，总价为 2 995 万元。

（二）工程监理费

计算标准为单机容量 300 兆瓦级及以下机组为 15 元/千瓦，故其工程监理费为 600 万元。

（三）整套启动试运费

是指从炉、机、电等第一次启动时锅炉点火开始，到完成满负荷试运移交生产为止，所发生的费用净支出。包括燃料费、电费、调试单位的调试费、施工单位参加整套启动试运费等。计算标准：火电工程整套启动试运费 = 燃料费 + 厂用电费 − 售出电费 − 售出蒸气费 + 调试费 + 施工单位参加整套启动试运费。根据上述公式，并依据原电力工业部《火电，送变电工程建设预算费用构成及计算标准》及《电力建设工程调试定额》的有关规定，计算出 200 兆瓦机组的整套启动试运费为 720 万元。

（四）施工安全措施费

发电工程的计算标准是按本期工程建设规模 1.5 元/千瓦计算。工程规模为 2200 兆瓦，故其施工安全措施费为 60 万元。

（五）供电贴费

根据原电力部电办《关于印发〈供电工程贴费管理办法〉的通知》2200 兆瓦机组供电贴费取费标准为 56.9 万~75.9 万元，本次评估取 60 万元。设备应分摊部分 = [（A + B + D + E）×0.75 + C]/火电设备费总和 = 3 506（万元）/火电设备费总和经计算，本次被评的火电设备总价款为 43 948.2 万元，各设备"其他费用"分摊系数为 3 506/43 948.2 = 0.0798。本台锅炉的设备价款为 49 000 000 元。应分摊其他费用为 49 000 000 × 0.0798 = 3 910 200（元）。

建设期资金成本：（设备原价 + 设备运杂费 + 设备安装费 + 其他费用）× 9% × 1.5

= （49 000 000 + 3 445 925 + 12 746 374 + 3 910 200）× 9% × 1.5 = 9 328 837 （元）

重置价值的确定：

重置价值 = 设备原价 + 设备运杂费 + 设备安装费 + 其他费用 + 建设期资金成本 = 49 000 000 + 3 445 925 + 12 746 374 + 3 910 200 + 9 328 837 = 78 431 336 ≈ 78 431 300（元）

四、成新率的确定

该锅炉投产至 2017 年，随该机组先后经过三次大修，其中第三次大修是在 2017 年 1 月 11 日开工，3 月 8 日完成检修工作和各项调试工作，并网发电。经过大修，机组的总体水平又上了一个台阶。目前锅炉处于完好状态。我们查阅了该锅炉的第三次大修的所有检测报告和大修总结报告，认为该锅炉大修前后，其蒸发量，热效率均符合设计指标，设备评级均为"一类"。经无损探伤检测中心进行的全面"金属检验"，汽包检验未发现超标缺陷，对各管件焊缝，壁厚等进行的抽样检验中，对少数不及格的焊缝进行了返修，其余全部合格。2008 年 2 月，电厂进行了自检炉体超压试验（试验压力为工作压力 1.5 倍），试验结果合格。目前该锅炉所在的机组供电标准煤耗 380 克/千瓦小时，处于投运以来的最佳状态，达到同型机组的先进水平。该锅炉的设计使用年限为 30 年（依据该锅炉生产厂家与发电厂签订的《技术协议书》中有关对锅炉使用要求的规定），我们分析后认为这是锅炉的物理使用年限（即自然寿命），而评估所考虑的应该是锅炉的经济使用年限（即经济寿命）。通过调查省内和省外部分火力发电厂的锅炉使用状况，以及向省电力设计院的有关专家咨询了解得到的有关资料，在目前的技术状况和我国电力设备技术革新条件下，该型号的锅炉经济使用年限一般在 22～25 年。本次评估中经济使用年限取 23 年，已使用 9.4 年，其成新率为：成新率 =〔（设备总使用年限 − 设备已使用年限）/设备总使用年限〕× 100% =〔(23 − 9.4)/23〕× 100% = 59.13%

五、评估结果

如前所述，在本锅炉评估中，我们没有考虑功能性贬值和经济性贬值，因此其评估值为：评估现值 = 78 431 300 × 59% ≈ 4 627.4500（元）

六、说明

第一，该案例在估算购置价格时采用了市场询价法。对于市场上有销售定价的设备，可以采用询价法估算其购置价格。在具体询价时应注意以下原则：（1）必须是评估基准日的价格；（2）必须采用具有权威性的、贸易量大的贸易单位的价格；（3）尽可能向原设备制造厂家询价。结合实际情况，该案例就是向原设备制造厂家——A机械厂询价的，所以被估设备的购置价格合理性较高。

第二，被估设备属于国产机器设备，其重置价值通常由购置价格、运杂费、基础费、安装调试费和资金成本5项构成。其中，运杂费是从生产厂家到安装使用地点所发生的装卸、运输、采购、保管、保险及其他有关的费用。它的计算方法有两种：一是根据设备的生产地点、使用地点以及重量、体积、运输方式，根据铁路、公路、船运、航空等部门的运输计费标准计算；二是按设备价格的一定比例作为设备的运杂费率，以此来计算设备的运杂费。该案例采用的是后一种方法。对于运杂费率的确定，国家有专门的机械行业运杂费率表。具体的运杂费率由评估师结合费率表和距离（从生产厂家到安装使用地点）、设备的尺寸、重量及相关因素确定。设备的基础是为安装设备而建造的特殊构筑物。设备的基础费是指建造设备基础所发生的人工费、材料费、机械费及全部取费。可以按照设备价格的一定比例作为设备的基础费率，以此来计算设备的基础费。通常，设备的基础费率按设备所在行业颁布的概算指标中规定的标准取值，该案例就是如此。安装调试费是指设备在安装的过程中所发生的所有人工费、材料费、机械费及全部取费。它可以按设备购置价格的一定比例计算得出，这个比例通常可以按所在行业概算指标中规定的设备安装费率来确定。在该案例中，根据厂商的承诺，安装被估设备免收安装调试费，即该项费用由设备生产厂家承担，使用者需负担的安装调试费为0。

第三，成新率是表示设备新旧程度的比率。估测机器设备的成新率通常有三种方法：使用年限法、观测分析法和修复费用法。其中，技术鉴定法是观测分析法中较为科学的具体方法，主要是根据机器设备的内在技术状态来确定成新率，这比用看外观和访问用户得出的资料来确定成新率更加可靠和准确。该案例是先用使用年限法和技术鉴定法分别得出被评估设备的成新率，再加权平均得出综合成新率。尽管这种加权平均方法的使用、具体权重的确定可能缺乏牢靠的科学依据，但这种方法的使用却可以降低成新率出现大的偏差的概率。此外，在使用年限法确定成新率过程中，结合被评估机器设备的特点和具体使用情况，对实际使用年限做出相应的调整是必要的。

评估分析在大型设备评估中,需要对设备技术运行情况进行调查,应该利用现有的技术检测部门的技术分析报告,但应明确指出评估结果成立的前提条件及法律责任的归属问题,以免由于其他专业报告的原因导致评估结果的偏误,给评估师带来风险。

资料来源:内蒙古财经学院财政税务学院资产评估系编,资产评估案例集,内蒙古:内蒙古人民出版社,2018.4

七、问题讨论

1. 成本法包括要素的内容,评估中的资产贬值和会计中的资产减值有何关系?

2. 成本法评估国产机器设备需考虑哪些因素?机器设备的重置成本有哪些估算方法?

3. 锅炉装置属于特种设备中的压力容器,其运行的技术情况是否应经过相关技术检测部的技术分析?

4. 本案例经过多次更新改造,其成新率应如何确定?

5. 请计算该设备的加权平均投资成本,并确定其现值。

案例5 进口机器设备评估

一、案例资料

某公司欲以公司拥有的进口机器设备等资产对外联营投资,故委托某评估机构对该进口设备的价值进行评估,评估基准日为2014年11月30日。

设备名称:图像设计系统

规格型号:STORK

设备产地:A国××厂家

启用日期:2011年11月

账面价值:11 000 000.00元

账面净值:9 000 000.00元

评估人员根据掌握的资料,经调查分析后,决定采用成本法评估。

(一) 计算公式

CIF 价 = FOB 价 + 国外运输费 + 国外运输保险费

重置现价 = CIF 价 + 银行财务费 + 外贸手续费 + 商检费 + 国内运杂费 + 国内安装调试费

重置全价 = 重置现价 + 资金成本

评估价值 = 重置全价 × 综合成新率

(二) 重置全价的估算

（1）FOB 价为 EUR（欧元）560 000.00 元。该价格系向 A 国××厂家询得，按评估基准日汇率计算，折合 USD（美元）571 000.00 元，评估基准日美元与人民币汇率中间价为 6.9251。

（2）国外运输费率取 5.5%。

（3）国外运输保险费率取 0.4%。

（4）CIF 价 = FOB 价 + 国外运输费 + 国外运输保险费

= 571 000.00 × (1 + 5.5%) × (1 + 0.4%) × 6.9251

= 604 814.62（美元）

= 4 188 400（元）（取整）

（5）关税及增值税：被评估设备根据《当前国家重点鼓励发展的产业、产品和技术目录》以及《中华人民共和国上海海关公告——外商投资项目不予免税的进口商品目录》规定，除设备控制系统中的微型计算机不予免关税外，其余机器设备均予免税，由于微型计算机所占金额很少，故计算中未计关税与增值税项目。

（6）银行财务费率取 0.7%。

（7）外贸手续费率取 1.5%。

（8）商检费率取 0.3%。

（9）国内运杂费率取 3%。

（10）设备基础费：该设备不需专门建设设备基础，故略计此费用。

（11）国内安装调试费率取 3%。

（12）资金成本：评估基准日一年期贷款利率 5.85%，半年期贷款利率 5.58%。从合同签订至设备安装调试完毕 12 个月。付款方式为：首期支付 CIF 价的 30%（计息期 12 个月），设备进关开始安装调试支付 60%（计息期 6 个月），安装调试费均匀投入（计息期3个月），余款10%于调试运行后支付（计息期为零）。

进口设备重置现价 = FOB价 + 国外运输费 + 国外运输保险费 + 银行财务费 + 外贸手续费 + 商检费 + 国内运杂费 + 安装调试费

= ［FOB价 ×（1 + 国外运输费率）×（1 + 保险费率）× 基准日外汇汇率］×（1 + 银行财务费率 + 外贸手续费率 + 商检费率 + 国内运杂费率 + 安装调试费率）

= ［604 814.62 ×（1 + 5.5%）×（1 + 0.4%）× 6.9251］×（1 + 0.7% + 1.5% + 0.3% + 3% + 3%）

= 4 813 536.00（元）（取整）

资金成本 = CIF价 × 30% × 5.85% × 12/12 + CIF价 ×（60% + 银行财务费 + 外贸手续费 + 商检费 + 国内运杂费）× 5.58% × 6/12 + 安装调试费 × 5.58% × 3/12

= 604 814.62 × 30% × 5.85% × 12/12 + ［604 814.62 × 60% + 604 814.62 ×（0.7% + 1.5% + 0.3% + 3%）］× 5.58% × 6/12 + 604 814.62 × 3% × 5.58% × 3/12

= 10 614.50 + 11 052.69 + 253.11

= 21 920.3（美元）

= 151 800（元）（取整）

进口设备的重置全价 = 重置现价 + 资金成本

= 4 813 536.00 + 151 800

= 4 965 336（元）

评估价值 = 重置全价 × 综合成新率

（三）综合成新率的确定

1. 确定实体性损耗率

（1）该设备经济使用寿命为16年（属印刷设备类）。

（2）已使用日历年限为3年（从2011年11月开始试车至2014年11月评估基准日）。

（3）该机调整因素系数及综合值：

原始制造质量—1.10（进口设备）

设备时间利用率—1.05（1 班/日）

维护保养—1.0（正常）

修理改造—1.0（无）

故障情况—1.0（无）

运行状态—1.0（正常）

环境状况—1.05（良好）

七项调整因素系数综合值为 1.10×1.05×1.0×1.0×1.0×1.0×1.05＝1.21

（4）已使用年限经七项因素调整后为 3÷1.21＝2.5（年）。

（5）实体性损耗率＝2.5÷16×100%＝15.63%。

2. 确定功能性损耗率

功能性损耗率从新旧工艺及相应设备的生产率（印染速度）、耗损及原材料（未加工纸）价格三项因素比较，分别对每项因素估算其功能性损耗，估算均按下列步骤进行：

（1）将被评估设备的年生产率（或损耗、原材料价格）与功能相同但性能更好的新设备的年生产率（或损耗、原材料价格）进行比较。

（2）计算二者的差异，分别确定净超额工资、净超额损耗及净超额原材料成本。

（3）估测被评估设备的剩余寿命。

（4）以适当的折现率将被评估设备在剩余寿命内每年的净超额费用折现，这些折现值之和即为被评估设备的功能性损耗（贬值），计算公式如下：

被评估资产功能性损耗＝Σ（被评估资产年净超额成本×折现系数）

被评估设备功能性损耗具体测算如下：

被评估设备生产率（印染速度）为 30 米/秒，新设备为 90 米/秒。

被评估设备损耗为 30%，新设备为 10%。

被评估设备使用原材料加工纸的价格为 3 000USD/T，新设备为 2 000USD/T。

月均印染产量（自经销、代加工、卖模纸）共计 51 600 米。

印染模纸 1 000 米/吨。

设备剩余年限 13.5 年。

所得税 25%。

评估基准日美元与人民币的汇率中间价 6.9251。

折现率取 7%。

生产率（印染速度）因素影响值：

①旧设备月工资额：

经销 11 000 米单位工资 1.11 元/米月工资额 12 210 元；

代加工 17 800 米单位工资 0.28 元/米月工资额 4 984 元；

卖花纸 22 800 米单位工资 0.31 元/米月工资额 7 068 元；

旧设备月工资 $\sum$ = 24 262（元）

②新设备印染速度 90 米/秒，旧设备为 30 米/秒，新设备月工资成本为：

经销 1.11 × 1/3 = 0.37037 × 11 000 ≈ 4 070（元）

代加工 0.28 × 1/3 = 0.0930093 × 17 800 ≈ 1 655（元）

卖花纸 0.31 × 1/3 = 0.1030103 × 22 800 ≈ 2 348（元）

新设备月工资 $\sum$ = 8 073（元）

③月差异额：24 262 – 8 073 = 16 189 元

④年工资成本超支额：16 189 × 12 = 194 268（元）

⑤减所得税（25%）：194 268 × 25% = 48 567（元）

⑥扣除所得税后年净超额工资：194 268 – 48 567 = 145 701（元）

⑦资产剩余使用年限：13.5 年

⑧折现率取 7%：13.5 年年金折现系数 8.5547

⑨功能性损耗额：145 701 × 8.5547 = 1 246 428（元）

按上述步骤测算，得出：

因第一项因素（生产率）得出的功能性损耗为 1 113 480 元；

同理，按新旧设备损耗率和使用纸的成本不同，计算出第二、第三项因素的损耗；

因第二项因素（损耗）得出的功能性损耗为 1 246 428 元；

因第三项因素（原材料）得出的功能性损耗为 2 938 205 元；

上述三因素之和为 5 298 113 元。

功能性损耗率 = 功能性损耗/重置价格 × 100%

     = 5 298 113/20 995 772 × 100%

     = 25.23%

3. 确定综合成新率

（1）经济性损耗率 = 0%

（2）综合损耗率 = 实体性损耗率 + 功能性损耗率 + 经济性损耗率

$$= 15.63\% + 25.23\% + 0\% = 41\%（取整）$$

（3）综合成新率 = 1 - 综合损耗率

$$= 1 - 41\% = 59\%$$

（四）评估价值的确定

评估价值 = 重置全价 × 综合成新率

$$= 4\ 965\ 336 \times 59\%$$

$$= 2\ 929\ 548（元）（取整）$$

（五）分析说明

第一，该案例是进口机器设备评估的案例。在计算重置全价时，资金成本的计算值得关注。资金成本的计算关键要确定两个因素：一是资金量的大小和投入时间的长短，二是资金的单位使用成本。前者根据实际情况来确定，后者就要具体分析资金的平均投资收益率，通常用银行的存贷款利率来计算。本案例就根据资金投入时间的长短，分别选用了银行一年期贷款利率和半年期贷款利率来计算资金成本。

第二，确定设备实体性损耗率常用的方法有：使用年限法、观察法和修复费用法。修复费用法的使用有一定的条件，其他两种方法的适用范围更大。本案例采用的是进行因素调整后的使用年限法，是使用年限法和观察法在一定层面上的结合。

第三，功能性损耗是由技术进步引起的。通过将被评估设备与功能相同、但性能更好的新设备进行比较，分析二者在运营上的差异并量化，即可得到被评估设备的功能性损耗。在这个过程中，差异分析是很关键的一步。本案例中新旧设备的差异主要是人工成本的差异，在得到人工成本年超支额后，还应扣除所得税。因为人工成本超支将会增加被评估设备的运营成本，降低被评估设备的运营收益，从而减少应计的所得税。在评估中确定的差异应是设备之间的净差异，因此要扣除所得税的影响。

资料来源：虞晓芬，汪初牧. 资产评估［M］. 北京：清华大学出版社，2015.

二、问题讨论

1. 采用成本法评估进口机器设备与国产机器设备有何区别？

2. 进口机器设备重置成本包括的内容有哪些？

案例 6　多项电子设备评估

资产评估报告书的声明

YY 股份有限公司：

受贵公司委托，本公司对贵公司拟进行资产收购（机器设备）事宜所涉及的××有限公司的设备于 2015 年 11 月 30 日的市场价值进行了评定估算，并形成了资产评估报告书。在资产评估报告书载明的评估目的及价值定义、前提条件下，我们对资产评估结果承诺如下，并承担相应的法律责任。

本资产评估报告中的分析、意见和结论是我们公正的专业分析、意见和结论，仅在评估报告设定的评估假设及前提条件下成立。

我们在执行本资产评估业务中，遵循相关法律法规和资产评估准则，恪守独立、客观和公正的原则；根据我们在执业过程中收集的资料，评估报告陈述的内容是客观的，并对评估结论合理性承担相应的法律责任。

遵守相关法律、法规和资产评估准则，对评估对象价值进行估算并发表专业意见，是注册资产评估师的责任；提供必要的资料并保证所提供资料的真实性、合法性和完整性，恰当使用评估报告是委托方和相关当事人的责任。

注册资产评估师在评估对象中没有现存的或预期的利益，同时与委托方和相关当事方没有个人利益关系，对委托方和相关当事方不存在偏见。

注册资产评估师及其所在评估机构具备本评估业务所需的执业资质和相关专业评估经验；评估过程中没有运用其他评估机构或专家的工作成果；注册资产评估师及其业务助理人员已对评估对象所涉及的资产进行了必要的核实。

注册资产评估师对被评估资产的法律权属状况给予了必要的关注，但不对被评估资产的法律权属做任何形式的保证。

注册资产评估师执行资产评估业务的目的是对评估对象价值进行估算并发表专业意见，并不承担相关当事人决策的责任。评估结论不应当被认为是对评估对象可实现价格的保证。

委托方及资产占有方提供给评估机构和评估人员的各项依据等与评估相关的

所有资料是编制本报告的基础。委托方及资产占有方对其所提供资料的可靠性、真实性、准确性、完整性负责。如委托方及资产占有方提供的资料中存在虚假或隐瞒事实真相等行为，本评估结果无效，由此引起的相关后果由委托方及资产占有方负责，本公司不承担相关的法律责任。

资产占有方存在的可能影响资产评估结论的有关事项，在委托评估时未作特殊说明、而评估人员根据专业经验一般不能获悉的情况下，评估机构及评估人员不承担相关责任。

本评估报告必须完整使用。报告使用者在使用本报告的评估结论时，须关注评估报告特别事项说明对评估结论的影响及评估报告的使用限制。

本评估报告依照资产评估法律法规的有关规定发生法律效力。本评估报告只能用于评估报告载明的评估目的和用途，评估报告只能由评估报告载明的评估报告使用者使用。

未征得本评估机构书面同意，评估报告的全部或部分内容不得被摘抄、引用或披露于公开媒体，法律、法规规定以及相关当事方另有约定的除外。

××有限公司设备资产评估报告书摘要

谨提请本报告书阅读者和使用者注意

本摘要内容均摘自资产评估报告书，欲了解本评估报告项目的全面情况，应认真阅读资产评估报告书全文。本摘要单独使用可能会导致对评估结论的误解或误用。

××国众联资产评估土地房地产估价有限公司接受YY股份有限公司（以下简称"YY"）的委托，根据国家有关资产评估的规定，本着客观、独立、公正、科学的原则，按照公认的资产评估方法，对YY股份有限公司拟进行资产收购（机器设备）事宜所涉及的××有限公司的设备于2015年11月30日的市场价值进行了评估，被评估单位对其所提供资料的真实性、合法性、完整性承担责任，注册资产评估师是在遵守相关法律、法规和资产评估准则的基础上对评估对象价值进行估算并发表专业意见。本公司评估人员按照必要的评估程序对委托评估的资产实施了实地查勘、市场调查与询证，对委托评估资产在评估基准日2015年11月30日所表现的市场价值作出了公允反映。现将评估结果报告如下：

一、委托方

YY股份有限公司（YY）。被评估单位：××有限公司（××）。

二、评估目的

本次评估是为 YY 股份有限公司拟进行资产（设备）收购事宜所涉及的××有限公司的设备于 2015 年 11 月 30 日的市场价值提供价值参考意见。

三、评估范围和对象

本次评估范围和对象为委托方委托评估的一批设备。

第一，委托评估的资产（设备）为被评估单位××有限公司的部分机器设备和电子设备；

第二，委托评估的资产（设备）为被评估单位××有限公司的控股（持股比例 100%）子公司××县××原料有限公司的部分机器设备和电子设备。

四、评估基准日

本项目资产评估基准日为 2015 年 11 月 30 日。

五、经济行为文件

YY 股份有限公司与我司签订的《评估委托合同》。

六、评估方法

本次评估对纳入评估范围内的设备采用成本法进行评估。

七、价值类型

本次评估的价值类型为市场价值。市场价值是指自愿买方和自愿卖方在各自理性行事且未受任何强迫的情况下，评估对象在评估基准日进行正常公平交易的价值估计数额。

八、评估结论

纳入本次资产评估范围的××有限公司设备于 2015 年 11 月 30 日账面原值为 172 192 572.48 人民币元，评估值为 112 361 205.00 人民币元。增值额 -59 831 367.48 人民币元，增值率 -34.75%。账面净值 27 200 764.01 人民币元，评估值 27 820 492.75 人民币元，增值额 619 728.74 人民币元，增值率 2.28%。

其中：

××县××原料有限公司设备账面原值为 22 289 437.20 人民币元，评估值为 18 186 760.00 人民币元。增值额 -410 677.20 人民币元，增值率 -18.41%。设备账面净值 5 558 110.39 人民币元，评估值 5 591 834.00 人民币元，增值额 33 723.61 人民币元，增值率 0.61%。

应予说明的是，本资产评估报告书"十二、特别事项说明"中所述事项可能对资产评估结果产生影响，鉴于目前条件的限制，我们无法对其可能产生的影响进行量化，需提请资产评估报告书使用者特别关注。

按照有关资产评估现行规定，本评估结论有效使用期限为一年，即自2015年11月30日起至2016年11月29日止。

××有限公司设备资产评估报告书

YY股份有限公司：

本公司接受贵公司的委托，根据国家有关资产评估的规定，本着客观、独立、公正、科学的原则，按照公认的资产评估方法，对贵公司拟进行资产收购（机器设备）事宜所涉及的××有限公司的设备于2015年11月30日之市场价值进行了评估，被评估单位对其所提供资料的真实性、合法性、完整性承担责任，注册资产评估师是在遵守相关法律、法规和资产评估准则的基础上对评估对象价值进行估算并发表专业意见。本公司评估人员按照必要的评估程序对委托评估的资产实施了实地查勘、市场调查与询证，对委托评估资产在评估基准日2015年11月30日所表现的市场价值作出了公允反映。现将评估过程报告如下：

一、委托方及被评估单位

（一）委托方概况

名　　称：YY股份有限公司（以下简称"YY"）

注　册　号：略

住　　所：××市××桥

法定代表人姓名：孙××

注册资本：235 111 000元

实收资本：235 111 000元

公司类型：股份有限公司（上市）

经营范围：许可经营项目：棉花采购、加工

一般经营项目：纺织品、针织品、印染品、服装及其相关产品的制造、销售；纺织科学研究、信息咨询、代理服务；本企业自产产品和技术出口及本企业生产所需的原辅材料、仪器仪表、机械设备、零配件和技术进出口（国家限定公司经营和国家禁止进出口的商品及技术除外）。

成立日期：略

（二）被评估单位概况

1. 公司基本情况

名　　　称：××有限公司（以下简称"××"）

注　册　号：略

住　　　所：××路146号

法定代表人姓名：胡××

注册资本：5 600万元（××控股有限公司5 320万元，投资比例95%；××物业管理有限公司280万元，投资比例5%）

实收资本：5 600万元

公司类型：有限责任公司（国有控股）

公司成立日期：略

经营期限：自20××年12月28日至20××年8月26日

经营范围：纺织、服装、制造、加工、纺织原料、纺织器材、五金交电、建筑材料、批发、零售、仓储运输、外贸自营进出口。

××有限公司前身系××X集团有限公司，创建于1982年3月，是一家国有独资企业。1995年公司通过建立现代制度试点工作，以××棉纺织厂为核心，组建企业集团，该集团由五个全资企业构成，分别为：××棉纺织厂、××布厂、××棉纺织厂经营公司、××棉纺织厂对外贸易经营部、××织造总公司。

2005年6月1日，××××发展投资有限公司股东决议一致同意并通过了如下资产剥离方案：（1）存货剥离48万元低值易耗品。（2）递延资产剥离335万元水电增容费。也一致同意并通过了如下负债调整方案：（1）因××棉纺织厂与××进出口公司上海分公司共同出资组建的××棉纺联营厂于2003年10月期满，上海方的权益810万元转为长期应付款。（2）长期借款中基建借款和专项借款计779万元转为资本公积。（3）兼并时转贷到××发展投资有限公司名下的人民币贷款：工行××支行4338.80万元作为××新设公司（即本公司）对××发展投资有限公司的长期应付款。

2005年8月，××发展投资有限公司与××化纤实业股份有限公司签订股权转让协议。

2006年1月1日,将持股比例99%的××原料有限公司作为合并子公司;2015年持股比率变更为100%。控股子公司情况如表2-5所示。

表2-5　　　　　　　　　　控股子公司情况

控股子公司名称	注册资本(万元)	持股比例(%)	主营业务
××县布厂	838.9	100	药棉布
××棉纺织厂经营公司	100.0	100	轻纺原料
××进出口有限公司	80.0	100	进出口业务
××原料有限公司	1 000.0	100	纺织原料、服装等
××市××有限公司	100.0	100	纺织品销售

2. 委托评估的资产

(1) 委托评估的资产(设备)为被评估单位××有限公司的部分机器设备和电子设备,存放在××县城关××路146号的××有限公司的车间内。

(2) 委托评估的资产(设备)为被评估单位××有限公司的控股(持股比例100%)子公司××县××原料有限公司的部分机器设备和电子设备,存放在××县城关××东路67号的××县××原料有限公司的车间内。

二、评估目的

本次评估目的系为YY股份有限公司拟进行资产收购(机器设备)事宜所涉及的××有限公司的设备于2015年11月30日的市场价值提供价值参考意见。

三、评估报告使用者

本评估报告的使用者为YY股份有限公司和评估委托合同中约定的其他使用人和相关主管审核机构。

除国家法律、法规另有规定外,任何未经评估机构和委托方确认的机构或个人不能由于得到评估报告而成为评估报告使用者。

四、评估范围和对象

本次评估范围为委托方委托评估的一批设备,如表2-6所示。

表 2-6　　　　　　　　　　　　设备评估明细　　　　　　　　金额单位：元

编号	科目名称	账面价值	
		原值	净值
5-2	华联本部设备类合计	149 903 135.28	21 642 653.62
5-2-1	固定资产——机器设备	148 040 838.39	20 989 030.80
5-2-3	固定资产——电子设备	1 862 296.89	653 622.82
5-2	华兴设备类合计	22 289 437.20	5 558 110.39
5-2-1	华兴固定资产——机器设备	21 833 890.70	5 453 191.20
5-2-3	华兴固定资产——电子设备	455 546.50	104 919.19
	固定资产合计	172 192 572.48	27 200 764.01
	减：固定资产减值准备		
5	固定资产净额	172 192 572.48	27 200 764.01

第一，委托评估的资产（设备）为被评估单位××有限公司的部分机器设备和电子设备，存放在××县城关××路××号的××有限公司的车间内。

第二，委托评估的资产（设备）为被评估单位××有限公司的控股（持股比例100%）子公司××县××原料有限公司的部分机器设备和电子设备，存放在××县城关××路××号的××县××原料有限公司的车间内。

委托评估的评估对象和评估范围与经济行为所涉及的评估对象和评估范围是一致的。具体评估范围以企业申报的资产评估明细表为准。

五、评估基准日

本项目资产评估基准日为 2015 年 11 月 30 日。评估基准日是由委托方根据本次评估的特定目的而确定。

由于资产评估结果是对某一时点的资产状况提出公允价值结论，故本次评估以评估基准日有效的价格标准为取价标准。评估基准日是评估结论成立的重要条件之一，如果评估基准日发生改变，评估结论将发生变化。

六、价值类型及定义

本次评估的价值类型为市场价值。市场价值是指自愿买方和自愿卖方在各自理性行事且未受任何强迫的情况下，评估对象在评估基准日进行正常公平交易的价值估计数额。

七、评估依据

（一）主要法律法规

（1）《资产评估准则——基本准则》。

（2）《资产评估准则——评估报告》。

（3）《资产评估准则——评估程序》。

（4）《资产评估准则——业务约定书》。

（5）《资产评估准则——工作底稿》。

（6）《资产评估准则——机器设备》。

（7）中评协《企业国有资产评估报告指南》。

（8）《中华人民共和国公司法》及国家现行的有关税收法规。

（9）《企业价值评估指导意见（试行）》。

（10）《注册资产评估师关注评估对象法律权属指导意见》。

（11）《中华人民共和国公司法》。

（12）其他适用的相关法律、法规、文件政策、准则及规定。

（二）经济行为文件

YY与我司签订的《评估委托合同》。

（三）资产占有方提供的重大合同协议、产权证明文件

××有限公司填报的评估申报表。

××县××原料有限公司填报的评估申报表。

委托方提供的部分发票及其他相关证照资料。

（四）取价依据

第一，被评估单位提交的部分发票等资料。

第二，《资产评估常用数据与参数手册》。

第三，本公司收集的其他有关询价资料和参数资料，以及评估师市场信息调查结果。

八、评估方法

本次评估设备采用成本法进行。

第二章 机器设备评估

根据《资产评估准则——机器设备》规定,注册资产评估师执行评估业务,应当根据评估对象、价值类型、资料收集情况等相关条件,分析市场法、收益法和成本法3种资产评估基本方法的适用性,恰当选择一种或多种资产评估基本方法。

(一) 市场法适应性分析

市场法是根据公开市场上与被评估对象相似的或可比的参照物的价格来确定被评估对象的价格,如果参照物与被评估对象并不完全相同,需要根据被评估对象与参照物之间的差异对价值的影响做出调整,市场法比较适用于有成熟的市场、交易比较活跃的机器设备评估。本次评估对象大多数为专业生产设备,目前在国内市场上的交易较少,因此很难在国内收集到类似交易案例,所以不宜采用市场法进行评估。

(二) 收益法适应性分析

利用收益法评估机器设备是通过预测设备的获利能力,对未来资产带来的净利润或净现金流按一定的折现率折为现值,作为被评估机器设备的价值。使用这种方法的前提条件是要能够确定被评估机器设备的获利能力、净利润或净现金流量以及确定资产合理的折现率;但是大部分单项机器设备不具有独立获利能力。由于本次评估对象大多数为单项机器设备,因此亦不宜采用收益法进行评估。

(三) 成本法适应性分析

重置成本法是用现时条件下重新购置或建造一个全新状态的被评估资产所需的全部成本,减去被评估资产已经发生的实体性贬值、功能性贬值和经济性贬值,得到的差额作为被评估资产的评估值,也可估算被评估资产与其全新状态相比有几成新,即求出成新率,然后用全部成本与成新率相乘,得到的乘积作为评估值。

综上所述,本次评估主要采用重置成本法进行评估,经综合分析后确定资产评估价值。

(四) 评估方法的选择

本次评估采用成本法进行评估。

成本法是通过估算被评估资产的重置成本和资产实体性贬值、功能性贬值、经济性贬值,将重置成本扣减各种贬值作为资产评估值的一种方法。

1. 重置成本的确定

重置成本包括购置或购建设备所发生的必要的、合理的成本、利润和相关税费等。

2. 综合成新率的确定

首先，通过对照设备铭牌技术参数、根据设计使用年限、已使用年限和尚可使用年限，测算出该设备的年限成新率；

其次，通过现场设备勘察，全面了解设备的原始制造质量、运行现状、使用维修、保养情况以及现时同类设备的性能更新、技术进步影响因素，综合考虑设备的实体性贬值、功能性贬值和可能存在的经济性贬值确定其现场勘察成新率。

最后，对年限成新率和现场勘察成新率分别赋予权重后确定综合成新率。

3. 评估值的确定

评估值 = 待估资产重置成本 × 综合成新率

综上所述，根据评估对象、价值类型、资产特点、业务经营特点及资料收集情况等相关条件，在对三种资产评估方法的适用性进行分析后，确定本次评估采用成本法对××有限公司的机器设备、电子设备进行评估。

九、评估程序实施过程和情况

××国众联资产评估土地房地产估价有限公司接受 YY 股份有限公司的委托，对××有限公司的设备进行了评估，评估基准日定于 2015 年 11 月 30 日。评估目的是为 YY 股份有限公司拟进行资产（机器设备）收购提供价值参考意见。我司于 2015 年 12 月 10 日确定了评估方案，评估工作于 2015 年 12 月 11 日正式开始，2015 年 12 月 14 日现场工作结束，2015 年 12 月 30 日出具正式报告。整个评估工作分为四个阶段。

（一）评估前期准备

本阶段的主要工作是：根据评估工作的需要，向资产占有方布置评估准备工作，并对资产占有方有关人员进行辅导，由资产占有方填报资产评估报告申报表。评估人员协助资产占有方进行资产申报工作，同时收集资产评估所需的各种文件资料，制订资产评估工作计划。

（二）现场清查核实

根据资产评估的有关规定，对评估范围内的资产进行了产权清查核实和价值评估，具体步骤如下：

（1）听取资产占有方对企业情况、待评估资产历史和现状的介绍。

（2）根据资产占有方申报的资产内容，评估人员到现场对实物资产进行逐项勘查。

（3）根据资产的实际状况和特点，以及取得的相关资料和会计准则的要求，确定资产的评估方法。

（4）查阅产权证明文件、设备购置合同以及相关凭证。

（5）开展市场调研、询价工作。

（6）对资产占有方的资产进行价值评估测算。

（三）进行资产评估汇总分析

根据对各类资产的初步评估结果，进行汇总分析工作，在确认评估工作中没有发生重复和遗漏的情况下，根据汇总分析情况对资产评估结果进行修改、校对与必要的调整和完善。经三级审核后形成正式评估报告。

（四）提交报告

根据评估工作应遵循的原则，向委托方提交资产评估报告书初稿，对委托方提出的意见进行判断和修改后，本公司于 2015 年 12 月 30 日出具正式评估报告。

十、评估假设及前提条件

本报告系在以下评估基准和评估假设及限制条件下制作完成的：

（一）评估基准

第一，所有申报评估资产的产权均是正常的，因而能够进行合法的自由交易，无任何限制或影响交易的他项权利的设置或其他瑕疵。

第二，委托方和被评估企业所提供的有关本次评估的资料是真实、完整、合法、有效的。

第三，我们的评估在很大程度上依赖委托方和被评估企业所提供的有关本次评估的资料，我们对这些资料进行了必要的和有限的抽查验证，我们相信这些资料是真实、完整、合法、有效的，但对其准确性不作保证。

第四，所有资产均采用人民币计算价值或价格。

（二）评估假设

除本报告中另有陈述、描述和考虑外，所有被评估资产的取得、使用等均被假设符合国家法律、法规和规范性文件的规定。

假设××有限公司所有经营活动均能依照有关法律、法规的规定和相关行业标准及安全生产经营之有关规定进行。

本次评估以本资产评估报告所列明的特定评估目的为前提。

本次评估的各项资产均以评估基准日的实际存量为前提，假定评估对象在评估基准日的状况与完成实地查勘之日的状况一致。有关资产的现行市价以评估基准日的国内有效价格为依据。

本次评估均以被评估资产现有用途不变且资产占有方合法及持续经营为前提。

除本报告中另有声明、描述和考虑外，我们未考虑下列因素对评估结论的任何有利或不利之影响：

（1）已有或可能存在的抵押、按揭、担保等他项权利或产权瑕疵或其他对产权的任何限制等因素。

（2）未来经济环境、市场环境、社会环境等（如国家宏观经济政策、市场供求关系、财政税收政策、内外贸易政策、环境保护政策、金融货币政策等）因素之变化。

（3）各类资产目前的或既定的用途、目的和使用的方式、规模、频率、环境等情况之改变，或被评估企业有关与被评估资产直接或间接的任何策略、管理、运营、营销、计划或安排等（如经营策略、管理方式、经营计划、管理团队和职工队伍等）发生变化。

（4）特殊的交易方可能追加或减少付出的价格。

（5）出现战争、自然灾害和其他不可抗力因素。

（6）被评估企业未列报或未向我们作出说明而可能影响我们对被评估资产价值分析的负债/资产、或有负债/或有资产；或者其他相关权利/或有权利和义务/或有义务等。

（7）债权债务实现（收款和付款）的时间。

除在本报告中另有说明外，以下情况均被假设处在正常状态下：（1）所有实物资产的内部结构、性能、品质、性状、功能等均被假设是正常的。（2）所有被评估资产均被假设是符合法律或专业规范等要求而记录、保管、存放等，因而资产是处在安全、经济、可靠的环境之下，其可能存在或不存在的危险因子均未列于评估师的考察范围，其对评估价值的不利或有利影响均未考虑。

尽管我们实施的评估程序已经包括了对被评估资产的查看，这种查看工作仅限于对被评估资产可见部分的观察，以及相关管理、使用、维护记录之抽查和有限了解等。评估师并不具备了解任何实体资产内部结构、物质性状、安全可靠等专业知识之能力，也没有资格对这些内容进行检测、检验或表达意见。

（三）限制条件

第一，评估报告中所列示的任一评估值，脱离本次评估范围的单独使用或其他非全部的任何组合使用都将使评估值无效。

第二，对各类资产的数量，我们进行了抽查核实，并在此基础上进行评估。就所有由我们此次评估资产的数量而言，被评估企业管理当局均认为于评估基准日是实际存在并归被评估企业所有，同时向我们作出了承诺，我们相信这些承诺，但对其可靠性并不能作出保证。如果资产的实际数量与本报告所载资产数量不相符，评估价值将会发生变化。若本次评估中遵循的评估假设及前提条件发生变化时，评估结果一般会失效。

十一、评估结论

本公司认为，除本报告所载明的特别事项说明外，在资产现有用途或既定用途不变，并持续经营使用和本报告载明的评估目的、价值前提及假设条件下，本次评估对象在评估基准日 2015 年 11 月 30 日的评估结果如下。

纳入本次资产评估范围的××有限公司设备于 2015 年 11 月 30 日账面原值为 172 192 572.48 人民币元，评估值为 112 361 205.00 人民币元。增值额 = 59 831 367.48 人民币元，增值率 = 34.75%。账面净值 2 200 764.01 人民币元，评估值 27 820 492.75 人民币元，增值额 619 728.74 人民币元，增值率 2.28%。

其中，××县××原料有限公司设备账面原值为 22 289 437.20 人民币元，评估值为 18 186 760.00 人民币元。增值额 = 4 102 677.20 人民币元，增值率 = 18.41%。设备账面净值 5 558 110.39 人民币元，评估值 5 591 834.00 人民币元，增值额 33 723.61 人民币元，增值率 0.61%。

××有限公司纳入评估范围的资产于 2015 年 11 月 30 日评估结果列示如表 2-7 所示。

表 2-7 资产评估结果汇总

评估基准日:2015 年 11 月 30 日

编号	科目名称	账面价值(万元)		评估价值(万元)		增值额(万元)		增值率	
		原值	净值	原值	净值	原值	净值	原值	净值
5-2	设备类合计	14 990.31	2 164.27	9 417.44	2 222.87	-5 572.87	58.60	-37.18	2.71
5-2-1	固定资产——机器设备	14 804.08	2 098.90	9 292.60	2 176.51	-5 511.49	77.61	-37.23	3.70
5-2-3	固定资产——电子设备	186.23	65.36	124.85	46.35	-61.38	-19.01	-32.96	-29.08
5-2	华兴设备合计	2 228.94	555.81	1 818.68	559.18	-410.27	3.37	-18.41	0.61
5-2-1	固定资产——机器设备	2 183.39	545.32	1 796.63	550.35	-386.76	5.03	-17.71	0.92
5-2-3	固定资产——电子设备	45.55	10.49	22.05	8.83	-23.50	-1.66	-51.60	-15.83
	固定资产合计	17 219.26	2 720.08	11 236.12	2 782.05	-5 983.14	61.97	-34.75	2.28
	减:固定资产减值准备								
5	固定资产净额	17 219.26	2 720.08	11 236.12	2 782.05	-5 983.14	61.97	-34.75	2.28

评估结果与账面值比较变动原因:

设备评估净值增值 619 728.74 人民币元,其中××本部设备评估净值增值 586 005.13 人民币元,评估增值率为 2.71%,××设备评估净值增值为 33 723.61 人民币元,评估增值率为 0.61%。由于评估成新率计算年限与企业会计折旧年限不同,因此造成增值。

应予说明的是,本资产评估报告书"十二、特别事项说明"中所述事项可能对资产评估结果产生影响,鉴于目前条件的限制,我们无法对其可能产生的影响进行量化,需提请资产评估报告书使用者特别关注。

按照有关资产评估现行规定,本报告所载明的资产评估结果在评估基准日后一年内(自 2015 年 11 月 30 日至 2016 年 11 月 29 日)有效。

十二、特别事项说明

本报告所载评估结果仅反映评估对象在本次评估目的、价值定义、评估假设及限制条件下，根据有关经济原则确定的市场价值。本公司认为，下列事项可能会影响评估结论，但在目前情况下本公司无法估计其对评估结果的影响程度，谨提请本报告使用人和阅读人应予以特别关注：

第一，在评估基准日至本报告出具期间，国家宏观经济政策及市场基本情况未发生任何重大变化。但本公司不能预计评估报告出具后的政策与市场变化对评估结果的影响。

第二，遵守相关法律、法规和资产评估准则，对评估对象价值进行估算并发表专业意见，是注册资产评估师的责任；提供必要的资料并保证所提供资料的真实性、合法性、完整性，恰当使用评估报告是委托方和相关当事方的责任。

第三，注册资产评估师执行资产评估业务的目的是对评估对象价值进行估算并发表专业意见，并不承担相关当事人决策的责任。评估结论不应当被认为是对评估对象可实现价格的保证。

第四，注册资产评估师对评估对象的法律权属状况给予了必要的关注，但不对评估对象的法律权属作任何形式的保证。由于评估对象产权关系引起的一切纠纷与本公司和执行评估业务的注册资产评估师无关。

第五，本评估报告结论是对 2015 年 11 月 30 日这一基准日所评估资产价值的客观公允反映，本公司对评估基准日以后所评估资产价值发生的重大变化不负任何责任。

第六，本评估机构没有接受进行结构性测试和检验设施的要求，因此对资产内部有无缺损不能确定。

第七，本次评估结论是反映评估对象在本次评估目的下，根据公开市场的原则确定的现行公允市价，未考虑将来可能承担的抵押、担保事宜，以及特殊的交易方可能追加付出的价格等对评估价格的影响；亦未考虑该等资产所欠付的税项，以及如果该等资产出售，则应承担的费用和税项等可能影响其价值的任何限制。同时，本报告也未考虑国家宏观经济政策发生变化以及遇有自然力和其他不可抗力对资产价格的影响。

第八，在评估基准日后，评论结论有效期内，若资产数量及作价标准发生变化时，应按以下原则处理，不能直接使用评估结论：

一是资产数量发生变化时，应根据原评估方法对资产额进行调整；

二是资产价格发生较大波动时,并对评估结论产生明显影响时,委托方应及时聘请有资格的评估机构重新评估。

第九,对于评估中可能存在的影响评估结果的其他事项,委托方及被评估单位在进行评估时未作特别说明,在评估人员根据专业经验一般不能获悉的情况下,评估机构及评估人员不承担相关责任。

第十,本报告含有若干备查文件,备查文件构成本报告之重要组成部分,与本报告书正文同时使用方为有效。

十三、评估报告使用限制说明

第一,本评估报告只能用于评估报告载明的评估目的和用途。

第二,本评估报告只能由评估报告载明的评估报告使用者使用。

第三,本评估报告的有关附件为本报告的重要组成部分,与本报告的正文具有同等法律效力。

第四,本评估结论仅供委托方和评估委托合同约定的其他使用人为本报告评估目的的使用和送交财产评估主管机关审查使用。评估报告书的使用权归委托方所有,未经委托方许可评估机构不得随意向他人提供或公开。

第五,本评估报告的签字注册资产评估师已对评估对象的法律权属给予了合理关注,本报告中对评估对象法律权属的陈述不代表评估师对评估对象的法律权属提供保证或鉴证意见。仅对其价值进行评估,不对其产权和产权分割负责,也不对第三方负责,如有利用其风险自担,与本公司和评估人员无关。

第六,评估结论是本公司出具的,受本公司评估人员和注册资产评估师的执业水平和能力的影响。

第七,本公司不对委托方和评估委托合同约定的其他使用人运用本报告于本次评估目的以外的经济行为所产生的后果负责,因评估报告使用不当所致后果与签字注册资产评估师及其所在评估机构无关。

第八,评估结果有效期。按照有关资产评估现行规定,本评估结论有效使用期限为一年,自 2015 年 11 月 30 日起至 2016 年 11 月 29 日止。

第九,评估报告使用限定。对本评估报告书的使用应遵循以下限定:

一是本资产评估报告书的使用权归委托方和评估业务约定书约定的其他使用人所有。委托方同意使用本公司资产评估报告书的其他使用人应当认真阅读和理解本报告的每一个组成部分,本报告的每一个组成部分(包括资产评估报告书摘要)单独使用或其他非全部的任何组合使用均可能造成对本报告所载评估结论的误解。使用人还应当特别关注本报告书中价值前提、特别事项说明、评估假设条件和法律效力。

二是除法律法规要求的财产评估主管机关或其他法律法规授权部门审查使用本报告书以外,未经委托方书面许可或同意,本公司不会将本报告书的全部或部分内容向其他人提供或公开。除法律法规要求的财产评估主管机关或其他法律法规授权部门审查使用本报告书以外,本公司也没有向其他任何第三方解释本报告书的义务。

十四、本次评估报告提交日期

本次评估报告提交日期为 2015 年 11 月 30 日。

十五、资产评估报告书的备查文件

(1) YY 股份有限公司《企业法人营业执照》(复印件)。

(2) ××有限公司《企业法人营业执照》(复印件)。

(3) ××县××原料有限公司《企业法人营业执照》;(复印件)。

(4) 委托方承诺函。

(5) 被评估单位承诺函。

(6) 资产评估机构及注册资产评估师承诺函。

(7) 部分资产现场勘察照片。

(8) 签字注册资产评估师资格证书(复印件)。

(9) 资产评估机构资质(复印件)。

(10) 资产评估机构《企业法人营业执照》(复印件)。

资料来源:https://wenku.baidu.com/view/c38e526aa45177232f60a2ac.html?from = search

十六、问题讨论

1. 成本法计算资产评估值的两种思路分别是什么?有何异同?如何选用?

2. 在资产评估中机器设备与电子设备究竟是怎样划分的?

3. 电子设备评估主要采用什么评估方法?

第三章 房地产评估

教学目的和要求：通过本章案例学习，能对市场比较法、收益还原法、成本逼近法、剩余法评估土地使用权、建筑物及房地产有一个深刻、全面的理解；熟悉在建工程在建工程的评估步骤和方法；同时能根据多种评估方法确定最终评估值；并对房地产评估相关理论知识形成较为综合认识。

第一节 概述

一、土地使用权评估方法

土地使用权的基本方法有市场比较法、收益还原法、成本逼近法、剩余法、基准地价系数修正法以及路线价法也是土地价格评估中常用的方法。

（一）市场比较法

市场比较法是土地估价中最基本、最常用的估价方法之一，也是国际上通用的基本估价方法。市场比较法是根据市场替代原理，将待估土地与具有替代性的并且在近期市场上交易的类似土地进行比较，对类似土地的成交价格作适当修正，以此估算带估土地客观合理价格的方法。市场比较法的理论依据是替代经济原理。根据经济学理论，在同一市场上，对于具有相同效用的商品，应该具有相同的市场价格，即具有完全的替代关系。在同一市场上具有替代关系的两个以上商品会因为相互竞争而使其价格相互牵制而趋于一致。市场比较法就是通过对具有替代关系的类似土地的交易价格进行修正，求得待估宗地的价格。比较法正是以替代原理为主要依据，所以具有实现性和说服力。

1. 市场比较法前提条件

（1）需要一个充分发育活跃的房地产市场。房地产市场上，房地产交易越频繁，与估价对象相类似房地产的价格越容易获得。

（2）参照物及估价对象可比较的指标、技术参数等是可以收集到的。运用市场比较法估算估价对象的价格或价值，重要是能够找到与估价对象相同或相似的成交案例。与估价对象完全相同的房地产是不可能找到的，这就要求对类似房地产进行修正调整，其修正调整的指标、参数等资料的获取和准确性，是决定市场比较法运用与否的关键。

2. 市场比较法特点

（1）比较法具有现实性，有较强的说服力。

（2）比较法以替代关系为途径，所求得的价格称"比准价格"。

（3）比较法以价格求价格，在不正常市场条件下难以与收益价格相协调。

（4）比较法需要估价人员具有较高素质。

（5）比较法以替代原则为基础，正确选择比较案例和合理修正交易价格是保证评估结果准确性的关键。

3. 基本公式

以比较法评估土地价格用以下公式：

$V = VB \times A \times B \times C \times D$

式中：V——待估宗地价格。

　　　VB——比较实例价格。

　　　A——待估宗地情况指数/比较实例宗地情况指数 = 正常情况指数/比较实例宗地情况指数。

　　　B——待估宗地估价期日地价指数/比较实例宗地交易日期地价指数。

　　　C——待估宗地区域因素条件指数/比较实例宗地区域因素条件指数。

　　　D——待估宗地个别因素条件指数/比较实例宗地个别因素条件指数。

4. 程序

（1）收集宗地交易实例。

(2) 确定比较实例。

(3) 建立价格可比基础。

(4) 进行交易情况修正。

(5) 进行估价期日修正。

(6) 进行区域因素修正。

(7) 进行个别因素修正。

(8) 进行使用年期等修正。

(9) 求出比准价格。

所选取的若干个比较实例价格经过上述各项比较修正后,可选用下列方法之一计算综合结果,作为比准价格:(1)简单算术平均法;(2)加权算术平均法;(3)中位数法;(4)众数法。

除进行上述几项修正外,还应根据比较实例与待估宗地的条件差异进行其他必要的修正,如容积率修正等。

(二) 影响因素

交易行为中的特殊因素概括起来主要有下列9种:

(1) 有利害关系人之间的交易。

(2) 急于出售或者购买情况下的交易。

(3) 受债权债务关系影响的交易。

(4) 交易双方或者一方获取的市场信息不全情况下的交易。

(5) 交易双方或者一方有特别动机或者特别偏好的交易。

(6) 相邻地块的合并交易。

(7) 特殊方式的交易。

(8) 交易税费非正常负担的交易。

(9) 其他非正常的交易。

(三) 土地使用权收益法

收益法是国内外广泛采用的用于对收益性不动产价格进行评估的方法,采用收益法求取的不动产价格通常被称为收益价格。在土地使用权交易时,不动产购买者必须一次性支付一定的金额,这一货币额每年给不动产所有者带来的利息收入,必须等于他每年能从不动产获得的纯收益。这个金额就是该项不动产的理论价格，用公式表示为：不动产价格＝纯收益/资本化率上述理论的抽象，包括三个假设前提：纯收益每年不变；资本化率固定；收益为无限年期。

1. 适用范围

收益法适用于对有收益的不动产价格进行评估，如商场、写字楼、旅馆、公寓用地等的评估。

2. 纯收益

纯收益是指属于地产的除去费用后的收益，一般以年为单位在确定纯收益时，必须注意区别地产的实际纯收益和客观纯收益的区别。实际纯收益是在现状下待估地产实际取得的纯收益，通常不能直接用于评估，客观纯收益是指对受多种因素影响的实际纯收益进行修正，剔除其中特殊的、偶然的因素，取得在正常市场条件下用于最佳利用方向上的地产的纯收益值，客观纯收益还应包括对未来收益和风险的合理预期，客观纯收益是地产评估的依据。

（1）客观总收益：总收益是指以收益为目的的地产在一年内所产生的所有收益。在求取总收益时，要以客观收益即正常收益为基础。在计算以客观收益为基础的总收益时，地产必须处于最佳利用状态（即不动产处于最佳利用方向和最佳利用程度），客观收益应为正常使用下的正常收益。

（2）客观总费用：总费用是指取得该收益所必需投入的正常支出，总费用所包含的项目依据待估地产的状态不同而有区别，要剔除不正常的费用支出。

3. 资本化率

由于评估价格对资本化率最为敏感，因此资本化率是决定评估价格的最关键的因素，通常要求评估人员确定的资本化率的精度要远远高于纯收益的精度。

（1）资本化率的实质。

资本化率是不动产投资的利润率，资本化率的大小同投资风险的大小成正相关的关系，通常情况下，资本化率一般都要比银行存款利率高，资本化率随着市场状况的变化而变化，资本化率越高，意味着投资风险越大。

（2）求取资本化率的方法。

第一，纯收益与售价比率法。这种方法是指评估人员从市场上搜集近期交易的与待估地产相同或相似的地产的纯收益、价格等资料，反算出它们各自的资本化率，此时求得的各资本化率是用实际收益与地产价格之比求出来的，通常可通过选取多个案例的资本化率采取简单算术平均值或加权算术平均值的方法求取结果。

第二，安全利率加上风险调整值法。首先选择市场上无风险的资本投资的收益率作为安全利率，通常选择一年期存款利率作为安全利率，然后根据影响地产的社会经济环境，估计投资风险程度，确定一个调整值，把它与安全利率相加或在安全利率上加风险调整值。

第三，各种投资风险、收益率排序插入法。评估人员搜集市场上的各种类型的投资的收益率资料，按收益率的大小从低向高顺序排列，评估人员根据经验判断待估地产投资风险在哪个范围内，从而确定出资本化率。

（3）资本化率的种类。

第一，综合资本化率。这是求取土地及其上面的建筑物合为一体的价格时，所应使用的还原利率，这时对应的纯收益必须是土地及建筑物合为一体所产生的纯收益。

第二，建筑物资本化率。这是求取单纯建筑物价格时，所应使用的还原利率，这时对应的纯收益必须是建筑物一项所产生的纯收益。

第三，土地资本化率。这是求取单纯土地价格时，所应使用的还原利率，这时对应的纯收益是所评估的土地所产生的纯收益。

4. 操作步骤

（1）计算总收益：总收益为客观总收益，一般是指以收益为目的的土地及与此相关的设施相结合而产生的总收益。

（2）计算总费用：总费用为客观总费用，一般是指为创造收益而投入的直接的必要的劳动费用与资本费用。

（3）计算土地纯收益：总收益减去总费用为纯收益。

（4）确定资本化率：资本化率要根据评估时的经济环境和地产市场状况具体分析确定。

（5）计算地价：

如果是单独评估土地的价格，在空地出租的情况下的计算公式为：

土地价格＝土地纯收益÷土地资本化率土地纯收益＝土地总收益－土地总费用

如果根据房地产收益评估土地价格，这时的公式为：

土地价格＝房地产价格－建筑物现值

建筑物现值＝建筑物重置价－年折旧×已使用年数

或土地价格＝（房地产纯收益－建筑物纯收益）÷土地资本化率

建筑物纯收益＝建筑物现值×建筑物资本化率。

（四）土地使用权评估成本逼近法

1. 成本逼近法的概念

成本逼近法是以开发土地所耗费的各项客观费用之和为主要依据，再加上一定的利润、利息、应缴纳的税金和土地增值收益来确定土地的价格的方法。成本逼近法是从投资成本角度来考察土地的价值，但它不能完全反映土地的真实价值。因为一宗土地的价值高低，主要取决于在土地未来利用中所产生的收益大小，而不是取决于对这块土地投资改造的费用大小。成本逼近法一般用于新开发土地、工业用地、既无收益又无比较实例的公建、公益用地的价格评估，选择该方法时应慎重。

2. 土地评估的成本法操作步骤

土地价格＝土地取得费＋土地开发费＋税费＋利息＋利润＋土地增值收益

（1）计算土地取得费用。

土地取得费是为取得土地而向原土地使用者支付的费用分为两种情况。

第一，国家征用集体土地而支付给农村集体经济组织的费用包括土地补偿费、地上附着物和青苗补偿费及安置补助费等。

关于征地费用各项标准《中华人民共和国土地管理法》有明确规定征用耕地的补偿费用包括土地补偿费、安置补助费以及地上附着物和青苗的补偿费。征用耕地的土地补偿费为该耕地被征用前3年平均产值的6～10倍；征用耕地的补助费，按照需要安置的农业人口数计算，需要安置的农业人口数按照被征用的耕地数量除以征地前被征用单位平均每人占有耕地的数量计算。每一个需要安置的农业人口的安置补偿费标准为该耕地被征前3年平均年产值的4～6倍。但是每公顷被征用耕地的安置补助费最高不得超过被征用前3年平均年产值的15倍。

征用其他土地的土地补偿费和安置补助费标准由各省、自治区、直辖市参照征用耕地的土地补偿费和安置补助费的标准规定。

被征用土地上的附着物和青苗的补偿标准由省、自治区、直辖市规定。

征用城市郊区的菜地用地单位应当按照国家有关规定缴纳新菜地开发建设基金。

按照以上规定支付土地补偿费和安置补助费，尚不能使需要安置的农民保持原有生活水平的经省、自治区、直辖市人民政府批准可以增加安置补助费。土地补偿费和安置补助费标准的总和不得超过土地被征用前3年平均年产值的30倍。

第二，为取得已利用城市土地而向原土地使用者支付的拆迁费用。

（2）计算土地开发费用。

土地开发费用涉及基础设施配套费、公共事业建设配套费和小区开发配套费。基础设施配套费中"三通一平"指：通水、通路、通电、平整地面。"七通一平"指通上水、通下水、通电、通信、通气、通热、通路平整地面。作为基础设施配套费用应以"七通一平"为标准计算。

（3）计算投资利息。

在用成本法评估土地价格时投资包括土地取得费和土地开发费两大部分。由于两部分资金的投入时间和占用时间不同，土地取得费在土地开发动工前即要全部付清，在开发完成销售后方能收回，计息应为整个开发期和销售期。土地开发费在开发过程中逐步投入，销售后收回。若土地开发费是均匀投入，则计息期为开发期的一半。

（4）计算投资利润。

利润率计算的基数可以是土地取得费和土地开发费，也可以是开发后土地的地价。

（5）土地增值收益确定。

土地增值收益主要是由于土地的用途改变或土地功能变化而引起的。增加的收益应归土地所有者所有。

根据计算公式，前四项之和为成本价格×成本价格乘以土地增值收益率即为土地所有权收益。土地增值收益率通常为10%~25%。

（五）剩余法

剩余法又称假设开发法，是在预计开发完成后不动产正常交易价格的基础上，扣除预计的正常开发成本及有关专业费用、利息、利润和税收等，以价格余额来估算带估土地价格的方法。土地投资旨在获得报酬，这个潜在的报酬多少就决定了土地价格的高低。剩余法的理论依据与收益还原法基本相同，都是对未来剩余收益的计算。收益还原法中的地租或土地的纯收益，是对土地收益的费土地因素扣除，而剩余法则是直接从资本化后的价格扣除非土地因素的贡献。

剩余法主要应用于有开发价值的土地估价，一般由以下几种类型：代开发的地的估价；待拆迁改造在开发房地产的估价；仅将土地或房产整理成可供直接利用的土地或房地产的估价；现有新旧房地产地价的单独评估，即从房地产价格中扣除房屋价格，剩余之数即为地价。

基本公式：

$$V = A - (B + C)$$

式中：V——待估土地的价格；

A——总开发价值或开发完成后的不动产总价值；

B——整个开发项目的开发成本；

C——开发上合理利润。

对于房地产开发项目，其具体公式为：

土地价格 = 房屋于其总售价 - 建筑费用 - 专业费用 - 利息 - 销售费用 - 税费 - 开发商利润

（六）基准地价系数修正法

基准地价系数修正法是通过待估宗地地价影响因素的分析，对各城镇已公布的同类用途同级土地基准地价进行修正，估算待估宗地客观价格方法。由于基准地价是区域平均价，因此，要评估该区域中某一宗地的价格，还必须根据该宗地的区域条件和个别条件，对区域平均价进行修正，方能得出宗地价格。

二、房屋建筑物评估

建筑物评估是指估价人员在遵循有关估价原则的前提下，根据估价目的，选用适当的估价方法，对待估建筑物价格的影响因素进行分析和判断，评估出待估建筑物在某一时日的价格。

（一）总体要求

了解资产的真实状况，确保资产真实存在，不重不漏，确保账、卡、实物与申报表相符。对纳入评估范围的全部房屋建、构筑物逐项进行现场勘察核实，作好勘察记录，逐项核对产权证或产权替代文件资料，按本方案的要求编制评估案例，撰写评估说明，并完成相应的工作底稿。作价依据应充分、合理，评估方法选取应得当，并对确定的评估方法正确理解与运用，确保收集的作价及其他相关资料翔实可靠，客观公正反映资产的真实公允价值。对评估结果的增减值作出客观、合理的分析。

1. 房屋建、构筑物评估

具体应包括以下工作内容：了解房屋建、构筑物基本概况；核对和验收房屋建、构筑物申报明细表；确定房屋建、构筑物评估重点；清查、现场勘察及资料收集；评定估算和结果分析；撰写评估说明；整理和编制底稿。

2. 建筑物评估的特点

（1）房地分估建筑物作为土地的地上主导"产品"，是不可脱离土地而独立存在的。尽管我们在概念上划分了土地和建筑物，而实际上建筑物永远是与其所占用的土地在一起的。但是，从资产评估的角度，通常要把建筑物（主要是建筑物中的房屋）与其所占用的土地分开。分别评估土地资产和建筑物，以便准确合理地评价地产价值和建筑物价值，避免出现由于地用性质不合理，以及占地面积不合理造成地产价值估价失实和建筑物估价失真等情况。例如对市中心商业繁华区内的非商业性建筑物进行评估，假如不采取房地分估的方式，极易导致低评该建筑物所占地块的价值。又如，评估 3 000 平方米厂区的唯一一幢 300 平方米生产用厂房，假如不采用房地分估的方式，极易高评厂房的价值。

（2）建筑物产权受土地使用权年限的制约。

建筑物一经建成，其寿命可达几十年甚至上百年。由于我国城镇土地使用权是有限期的，且政府规定土地使用权期满土地使用权及其地上建筑物、其他附着物所有权由国家无偿取得。这样，在评估建筑物的时候，我们不仅要注意房地分估的一面，同时又必须注意建筑物的耐用年限与土地使用年限的吻合程度，并且只能以土地使用权剩余年限为准来评估建筑物的价值。即使建筑物的坐落位置、建筑结构、建筑风格都很好，但如果建筑物所占地的使用权剩余年限极其有限，该建筑物的市场价值也要大打折扣。

（3）单独评估建筑物一般宜采用成本法。

单独评估建筑物一般宜采用成本法的理由是：

第一，建筑物是劳动产品，从构建劳动产品的投资角度及建造费用的角度评估建筑物的市场价值，在理论上是说得通的，在实际中也是可行的。

第二，建筑物不能脱离土地而独立存在，但在房地产评估中往往采取房地分估的原则，影响房和地的市场价值的一些共同因素，在地产估价时大都已经考虑了，如地理位置、用途、环境等，那么在建筑物评估时就不应重复考虑。这样，就为采用重置成本法评估建筑物创造了条件。基于上述理由，在单独评估建筑物时，通常选用重置成本法。

（4）建筑物评估应在合法的前提下进行 政府关于房地产方面的法令和政策是比较多的。如：

第一，政府基于公共利益可限制某些房地产的使用，如包括规定建筑用途、容积率、覆盖率等。

第二，政府为满足社会公共利益的需要，可以对任何房地产实行强制征用或收买。因此，建筑物评估应充分考虑政府法规政策因素，要在适法的前提下进行。

以上对建筑物评估的特点所作归纳只是一种原则性的，而不是绝对意义上的。这里主要是从建筑物作为一个独立存在对象的角度来说的。其实现实中并不排除建筑物与其占用的土地一并评估，以及建筑物随同整体企业一并评估的可能。另外，建筑物产权受土地使用权年限的限制，也不能排除土地使用权出让年限续展的可能。最后，采用成本法评估建筑物只是一种比较普遍的选择。在有条件的情况下，选择市场法、收益法等其他方法进行评估也是正常的。

（二）了解房屋、构筑物基本概况

根据确定的评估目的，明确房屋建、构筑物的评估范围。

了解房屋建、构筑物基本状况。主要了解购建时间、分布地域、所处地址的地况、地貌、气候等情况，初步了解建、构筑物的资产管理情况、使用、维护保养状况、建、构筑物的项数、建筑面积、用途、建筑结构类型及特点、产权状况，账面值的构成，何年何月进行过清产核资或资产评估，是否曾调账。通过对委托评估资产的了解，初步掌握评估工作量和评估难点、重点。

（三）核对和验收评估申报明细表

验收企业提供的"申报明细表"，使其符合评估要求。请企业提供"固定资产分类汇总表"，每一类固定资产的原值、累计折旧要与明细分类账核对一致，各类固定资产加总合计正确,并与资产负债表金额核对一致。检查申报明细表账面价值是否与会计报表相符,对申报明细表填写不符合评估要求之处,应要求企业及时修正。并在修改后的每张账明细表左上角加盖公章。

（四）现场勘察核实及资料收集

1. 现场勘察核实

现场勘察阶段是评估人员合法、合理、客观公正进行评估的关键环节,是最大限度地降低评估风险的关键阶段,评估人员应对此高度重视。通过该阶段,评估人员应该能够确定评估重点,找出可能影响评估结果、产生评估风险的特殊事项。房屋建筑物的实地查勘是对其进行估价的最重要的环节之一,尤其对于居住用房地产和营业用房地产的评估特别重要。实地查勘的主要内容有：核对房屋的地址、坐落地段、层次和产权边界；认定房屋的结构、类型、式样、层高、朝向；查勘房屋装修、设施及其使用情况；确定房屋的成新率、完好程度和贬值情况；并进行勘测、丈量、记录。绘图以及必要的摄影等。

（1）核对建筑物的位置和产权边界。

房屋的地址、坐落、地段、层次等,是一定的环境质量形成的前提。环境质量不是由房地产本身造就的,但是房地产的位置则选定了环境质量。因而房产位置的勘查同环境质量的勘估融为一体,并且包括后者的内容。

产权边界往往在居住用房产评估中遇到比较错综复杂的情况。在评估同幢异产,如公私同幢、私私同幢房产,以及同一地点内有多幢房屋或者多幢房屋又同一个门牌,更要认真核对房屋的评估范围,正确区分房产权的独有部位、共有部位或他人所有部位,以免出现误估,造成产权纠纷。对有疑义的要特别查核,核对有关各方的产权文件,查询有关权益各方,做出有证有据的判断。

（2）认定房屋的结构、式样、类型、层高、朝向等实体质量因素。

房屋的结构、式样、类型是反映房屋实体质量的最基本指标,层高和朝向是重要的实体质量调整指标。在居住用房评估方面,部分城市根据结构、式样、类型划分不同的房产类型,核定建筑造价,提供评估标准。例如,北京市有关部门依据建筑式样和建筑材料的不同,制定了洋式楼房、洋式平房、中式楼房、带廊瓦房、灰瓦房、游廊、棚子、亭子及其他房共11项评估标准,作为基础价格。上海市根据其居住用房的类型、结构、式样、层数等界定房屋基本情况,制定了31

项评估标准。当然,随着时间推移,这些标准要不断调整。但无论怎样,不仅上述结构、式样、类型、层高、朝向等是决定实体质量的因素,从而直接影响价格,还是决定造价的因素,最终反映到价格上来。

(3) 查勘房屋装修、设备及其使用情况。

这些因素决定房地产的功能质量,也是造价的直接组成部分。其主要项目有墙体、屋面、地板、厨房设备、卫生设备、供热和暖气设备、装备电器、空调、空气滤清、电信电话设施状况、门窗和其他装饰性结构。其共同特点是可以加以改造、更新而不影响房屋的实体质量变化,因而有可能采用与房屋基本框架不同的评估方法。

(4) 勘估房产成新率、完好程度和贬值情况。

现场查勘成新率主要是根据房屋的结构部分的物理性能综合评估剩余使用年限,确有困难的可对其完好程度进行定量勘估。贬值,除结构部分明显不合理确需折扣外,通常是对装修、设备部分功能性贬值的勘估。

(5) 勘测、丈量、记录、绘图和摄影。

勘丈绘图是在对房屋全面查勘、丈量的基础上,将房屋位置、形状、层次、结构、开间、门、窗、阳台、卫生设施、厨房设施、扶梯走道、附属设施(如电梯、水泵)、面积大小、墙体归属、庭院和基地、附属搭建物等,按照一定比例如实反映在平面图上。为了更为直观地反映房屋状况,可根据实际需要,采用摄影、录像、绘制立体图等方式,与绘制房屋平面图相配合,通过图片揭示房地产的最大信息量。

同时,要做好文字记录,根据评估作业表的栏目逐项填列,不能用图片取代文字记录和描述。对于评估作业表所列的特别项目要进行单独记录,并在评估报告中得到反映。

丈量房屋面积,有一定的严格计量规则。房屋面积是指用水平或水平投影的方法,确定的某一轮廓线内所包含的面积,通常以平方米来计量。房屋面积有不同的衡量尺度,常用的有建筑面积、使用面积、居住面积、辅助面积、结构面积等。建筑面积包括使用面积、辅助面积和结构面积3项,对于单层建筑按建筑外墙勒脚以上的外围水平面积计算,对于多层建筑,则按各层建筑面积总和计算。居住用房使用面积是住宅评估中最为关注的,它是住宅各层平面中为生活使用的净面积的总和，它包括卧室、起居室、客厅、厨房、厕所、卫生间、储藏室、门厅、走道、壁橱、阳台等部分的面积总和。居住面积专指居室净面积的总和，辅助面积包括建筑物各层平面中为辅助生活活动所占净面积总和，具体到单元的辅助面积，专指单元门内的走道、厨房、卫生间、储藏室、阳台等所占净面积的合计。结构面积系指建筑物各层平面中的墙、柱等结构所占面积的总和。

在房屋建筑物造价的评估中，最重要的是建筑面积指标，计算规则如下：

第一，除明显属于建筑面积计算范围之外，应计算建筑面积还有：走廊、檐廊（屋顶下有柱时按柱外缘计算）；突出墙面的眺望间；门斗；室外附属烟囱、地下室出入口；无柱或有柱室外楼梯（按水平投影计）；内阳台；电梯井（按自然层计）。

第二，应按一层计算面积的有：穿过建筑物的通道；建筑物内的门厅；独立柱式的站台、雨篷、车棚等（按水平投影）；电梯机房，有围护结构的突出房顶的水箱房；各种变形缝、沉降缝等。

第三，不作建筑面积计算的有：挑阳台（其上无顶盖）；雨篷及挑檐；半圆柱及墙垛；台阶。

2. 资料收集

应当充分收集与房屋建、构筑物评估相关的信息资料，并确信资料内容的合理性、相关性和完整性以及资料来源的可靠性。根据评估业务的需要，要求委托方或资产占有方等相关当事方提供评估所需资料，并对企业提供的资料进行必要的查验。

（1）搜集资料的渠道。

包括委托人提供；实地勘察获得；到政府有关部门查询；市场调查收集；询问当事人、咨询公司等。

（2）基础资料。

收集企业填报的评估申报明细表盖章件、产权证明类资料及其他企业提供的评估所需资料。

（3）作价依据资料。

评估所需的资料主要包括下列方面：对房地产价格有普遍影响的资料；对评估对象所在地区的房地产价格有影响的资料；类似房地产的交易、成本、收益实例资料；房屋建构、筑物的建筑成本资料；反映评估对象状况的资料。

对于所有直接或间接影响房屋建筑物价格因素的资料都应尽量搜集，包括：政治、法律、经济、文化教育、自然条件、城市规划、基础设施、公共设施等方面的资料；房地产供求方面的资料；房屋建、构筑物建筑成本资料等。搜集什么样的资料，主要取决于拟采用的评估方法。重置成本法主要收集房屋建、构筑物的预、决算书及有关图纸等资料，并到有关建设管理部门和当地建筑定额管理部门及委托单位的财务、基建等部门进行调查咨询，取得当地的现行概（预）算定额、费用定额、有关调差文件、政府行政事业性收费文件等资料。在调查的同时取得本地区主要建筑材料现行市场价格。市场比较法主要是调查了解同一供需圈内可比房地产的相关资料（交易情况、交易日期、区域因素、个别因素）及市场情况等，搜集三个或以上的可比交易实例资料。收益现值法主要是搜集收益实例资料；而具体应搜集的内容，则需要针对评估方法中的计算所需要的资料数据进行。如对供出租用的写字楼拟选用收益法进行评估时，则需要搜集可供出租的面积、租金水平、出租率或空置率、运营管理费等方面的资料。

在搜集实例资料时，应充分考察它们是否受到不正常的或人为因素的影响。对于受到这些因素影响的实例资料，只有在能确定其受影响的程度并能进行修正的情况下才可被采用。搜集完资料后，应对其进行核实、整理、分类，以便查阅和对资料进行分析。

第二节 土地使用权评估案例

案例7 成本逼近法和基准地价法

第一部分 总述

一、**估价项目名称**

××公司因抵押贷款所涉及的位于××号的一宗地的土地使用权价格评估。

二、**委托估价方**

委托单位：××公司

单位地址：××市××号

公司类型：××

法定代表人：××

联系人：××

联系电话：××

邮政编码：略

三、受托估价方

受托估价机构：××有限公司

机构地址：××

估价机构资质级别：具备在全省范围内从事土地估价业务能力的机构

法定代表人：××

联系电话：××

邮政编码：略

四、估价目的

××公司委托××有限公司对因抵押贷款所涉及的位于××号的一宗工业用地在估价基准日的市场价值作出公允反映，为抵押贷款提供土地使用权价值参考依据。

五、估价依据

（一）国家及地方相关法律法规

(1)《中华人民共和国土地管理法》。

(2)《中华人民共和国城市房地产管理法》。

(3) 自然资源部《关于改革土地估价结果确认和土地资产处置审批办法的通知》。

(4) 自然资源部办公厅"关于印发《土地估价报告备案办法（试行）》的通知"。

(5) 自然资源部《关于做好当前土地登记和城镇地籍调查工作的通知》。

(6)《××省实施〈中华人民共和国土地管理法〉办法》。

(7)《××省城市国有土地使用权出让和划拨管理条例》。

(8)《××省人民政府"关于同意××市城区基准地价的批复"》。

(9)《××市区土地定级估价报告》。

(10)《××市城市总体规划》。

(11)《××市统计年鉴》。

（二）技术规程

(1) 中华人民共和国国家标准《城镇土地估价规程》。

(2) 中华人民共和国国家标准《城镇土地分等定级规程》。

（三）委托方提供的有关资料

(1) 九城国用第××号《国有土地使用权证》。

(2) 证号为××的企业法人营业执照。

（四）估价人员现场勘察、调查、收集的相关资料

估价人员调查收集的待估宗地所在区域的征收、开发费用等方面的资料。

六、估价期日

2013年2月10日。

七、估价日期

2013年1月13日至××××年××月××日。

八、价格定义

根据委托方提供的资料及评估人员现场查勘、了解，待估宗地在估价期日为××公司生产区用地，登记用途为工业用地，评估设定用途为工业用地。待估宗地于2005年3月30日取得《国有土地使用权证》，登记终止日期为2047年9月9日，故评估设定土地使用年限为待估出让工业用地剩余使用年限34.6年。待估宗地实际开发程度为宗地红线外"五通"（通路、通电、通信、供水、排水）及红线内场地平整，评估设定开发程度为红线外"五通"（通路、通电、通信、供水、排水）及红线内场地平整。

故本次待估宗地的评估价格是指在上述设定的用途、土地使用年限和开发程度条件下，于评估基准日为2013年2月10日的土地使用权价格。

九、估价结果

经估价人员现场查勘和当地地产市场分析，按照地价评估的基本原则和估价程序，选择合适的评估方法，评估得到待估宗地在估价设定用途、年期、开发程度及现状利用条件下，于评估基准日2013年2月10日的土地使用权价格为：

土地总面积：19 206.8平方米

单位面积地价：464.71元/平方米

总地价（取整）：892.56万元

人民币大写：捌佰玖拾贰万伍仟陆佰元整

待估宗地估价结果详见土地估价结果一览如表3-1所示。

估价机构：××有限公司

估价报告编号：××字第××号

评估基准日：2013年2月10日

表3-1　　　　　　　　　　　　土地估价结果一览

宗地名称	土地使用者	土地级别	宗地位置	估价期日实际用途	估价设定用途	估价期日容积率	估价期日的实际开发程度	估价设定的开发程度	土地剩余使用年限（年）	面积（平方米）	单位面积价格（元/平方米）	总地价（万元）	每亩（万元）
××公司生产区用地	××公司	Ⅲ	××号	工业	工业	<0.5	宗地红线外"五通"，红线内场地平整	宗地红线外"五通"，红线内场地平整	34.6	19 206.8	464.71	892.56	30.98

注："五通"指通路、通电、通上水、通下水、通信；"一平"指场地平整。

（一）上述土地估价结果的限定条件

（1）土地权利限制：待估宗地于2005年3月取得国有土地使用权，登记终止日期为2047年9月9日，故评估设定待估工业用地剩余使用年限为34.6年。

（2）基础设施条件，具体如表3-2所示。

表 3-2　　　　　　　　　　　　　　基础设施条件

宗地名称	地面平整状况	周围道路状况	供电状况	供水状况	排水状况	通信条件	他项权利限制	规划限制
××公司生产区用地	场地平整	××路	宗地外接××供电局电网，供电保障率高	市政供水，保障程度较高	宗地外接市政排水	接市政通信设施，通讯有保障	无	一般限制

（3）规划限制条件：现状利用，无特殊规划限制。

（4）影响土地价格的其他限定条件：无。

（二）其他需要说明的事项

（1）土地利用状况等资料由委托方提供，土地区位条件、地产市场交易资料等评估相关资料由估价人员实地调查而得。

（2）估价人员根据国家有关法律、法规、估价规程及地方有关地价评估技术标准，结合宗地具体情况，确定估价原则、方法及参数的选取。

（3）委托方对所提供资料的真实性负责。

（4）本报告是在价格定义限定条件下的土地使用权价格现值，如价格定义限定条件发生变化，土地评估结果必须相应调整或重新评估。

（5）关于土地使用年期的设定：待估宗地于 2005 年 3 月取得国有土地使用权，登记终止日期为 2047 年 9 月 9 日，故评估设定待估工业用地剩余使用年限为 34.6 年。

（6）任何单位和个人未经估价机构书面同意，不得任何形式发表、肢解本报告。

（7）估价对象权利状况以××市国土资源局颁发的《国有土地使用证》及相关资料为依据。

（8）本评估报告仅为××公司因抵押贷款提供土地使用权价格参考。

十、需要特殊说明的事项

（一）假设条件

（1）委托方合法有偿取得土地使用权，并支付有关税费。

（2）估价对象在设定用途下得到或将得到最有效利用，并会产生相应的土地收益。

（3）待估宗地与其他生产要素相结合，能满足设定使用年限内经营管理的正常进行。

（4）在估价基准日地产市场为公正、公开、公平的均衡市场。

（5）任何有关待估宗地的动作方式、程序符合国家、地方的有关法律、法规。

（6）委托方提供的资料属实。

（7）评估设定的土地开发程度为宗地红线外的基础设施开发程度及红线内通路及场地平整状况。

（二）本报告使用限制条件

（1）本报告及估价结果仅为本报告设定的评估目的服务，当用于其他目的，本报告评估结果无效。

（2）本报告估价结果是在满足地价定义所设定条件下的土地使用权价格，若待估宗地的土地利用方式、估价基准日、土地开发状况、土地使用年限、土地面积等影响地价的因素发生变化，该评估价格应相应调整。

（3）本报告必须完整使用，对仅使用报告中的部分内容所导致的有关损失，受托估价机构不承担责任。

（4）报告中有关待估宗地的土地权属状况、土地面积等以委托方提供的国有土地使用证和有关的资料为准。

（5）本报告的估价结果自估价基准日起半年内有效。

（三）资料来源说明

（1）土地利用状况等资料由委托方提供。

（2）土地区位条件、地产市场交易资料等评估相关资料由估价人员实地调查而得。

（3）估价人员根据国家有关法律、法规、估价规程及地方有关地价评估技术标准，结合待估宗地具体状况，确定估价原则、方法及参数的选取。

（四）估价中的特殊处理

（1）估价期日的设定：本次估价期日在评估报告日后22天，本报告的取值是依据估价师的判断，在此后的22天内，土地使用权的市场价值没有较大波动的假设前提下作出的。若该假设前提发生变化,则本次评估值无效。

(2) 关于土地使用年期的设定:待估宗地按工业用地法定出让使用年期剩余年限作为该宗土地设定使用年期,即 34.6 年。

(五) 其他说明

(1) 委托方对所提供资料的真实性负责。

(2) 任何单位和个人未经估价机构书面同意,不得以任何形式发表、肢解本报告。

(3) 本报告由估价机构负责解释。

十一、土地估价师签名

姓　　名　　　　　　土地估价师资格证书号　　　　　　签名

十二、土地估价机构

××有限公司

估价机构负责人签字:

第二部分　估价对象描述及地价影响因素分析

一、估价对象描述

(一) 土地登记状况

估价对象土地所有权属国家所有,土地使用权属××公司。

待估宗地位于××号,为××公司生产区用地,国有土地使用权证为××号《国有土地使用证》,登记终止日期为 2047 年 9 月 9 日,在估价期日的土地使用者、位置、用途、面积、土地级别、图号等如表 3-3 所示。

表 3-3　　　　　　　　待估土地登记状况

宗地名称	估价期日土地使用者	宗地位置	登记用途	登记面积(平方米)	土地级别	土地四至			
						东	南	西	北
××公司生产区用地	××公司	××号	工业	19 206.8	Ⅲ	××路	××厂	××路	××公司

(二) 土地权利状况

估价对象的土地所有权属国家所有,土地使用权由××公司以出让方式取得,委托方于 2005 年 3 月 30 日取得第××号《国有土地使用证》，登记终止日期为 2047 年 9 月 9 日。宗地权属来源合法、产权清楚。待估宗地的土地使用者、他项权利状况如表 3-4 所示。

表 3-4　　　　　　　估价期日国有土地使用权一览表

宗地名称	土地使用者	宗地位置	评估面积（平方米）	设定用途	他项权利状况	土地使用权类型
××公司生产区用地	××公司	××号	19206.8	工业	无	出让

（三）土地利用状况

待估宗地上有建筑物 6 栋，总建筑面积 380 平方米。

二、地价影响因素分析

（一）一般因素

1. 城市资源状况

××地处 113°57′E～116°53′E，28°50′N～30°06′N。全境东西长 270 公里，南北宽 140 公里，总面积 18 823 平方公里，占××省总面积的 11.3%，其中市区规划面积 71.5 平方公里，建成区面积 48 平方公里。××市市区人口 50 万。

××市既是一座历史悠久的文化名城，又是风光秀丽、交通发达，商贾云集的通商口岸和旅游胜地。凭借得天独厚的地理优势，曾是我国"四大米市""三大茶市"之一。长江黄金水道流经本区域。

2. 房地产制度与房地产市场状况

土地制度、地价政策。根据《中华人民共和国城市房地产管理法》的实施，一般用地都采用有偿出让方式，加上重新修订后的《中华人民共和国土地管理法》（以下简称《土地管理法》）严格了土地的供应机制，对耕地的保护采取了严而又严的措施。××市人民政府为正确贯彻执行《土地管理法》，对全市范围，尤其是对市辖的浔阳、庐山区、开发区内的土地在供应机制上均采用了"供小于求"的措施，一般情况下均采用有偿出让方式，对耕地的保护措施更是严格。上述政策及法律的实施，已使××市的地价总体呈上升趋势。××市土地管理局制定××市城区土地基准地价，将城区土地分成五个级别，评估出各级别各类用途土地基准地价。

3. 产业政策和税收政策

按照实施《××省契税实施办法》，国有土地使用权出让、土地使用权转让属纳税范围，税率为4%。

4. 城市规划与发展目标

2010年××市区土地利用规划60平方公里；市区总人口达到85.8万人，城市居住人口81万人；国内生产总值达到9 969 900万元，全市固定资产投资总量为2 369 200万元。

5. 城市经济发展状况

××市城镇居民人均可支配收入3 973元，城镇储蓄86.55亿元，物价稳中趋降。全市国内生产总值中三大产业的第二产业所占比重较大，为44.5%，国有经济比重过高，非国有经济比重过低。现阶段经济布局：大力调整农业和农村经济结构，推动农村经济全面发展；加大对中小企业扶持力度，进一步推进工业结构调整，发展以庐山为代表的旅游业，全面推进第三产业上台阶。

（二）区域因素

1. 区域概况

待估宗地所在区域为××市开发区，区域内有××大道、××路、××路等，对外交通便利程度好。

2. 交通条件

待估宗地区域内有××大道、××路、××路等，附近有19路公交站点。区域对外交通条件便利，105国道、××高速公路、××高速公路，××铁路、××铁路、××铁路穿境而过。

3. 基础设施条件

现有的基础设施主要有：通路、通电、通信、供水、排水。

其基础设施状况介绍如下：

通路：待估宗地区域道路有××大道、××路、××路等。

通电：区域供电由××市供电局供应，属华中电网，供电保证率高。

通信：市政通信网（中国电信、中国移动、中国联通）覆盖范围，通信保证率高。

供水：区域内供水由××市自来水公司供给，供水保障率较高。

排水：区域内排水为市政排水，供水保障率较高。

4. 环境条件

（1）区域内环境质量的好坏主要取决于三大污染的大小，分别为大气污染、水污染、噪声污染。待估宗地区域环境质量一般。

（2）区域人口密度及交通通达程度。待估宗地区域内人口密度较低，区域道路有××大道、××路、××路与外界连接。

（3）自然人文景观。待估区域位于××市开发区，环境一般。

（4）周围土地利用状况。待估宗地区域周围土地利用状况以工业及农用地为主。

（5）规划限制：一般条件限制。

（三）个别因素

1. 委托方简介

委托方：××公司

住所：××

法定代表人：××

公司类型：有限责任公司（国有独资）

注册资本：××万元

注册资本：××万元

经营范围：××

2. 宗地状况

（1）宗地位置。

待估宗地位于××号，为××公司生产区用地，临××路和××路，距市中心约3.5公里，距××市火车客运站约4公里，交通方便。待估宗地四至为：东至××路，南至××厂，西至××路，北至××公司。此四至为评估人员现场勘察的大至描述，确切的宗地四至以土管部门确认为准。

（2）宗地面积。

待估宗地委托评估面积19 206.8平方米。

（3）宗地用途、容积率、土地使用权年期。

待估宗地设定用途为工业用地，容积率为＜0.5，设定土地使用权年限为法定工业用地剩余年期34.6年。

（4）宗地形状。

待估宗形状规则，为长方形。

（5）土地级别。

待估宗地属于××市三级地价区。

（6）基础设施条件。

待估宗地实际开发程度为宗地外"五通"（即通路、通电、供水、排水、通信）及宗地内场地平整。

其基础设施状况介绍如下：

通路：宗地临××路和××路，运输条件较好。

供水：区域内、外供水均由××市自来水公司供给，供水保障率较高。

排水：宗地外市政排水，与市政排水相接。

供电：宗地内外均由××市供电局供应，属华中电网，供电保证率高。

通信：宗地内外均已被市政通信网（中国电信、中国移动、中国联通）覆盖，通信保证率高。

第三部分　土地估价

一、估价原则

本次估价过程中，遵循的主要原则有：

1. 替代原则

根据市场运行规律，在同一商品市场中，商品或提供服务的效用相同或大致相似时，价格低者吸引需求，即有两个以上互有替代性的商品或服务同时存在时，商品或服务的价格是经过相互影响与比较之后来决定的。土地价格也同样遵循替代规律，某块土地的价格，受其他具有相同使用价值的地块，即同类型具有替代可能的地块价格所牵制。换言之，具有相同使用价值、替代可能的地块之间，会相互影响和竞争，使价格相互牵制而趋于一致。

2. 需求与供给原则

在完全的市场竞争中，一般商品的价格都取决于供求的均衡点。供小于求，价格就会提高，否则价格就会降低。由于土地与一般商品相比，具有独特的人文和自然特性，因此在进行土地估价时既要考虑到所假设的公平市场，又要考虑土地供应的垄断性特征。

3. 变动原则

一般商品的价格，是伴随着构成价格的因素的变化而发生变动的。土地价格也有同样情形，它是各种地价形成因素相互作用的结果，而这些价格形成因素经常处于变动之中，所以土地价格是在这些因素相互作用及其组合的变动过程中形成的。因此，在土地估价时，必须分析该土地的效用、稀缺性、个别性及有效需求以及使这些因素发生变动的一般因素、区域因素及个别因素。由于这些因素都在变动之中，因此应把握各因素之间的因果关系及其变动规律，以便根据目前的地价水平预测未来的土地价格。

4. 协调原则

土地总是处于一定的自然与社会环境之中，必须与周围环境相协调。因为土地能适应周围环境，则该土地的收益或效用能最大限度地发挥，所以要分析土地是否与所处环境协调。因此，在土地估价时，一定要认真分析土地与周围环境的关系，判断其是否协调，这直接关系到该地块的收益量和价格。

5. 报酬递减原则

是指土地估价要考虑在技术等条件一定的前提下，土地纯收益会随着土地投资的增加而出现由递增到递减的特点。

6. 预期收益原则

对于价格的评估，重要的并非是过去，而是未来。过去收益的重要意义，在于为推测未来的收益变化动向提供依据。因此，商品的价格是由反映该商品将来的总收益所决定的。土地也是如此，它的价格也是受预期收益形成因素的变动所左右。所以，土地投资者是在预测该土地将来所能带来的收益或效用后进行投资的。这就要求估价者必须了解过去的收益状况，并对土地市场现状、发展趋势、政治经济形势及政策规定对土地市场的影响进行细致分析和预测，准确预测该土地现在以至未来能给权利人带来的利润总和，即收益价格。

7. 最有效使用原则

由于土地具有用途的多样性，不同的利用方式其可能为权利人带来不同的收益量并且土地权利人都期望从所占有的土地上获得更多的收益，以能满足这一目的为确定土地利用方式的依据。所以，土地价格是以该地块的效用作最有效发挥为前提的。

8. 多种方法相结合原则

随着我国土地估价业的发展，目前比较实用的宗地估价方法有收益还原法、市场比较法、成本逼近法、剩余法和基准地价系数修正法等方法。由于不适宜的估价方法可能使该估价结果产生较大的偏差，因此在进行地价评估时，就要根据最适宜的方法进行评估，同时为了使评估结果更为客观，更接近于准确，评估中选择两种较为适宜的方法进行评估以便互相验证，减小误差，确定出合理的价格。

二、估价方法

根据《城镇土地估价规程》以及估价对象的具体条件、用地性质及评估目的，结合估价师收集的有关资料，考虑到当地地产市场发育程度，选择评估方法。

本次评估，对待估宗地采用二种不同的方法进行评估。由于待估宗地位于××市基准地价范围内，故可以按照或参照当地政府颁布的基准地价标准进行评估。另外待估宗地位于××市开发区，因其所在区域有近年来的征地案例可参考，其取得成本较易确定，故还可选用成本逼近法。

根据委托方提供的资料并结合评估人员现场勘察收集的资料及评估对象的处理条件，采用以上方法比较合理。故分别用成本逼近法、基准地价系数修正法确定其最终结果。

（一）成本逼近法

成本逼近法是以开发土地所耗费的各项费用之和为主要依据，再加上一定的利息、利润、应缴纳的税金和土地增值收益来确定土地价格的估价方法。其基本公式为：

$$V = E_a + E_d + T + R_1 + R_2 + R_3 = V_E + R_3$$

式中：V——土地价格；

E_a——土地取得费；

E_d——土地开发费；

T——税费；

R_1——利息；

R_2——利润；

R_3——土地增值；

V_E——土地成本价格。

(二) 基准地价系数修正法

基准地价系数修正法指求取一宗待估宗地价格时，利用级别或区域基准地价，通过对待估宗地地价影响因素的分析，利用宗地地价修正系数，对已公布的同类用途同级或同一区域土地基准地价进行修正，得出待估宗地客观价格的方法。其基本公式为：

$$V = A_{lb} \times (1 \pm \sum K_i) \times K_j + F$$

式中：V——土地价格；

A_{lb}——某一用途土地在某一土地级上的基准地价；

$\sum K_i$——宗地地价修正系数；

K_j——估价期日、容积率、土地使用年期等修正系数；

F——开发程度修正系数。

三、估价过程

（一）成本逼近法

1. 土地取得费及税费

（1）土地取得费。

土地取得费是指在待估宗地所在区域征用同类土地所支付的平均费用，主要包括土地补偿费、安置补助费以及青苗补偿费。待估宗地位于××市××号，调查待估宗地所在区域周边农用地的利用状况，现状为大部分耕地，因此此次采用成本逼近法评估宗地地价时，考虑估价期日被征用的土地为耕地。据调查，待估宗地所在区域，其土地取得费采用征地包干形式，土地征用费用一般为100~150元/平方米。据调查，该区域Ⅲ类区土地取得费确定为150元/平方米。

（2）税费。

税费主要包括土地管理费、耕地开垦费、耕地占用税、防洪保安资金等税费。

第一，土地管理费。

根据××省物价局、××省财政厅"关于印发《××省征地管理费暂行办法》的通知"文件，土地管理费按征地费总额的比例收取，根据××市开发区土地管理局提供的资料，土地管理费按4%计收，则：待估宗地土地管理费 = 土地取得费×4% = 150×4% = 6元/平方米

第二，耕地占用税。

根据××省人民政府《××省征收耕地占用税实施办法》及××市有关文件规定，凡在××省区域内占用耕地建房或者从事其他非农业建设的单位和个人，均依照实施办法缴纳耕地占用税，耕地占用税以纳税人实际占用的耕地面积计税，按照规定税额一次性征收，××市实际征收标准为6.5元/平方米，故确定本次评估待估宗的耕地占用税为6.5元/平方米。

第三，耕地开垦费。

根据《××省实施〈中华人民共和国土地管理法〉办法》第15条规定："经批准占用基本农田以外耕地的，按被占用耕地前3年平均年产值的8～10倍缴纳"。调查××市实际情况，一般为13.5元/平方米，确定本次评估待估宗地的耕地开垦费为13.5元/平方米。

第四，防洪保安资金。

根据××省人民政府"××省人民政府关于印发《××省征集防洪保安资金暂行规定》的通知"规定，非农业建设新征占用耕地的单位和个人缴纳的防洪保安资金，由土地管理部门在办理用地手续进一次性代收，并规定城镇规划区内按每亩1 000元征集，城镇压规划区外的按每亩500元征集，待估宗地位于××市城区规划区内，所以按每亩1 000元征集，合1.5元/平方米，故确定本次评估待估宗地防洪保安资金为1.5元/平方米。

第五，新增建设用地有偿使用费。

根据××财综××号文，××市开发区新增建设用地有偿使用费为48元/平方米。

待估宗地土地取得费及税费如表3-5所示。

表3-5　　　　　　　　土地取得费及税费　　　　　　　单位：元/平方米

宗地名称	土地取得费	税费					合计
		土地管理费	耕地占用税	耕地开垦费	防洪保安资金	新增建设用地有偿使用	
××公司生产用地	150	6	6.5	13.5	1.5	48	225.5

2. 土地开发费

调查××市开发区已有的土地开发情况，工业用地基础设施开发程度达宗地红线外"五通"（通路、通电、通信、供水、排水）及红线内场地平整开发费用在50~70元/平方米，开发费用分摊到各项：通路为15~20元/平方米、通电10~12元/平方米、供水为5~20元/平方米、排水5~15元/平方米、通信5~8元/平方米，红线内场地平整费为20元/平方米。评估设定待估宗地开发程度达宗地红线外"五通"（通路、供水、排水、通电、通信），红线内场地平整，根据企业提供的资料和评估人员的实地调查，宗地红线外"五通"开发费用为50元/平方米，场地平整费用为20元/平方米，则其土地开发费为70元/平方米。

3. 投资利息

根据待估宗地的规模及项目占地特点，调查确定待估宗地土地开发周期为1年，投资利息率按同期中国人民银行公布的固定资产一年期贷款利息率7.47%计，土地取得费及税费、土地开发费中，土地取得费及税费均为一次性投入，土地开发费为分期投入，这里土地开发费按平均投入计算，则：

投资利息 =（土地取得费及税费×1 + 土地开发费×1/2×1）×7.47%

=（225.5 + 70/2）×7.47%

=19.46（元/平方米）

4. 投资利润

投资利润是把土地作为一种生产要素，以固定资产方式投入发挥作用，因此投资利润应与同行业投资回报相一致，根据××市土地开发及××省工业系统投资利润率，确定12%作为待估宗地的投资利润率。则：

投资利润 =（土地取得费及税费 + 土地开发费）×投资利润率

=（225.5 + 70）×12%

=35.46（元/平方米）

5. 土地增值收益

根据××市国土资源管理局提供的资料，土地增值收益一般按土地成本费用的50%计，本次评估土地增值收益按土地成本费用的50%测算。则：

土地增值收益 =（土地取得费及税费 + 土地开发费 + 投资利息 + 投资利润）× 土地增值收益

=（225.5 + 70 + 19.46 + 35.46）×50%

=175.21（元/平方米）

6. 无限年期土地使用权的价格

无限年期土地价格 = 土地取得费 + 土地开发费 + 投资利息 + 投资利润 + 土地增值收益

宗地无限年期土地价格 = 225.5 + 70 + 19.46 + 35.46 + 175.21

$$= 525.63（元/平方米）$$

7. 待估宗地有限年期土地价格确定

根据有限年期地价测算公式：

$$V_N = V_n \times [1 - 1/(1+r)^N]$$

式中：V_N——待估宗地设定年期土地使用权价格（元/平方米）；

V_n——无限年期土地使用权价格（元/平方米）；

r——土地还原利率（经咨询××市土地管理局有关人员，目前该地区的土地投资存在一定风险，故在选取土地还原利率时取中国人民银行公布的一年期存款利息率加风险调整值，综合分析确定土地还原利率取6%）；

N——使用年期。

待估宗地设定年期土地使用权价格 = 无限年期土地使用权价格 × 年期修正系数

$$= 525.63 \times 0.8668 = 455.62（元/平方米）$$

待估宗地价格如表3-6所示。

表3-6　　　　　　　　　待估宗地价格

宗地名称	土地取得费及税费(元/平方米)	土地开发费(元/平方米)	投资利息（元/平方米）	投资利润（元/平方米）	土地增值收益(元/平方米)	无限年期价格(元/平方米)	有限年期修正系数	修正后价格(万元)
××公司生产用地	225.5	70	19.46	35.46	175.21	525.63	0.8668	455.62

（二）采用基准地价系数修正法评估待估宗地价格

1. 基准地价成果及内涵介绍

根据××省人民政府"关于同意××城区基准地价的批复"，××市城区基准地价分为五级，覆盖范围为城市规划内41.7平方公里。具体地价如表3-7所示。

表3-7　　　　　　　　　　　××市各级用地基准地价

土地级别	用地类型		
	商（服）业	住宅	工业
Ⅰ	1 802.43	947.91	504.78
Ⅱ	1 283.12	640.25	504.78
Ⅲ	910.85	453.84	374.68
Ⅳ	602.38	325.05	274.21
Ⅴ	315.28	208.18	179.96

根据《××市区土地定级估价报告》，其基准地价内涵介绍如下：

（1）基准地价的基准日：20××年5月31日。

（2）土地使用年限：商（服）业40年、住宅70年、工业50年。

（3）土地开发程度：是指不同土地级别的现状开发程度。土地定级估价报告设定的开发程度为三通一平。

（4）土地权利状况：基准地价均指有偿使用条件下的有限年期的土地使用权价格。

2. 确定待估宗地土地级别及基准地价

待估宗地××X号。查阅××市城区土地级别图，确定各待估宗地基准地价，具体如表3-8所示。

表3-8　　　　　　　　　　　待估宗地基准地价

宗地名称	位置	用途	土地级别	基准地价（元/平方米）	备注
××公司生产用地	××号	工业	Ⅲ	374.68	评估设定用途为工业用地

工业用地地价修正系数说明表和宗地修正系数表如表3-9、表3-10所示。

第三章 房地产评估

表3-9　　　　　　　　　　　××市区工业用地宗地地价修正系数说明

	修正因素	好	较好	一般	较劣	劣
区域因素	工业用地类型	大型工业区	中型工业区	中、小型工业区	小型工业区	独立工业区
	区域道路等级	主干道	混合型次干道	生活型次干道	支路	其他
	区域公用设施状况	七通	五通	三通	通路、供水	通路
	相关企业集聚程度	高	较高	一般	较低	低
	对外交通便利程度	方便	较方便	一般	不很方便	不方便
	区域土地利用规划限制	无限制	限制较少	一般限制	限制较多	限制多
个别因素	地质承载力	好	较好	一般	较差	差
	容积率	>2.0	1.0－2.0	1.0	0.5－1.0	<0.50
	宗地自然灾害危害程度	小	较小	一般	较大	大
	宗地临路条件	临主干道、交通型道路	临混合型道路	临生活型道路	次干道	支路
	宗地坡度	<3°	3°~5°	6°~7°	8°~10°	>10°
	宗地面积	对土地利用无影响		对土地利用稍有影响		对土地利用有明显影响

表3-10　　　　　　　　　　　××市区三级工业用地宗地地价修正系数

	修正因素	j=i	好(j=1)	较好(j=2)	一般(j=3)	较劣(j=4)	劣(j=5)
区域因素	工业用地类型	K_1	0.87	0.43	0	0.34	0.68
	区域道路等级	K_2	1.03	0.52	0	0.40	0.81
	区域公用设施状况	K_3	0.98	0.49	0	0.38	0.77
	相关企业集聚程度	K_4	0.76	0.38	0	0.30	0.60
	对外交通便利程度	K_5	1.08	0.54	0	0.43	0.85
	区域土地利用规划限制	K_6	0.70	0.35	0	0.28	0.55
个别因素	地质承载力	K_7	0.60	0.30	0	0.24	0.47
	容积率	K_8	0.56	0.28	0	0.22	0.44
	宗地自然灾害危害程度	K_9	0.53	0.27	0	0.21	0.42
	宗地临路条件	K_{10}	0.67	0.33	0	0.26	0.52
	宗地坡度	K_{11}	0.47	0.23	0	0.18	0.37
	宗地面积	K_{12}	0.50	0.25	0	0.20	0.39

(1) 确定期日修正系数。

××市区基准地价验收时间为20××年5月31日,在20××年12月进行过一次小范围调整,经调查待估宗地在基准地价调整日期间至估价期日,该区域工业用地地价上升幅度较大,故确定宗地期日修正系数为1.30。

(2) 确定土地使用年限修正系数。

待估宗地为工业用地,评估设定为待估工业用地剩余使用年限34.6年,故土地使用年限修正系数:$K = \{1 - [1/(1+6\%)^{34.6}]\} / \{1 - [1/(1+6\%)^{50}]\} = 0.9166$

(3) 确定影响地价的区域因素及个别因素修正系数($\sum K$)。

根据修正系数说明表和修正系数表所叙述的具体内容,结合待估宗地的具体情况,编制待估宗地各项修正因素具体条件说明、优劣程度及修正系数及修正价格如表3-11、表3-12所示。

表3-11　　　　　　　　待估宗地地价影响因素修正系数

	影响因素	条件说明	优劣程度	修正系数(%)
区域因素	工业用类型	中型工业区	较好	0.43
	区域街道等级	主干道	好	1.03
	区域公用设施状况	五通	较好	0.49
	相关企业集聚程度	高	好	0.76
	对外交通便利程度	方便	好	1.08
	区域土地利用规划限制	限制较少	较好	0.35
个别因素	地质承载力	好	好	0.6
	容积率	<0.5	劣	-0.44
	宗地自然灾害危害程度	小	好	0.53
	宗地临路条件	临混合型道路	较好	0.33
	宗地坡度状	<3°	好	0.47
	宗地面积	无影响	好	0.50
$\sum K$		—	—	6.13

表 3-12　　　　基准地价系数修正法计算待估宗地价格

宗地名称	土地等级	估价设定用途	基准地价年期	基准地价（元/平方米）	地价影响因素修正系数（%）	评估设定年限	期日修正系数（A1）	使用年期修正系数（A2）	最终价格（元）
××公司生产用地	V	工业	50	374.68	6.13	34.6	1.30	0.9166	473.81

（三）估价总结果

1. 地价确定的方法

根据地价评估技术规程及估价对象的具体情况，分别采用了成本逼近法、基准地价系数修正法测算待估宗地价格，根据评估人员的市场调查，待估宗地用成本逼近法和基准地价系数修正法测算的地价较为接近，也比较符合市场情况，故取两种方法的算术平均值。待估宗地地价评估结果如表 3-13 所示。

表 3-13　　　　待估宗地评估价格

宗地名称	估价设定的用途	成本逼近法（元/平方米）	基准地价系数修正法（元/平方米）	最终地价（元/平方米）	面积（平方米）	总地价（万元）	每亩（万元）
××公司生产用地	工业	455.62	473.81	464.71	19 206.8	892.56	30.98

2. 估价结果

估价人员经现场查勘和对当地地产市场分析，按照地价评估基本原则和估价程序，选择合适的评估方法，评估得到待估宗地在 2013 年 2 月 10 日，在评估设定条件下的土地使用权价格如下所示。

土地总面积：19 206.8 平方米

单位面积地价：464.71 元/平方米

总地价（取整）：892.56 万元

第四部分　附件

附件一：委托估价函

附件二：委托方营业执照复印件

附件三：国有土地使用权证复印件

附件四：估价机构营业执照复印件

附件五：估价机构资质证书复印件

附件六：土地估价师资格证书复印件

第五部分　问题讨论

1. 本案例评估方法选择的依据是什么？
2. 成本逼近法和基准地价法需考虑哪些因素？

案例 8　剩余法及市场比较法

一、项目区域概况

随着××高速铁路专线的开工建设，××市城市基础设施建设进入新一轮的快速发展时期，政府将进一步加大城市基础设施建设的力度。现拟定对××高速铁路客运站地区用地进行储备。目前区域内主要以工业、仓储用地和其他用地为主，有少量居住、公共设施、对外交通和市政公用设施用地。现规划为以××客运站新区为核心的新型商务区，规划面积552.65公顷，其中经营性用地365.12公顷。××高速铁路专线将2016年底全线通车，到时，区域的商业繁华程度，区域功能和环境质量应得到较大的改变和提升。

二、估价项目概况

估价项目坐落于××高等级公路旁，距××高速铁路专线客运站2 000米。规划用地面积4865.2平方米，用地性质为商业，容积率4.0，覆盖率为45%，绿化率为25%。估价目的为国有建设用地土地使用权出让价格提供参考。估价基准日为2015年8月15日。

三、委托评估项目的初步分析

第一，土地使用权出让估价应遵循公开、公平、公正的原则，交易是一种市场行为，其价值类型应采用公开市场价值标准，估价基准日应为土地使用权出让日（即为未来土地使用权成交日期）。

第二，土地使用权价格的增值来源于规划的××高铁客运站建设和运营，设定该区域的城市规划，按期实施。影响地价的因素，如商业繁华度、基础公用设施状况、交通网络、环境情况等变化与规划中的数值变化不大。

第三,本次估价项目是在已有规划限制条件下的土地使用权价格评估,估价项目不存在虚征地和无法利用面积,其容积率便为规划容积率,土地用途按实施的国家标准《土地利用现状方案》中的二级分类界定。

第四,价格内涵:在已有的规划限制条件及实际开发程度(通过现场踏勘,宗地红线外通路、通电、供水、排水、通信,宗地红线内场地平整),用途为商业用地,土地使用权期限40年,于2015年8月15日国有建设用地土地使用权出让价格。

四、土地使用权价值测算过程分析

(一)评估方法选择

根据《城镇土地估价规程》中规定,主要估价方法有市场比较法,收益还原法,剩余法(假设开发法),成本逼近法,在实际运用中,还有基准地价系数修正法。估价项目已进行了土地开发,用地性质为商业,属于经营性用地,结合本次估价目的,本次估价不宜选用基准地价系数修正法和成本逼近法进行估价。估价项目为待开发土地,规划限制条件明确,应选剩余法(假设开发法)进行估价,同时该区域同一供求圈内,已有交易案例,宜选用市场比较法进行估价。最后综合两种估价结果确定土地使用权价格。

(二)剩余法测算思路

在预计开发完成后不动产正常价格的基础上,扣除预计的正常成本及有关专业费用,利息,利润和税费等,以价格余额来估算待估土地使用权价格的方法。评估土地价格的基本公式为:$V = A - B - C$

式中:V——待估土地价格;

A——开发完成后的土地总价值或房地产总价值;

B——整个开发项目的开发成本;

C——开发商的合理利润。

从上述计算式中看出,遵循最有效利用原则,确定合法合理的最佳开发利用方案和准确预测未来开发完成后不动产总价值,是保证剩余法估价结果准确性的前提条件,也是估价人员应把握的关键问题。

1. 最佳开发利用方案的确定

最佳开发利用方案包括用途,规模,档次等内容。

(1) 委托评估宗地所在城市具有丰富的旅游资源,是全国优秀旅游城市之一,旅游产业已走进全省前三强,年接待客人 798 万人次,到 2015 年上半年已完成接待游客 435 万人次,旅游产业呈现蓬勃生机,同时该市为全国的重要能源基地。全年公路,铁路客运量 3 000 万人数,流动人口量大,据专业人员预测,待高铁建成运营后,流动人口将增至 5 000 万人次。

(2) 待估宗地位于以××新区为核心的新型商务区,G1××,S3××贯穿该区域东西南北,有辐射华南各省市的长途汽车站和年底通车的高铁客运站,对外交通十分方便,距市级商服中心 7 公里,距市政治文化中心 5 公里,距旅游景点最近 8 公里,最远 30 公里。

(3) 该市拥有一个五星级宾馆,二个准四星级宾馆,五个三星级宾馆,有 2 000 多间客房,皆处于中心城区及周边。据旅游外事部门统计资料显示,全市宾馆在旺季入住率达 98% 以上,淡季入住率可达 75% 以上,连续五年全市餐饮住宿消费年均以 10% 增长。另外在中心城区,甲级写字楼一座,乙级写字楼三座,一般写字楼四座,随着电子商务的流行和新经济概念的出现,目前的写字楼也出现了所谓"so-ho"概念。即"small office, home office"(小办公室,家庭办公室)。这将对写字楼的发展趋势产生一定的影响。

综合上述城市性质、待估宗地的位置、当地房地产市场的接受能力三方面分析,未来开发完成的物业类型为酒店宾馆为最有效开发利用方案。

第一,最佳规模。

从当地城市建设有关部门获悉,在现状地质条件下,建、构筑物在 16 层以下,建造成本最省,同时符合报酬递增递减规律。从市场上类似物业看,地面 4 层采用裙楼式结构,裙楼功能设定为酒店餐饮,购物中心,休闲等。主楼为客房。

根据委托人提供的规划限制条件及信息,未来开发完成后的不动产总建筑面积 S = 4 865.2 × 4 = 194 608(平方米),最大底面积 S = 4 865.2 × 45% = 2 189.34(平方米)。

1~4 层为裙楼,按最大覆盖率来设计,则 1~4 层的总建筑面积 = 2 189.34 × 4 = 8 757.36(平方米)

主楼的建筑面积 = 19 460.8 - 8 757.36 = 10 763.44(平方米)。

根据类似物业功能设计看,裙楼部分有 1/2 的建筑面积为餐饮,可承接宴席;

另有 1/4 的建筑面积为桑拿；1/4 的建筑面积为会议中心。

依据《餐饮酒店设计规范》要求，结合当地物业设计建造情况，一桌席/16 平方米（包含服务设施），则该物业可设置酒席总桌数：（8 757.36×1/2）/16 = 273.67≈274 桌。

根据《旅馆设计规范》，结合当地类似物业实际情况，一标准间/38 平方米（包含服务设施），则该可建置客房数量：10 763.44/38（平方米） = 281.67 = 282（间）。

第二，档次。

根据该市经济发展趋势以及人民生活水平，未来房地产市场发展趋势，建造装饰装修成三星级宾馆为宜。

2. 未来开发完成后不动产价值测算思路

开发完成后的不动产价值必须根据待估宗地的最有效利用方式和当地房地产市场现状及未来变化趋势结合进行确定。确定方法有两种：一种是对开发完成后拟采用出售的土地或房地产价值，可用类似不动产正常交易成交价格，采用市场比较法与长期趋势法结合进行确定。另一种是开发完成后拟采用出租或自营方式经营的土地或房地产价值，根据同一市场状况采用收益还原法与长期趋势法来确定其价值。

估价项目定位为三级宾馆，属收益性房地产，采用自营为主，部分功能承包经营方式，故采用第二种方法确定未来开发完成后不动产价值。运用收益还原法其难点在于如何准确确定客观收益和还原利率。

（1）客观收益的确定。

年客观收益等于年有效毛收入减去年运营费用，再加上其他归属产权主体衍生的收益。在实际操作中，获取年客观收益的途径主要有三种途径：

第一，是采用市场上类似物业租金水平比较确定。在同一供需圈内或类似地区有类似出租的物业，选取三个以上，相似规模，类似经营状况的宾馆的租金。在区位条件、人流量、规模、档次、经营状况等因素方面进行比较确定。

第二，是采用类似物业经营状况比较确定。在同一供需圈内，选取三个具有正常经营能力和管理水平良好的类似物业近五年的会计报表（资产负债表，利润表，经营销售表，现金流量表）确定其净利润，然后减去归属于行业的正常利润，求得归属于不动产的客观收益,在此基础上,进行区位条件、人流量、规模、档次、经营状况等因素方面比较确定委托评估物业的客观收益。

第三,根据物业规模直接测算求取客观收益。

当地市场上,宾馆整体出租或承包的案例极少,各物业经营管理水平相差大,故本次估价采用第三种途径确定其客观收益。根据当地旅游外事局、旅游餐饮行业协会统计资料,确定旅馆餐饮年淡、旺季时间,客房入住率,餐饮上座率,客房收费标准,桑拿人均消费水平,会议中会收费标准,求取客观收益。

委托评估项目未来开发完成后的不动产,客房282间,酒席274桌,会议间5间,桑拿房55间。根据有关部门统计资料和未来市场发展状况,估算物业经营收入。

①客房,旺季,时间6个月,入住率90%。房价148元/间·天,淡季,时间6个月,入住率75%。房价118元/间·天,一年按365天计算。

经营收入 = (148×90%×6/12 + 118×75%×6/12) ×365×282 = 1 272.21 (万元)

②餐饮,旺季,时间6个月,平均每月开席2 500桌/月,淡季,时间6个月,平均每月开席1 200桌/月,580元/桌。

经营收入 = 2 500×680×6 + 1 200×680×6 = 1 287.6(万元)

③桑拿部,每日平均营业时间12小时,平均开房率为35%,每房平均消费300元/间。

经营收入 = 300×55×365×0.35 = 210.79(万元)

④会议中心,每天800元/间,平均使用率40%。

经营收入 = 800×5×365×40% = 58.4(万元)

⑤整个物业的有效年毛收入 = ① + ② + ③ + ④ = 2 631.17(万元)

⑥根据对类似物业调查分析,客房的经营成本和相关税费为经营收入的45%,客房的经营成本及相关税费为经营收入60%,桑拿的经营成本及相关税费为35%,会议中心的经营成本及相关税费为25%。年纯收益测算如下:

1 272.21×(1 - 45%) + 1 287.6×(1 - 60%) + 210.79×(1 - 35%) + 58.4×(1 - 25%)

= 1 395(万元)

则整个物业的年客观纯收益为:1395万元。

(2)还原利率的确定。

还原利率为投资回报与所投入资本的比率,作为投资收益性房地产,投入的资本即为房地产价格,投资回报即为房地产预期会产生的净收益。根据《城镇土地估价规程》还原利率确定有三种方法,一是土地纯收益与价格比率法,二是安全利率加风险调整值法,三是投资风险与投资收益率综合排序插入法。本次估价宜采用第一种和第二种方法综合确定。

①对本市三栋大厦的租售价比调查情况,如表3-14所示。

表3-14　　　　　　　　　　　租售价比

实　例	年纯收益(元/平方米)	售价(元/平方米)	租售比(%)
××百货	1 100	12 000	9.170
××广场	1 800	14 000	9.290
××大厦	1 500	1 600	9.318
合　　计	三个实例的简单算数平均值9.28		

②列表对本市几位投资者投资类似物业期望回报调查,综合情况如表3-15所示。

表3-15　　　　　　　　　　物业期望回报　　　　　　　　　　单位:%

	安　全　利　率	4.14	取一年期银行定期存款利息率
风险调整值	风险补偿	2.17	期望多于一年期银行定期存款利息率的50%
	管理负担补偿	2.48	期望多于一年期银行定期存款利息率的60%
	缺乏流动性	0.83	期望多于一年期银行定期存款利息率的20%
	合　计	9.25	

两种方法求得结果相差不大,采用简单算术平均值确定本估价项目的还原利率:9.27%

（3）计算公式的选择及收益年限的确定。

委托评估项目开发完成后的不动产属新建物业，据类似物业的运营状况调查，设定在装修装饰不变的情况下，开始三年内收益低于正常的收益，之后十年间将逐年增长，接着有5~8年的稳定期，最后收益将每年递减。由于社会经济发展，生活观念改变，对未来收益难以准确界定，本次估价采用设定未来收益不变的计算式求取。

$$V = A/r \times [1 - 1/(1+r)^n]$$

式中：V——评估值；

　　　A——为年净收益；

　　　r——还原利率；

　　　N——收益年限。

估价项目取得土地使用权后，物业需要一段时间的开发建设期，根据省建筑工程概算定额中规定的正常建设期，结合本市其他类似物业开发建设情况，本物业未来开发建设期为三年。故物业可收益年限为：40 – 3 = 37（年）

（4）开发完成后的不动产价值测算。

根据考虑资金时间价值的方式不同，剩余法常使用的技术操作方法有现金流量折现法和传统方法。现金流量折现法是采用折现的方式，传统方法是采用计算利息的方式。现金流量折现法测算的结果比较精确，但现金流量折现法测算过程比较复杂，传统法测算的结果比较粗略，但测算过程相对简单一些。本次估价采用现金流量折现法。此项目建设期三年，折现率取同期央行公布的三年期贷款年基准利率7.56%。开发完成后不动产总价价值为：

$$V = A/r \times [1 - 1/(1+r)^n] \times 1/(1+r)^n$$
$$= 1\,395/9.27\% \times [1 - 1/(1+9.27\%)^{37}] \times 1/(1+7.56\%)^3$$
$$= 11\,643\,（万元）$$

3. 整个项目的开发成本求取思路

项目的开发成本包括前期费用、区内外基础设施费、建筑安装成本、管理费、投资利息、销售税费和购地税费。

（1）前期费用

主要包括：①三通一平费、临时水、电、路及场地平整费；②勘察、规划设计费;③施工图设计费用测量费;④可行性研究费、咨询费。

根据省市有关行业服务收费标准,综合当地市场状况,第①~④项累计费用为建筑安装成本的10%。

(2)基础设施费。

指区内水、电、路、绿化、环保,物业管理用房等设施。通过市场调查,类似用途和规模的物业,基础设施费为建筑安装成本的15%。

(3)房屋建筑安装成本。

具体包括土建工程,装饰工程、设备工程(理论上称直接工程费、间接费、利润和税金)。在实际操作过程中,确定的方式有三种:第一,是以省市的建设项目概况预算定额资料进行确定,第二,是依据估价师自身积累的类似工程项目的造价信息资料来确定;第三,是通过政府或行业协会定期公布的相关造价信息来确定。本次估价是待开发房地产,只有通过调查类似项目的造价信息资料,结合政府定期公布的相关造价信息综合确定。确定该项目建筑安装成本为2 800元/平方米。附房屋建筑安装成本表(见表3-16)。

表3-16　　　　　建筑安装工程成本明细表

序号	项目	单价(元/平方米)	备注
一	土建工程	980	1+2
1	地基处理工程	100	防六级地震
2	主体工程	880	框架结构
二	水电安装工程	160	3+4
3	供排水工程	80	上下水、污水处理
4	电气控制工程	100	消防、照明、电气控制
三	装饰装修工程	1200	室内、室外装修
四	设施设备工程	380	电梯、厨具设施设备
五	措施费	60	脚手架、施工设备等
六	合计	2 800	

注:综合费率按一级施工企业取费标准。

（4）管理费。

是指建设项目从立项、筹建、建设、施工验收、交付使用及项目后评估等全过程所需的费用。本地区一般为建筑安装成本的1%~5%。考虑该项目规模较大，建筑标准高，工程复杂，其管理费为建筑安装成本的4%。

（5）投资利息：本次估价采用现金流折现方法测算，不另行计算。

（6）销售税费。

具体包括三个方面：一是销售费用，包括销售广告代理宣传费，委托代理费等，一般取售价的1%~3%，根据本物业的规模，本次估价取销售价格的3%；二是销售税金及附加包括营业税，城市维护建设税，教育附加，合计为销售价格的5.5%；三是其他销售税费：由卖方（开发建设单位）负担印花税、交易手续费等，根据市房屋产权交易中心的信息，合计为销售价格的0.05%。三项费用累计为销售价格的8.55%。

（7）土地购置的税费：

购置土地的税费，主要包括契税、测量费、手续费等，一般为购建土地价格的4%。

（8）总开发成本：

在开发建设过程中，前期费用、区内外基础设施费和建筑安装成本、管理费用、销售税费，按均匀投入，土地购置的税费按一次投入。至估价出让期日总开发成本：

总开发成本 = 2 800 × （1 + 10% + 15% + 4% + 8.55%）× 1/（1 + 7.56%)$^{1.5}$ + 待估宗地地价 × 4%

= 6 723.86 + 待估宗地地价 × 4%

4. 开发利润的确定

开发利润是在正常条件下房地产开发商所能获得的平均利润，而不是个别房地产开发商最终获取的实际利润，也不是个别房地产开发商所期望获得的利润。确定开发利润要明确两个因素：计算的利润基数和利润率。

利润率有直接成本利润率、成本利润率、销售利润率3种，不同的利润率对应不同的计算基数。直接成本利润率的计算基数为土地取得成本和开发成本，成本利润率的计算基数为土地取得成本和开发成本、管理费、投资利息销售税费之和，销售利润率的计算基数为不动产销售价格。从理论上讲，直接成本利润率＞成本利润率＞销售利润率，从市场上看，普通住宅开发利润率＜中高档住宅开发利润率＜商业用房利润率＜写字楼开发利润率，但是不论是采用哪种计算基数及与其相对应利润来测算，同一开发项目，得出结果应都是相同的。通过市场调查，相同开发建设期的普通住宅开发的销售利润率为15%，写字楼的销售利润率为30%。此项目设定为宾馆商业房地产，根据类似物业开发情况调查，估价项目销售利润率取25%。开发利润 = 11 642.98 × 25% = 2 910.75（万元）

5. 委托评估宗地的价格求取

设委托评估宗地价格为V，根据《城镇土地估价规程》中的测算式，则：V = 11 642.98 − 6 723.86 − 0.04 × V − 2 910.75

V = 1 931.1（万元）

土地单价 = 1 931.1 万元 ÷ 4 865.2 = 3 969.21（元/平方米）

楼面地价为 = 3 969.26 ÷ 4 992.32 = 992.30（元/平方米）

（三）市场比较法测算思路

市场比较法的本质是以土地市场上具有替代性的土地，实例交易价格为导向求取待估宗地的土地价格。即将待估宗地与估价时点的近期发生过交易的类似宗地进行比较，对这些类似宗地成交价格做适当的处理来求取待估宗地价值的方法，《城镇土地估价规程》中给出计算公式如下：

$$V = VB \times A \times B \times D \times E$$

式中：V——待估价宗价格；

　　　VB——比较实例价格；

　　　A——待估宗地情况指数/比较实例宗地情况指数 = 正常情况指数/比较实例宗地情况指数；

　　　B——待估宗地交易日期地价指数/比较实例宗地交易日期地价指数；

　　　D——待估宗地区域因素条件指数/比较实例宗地区域因素条件指数；

　　　E——待估宗地个别因素条件指数/比较实例宗地个别因素条件指数。

从上述计算式中可以获悉，运用市场比较法关键问题，也就是技术难点，在于如何正确选择可比较交易实例、准确确定交易情况修正系数和量化影响价格因素的影响幅度。除上述修正外，还要进行土地使用年期、容积率等修正。

1. 确定比较实例

根《城镇土地估价程》,要求选取三个以上的比较实例。选择比较实例应满足并具备以下基本要求:

(1) 属同一供需圈内相邻地区或类似地区的正常交易实例,如为非正常的交易实例必须能够修正为正常交易实例。

(2) 交易日期与估价日期接近,最多不能超过三年。相隔时间过长,难以进行交易日期调整,即便可以调整,可能会出现较大的偏差。

(3) 与估价宗地用途相同,至少要做到大类用途相同,如果能做到小类相同则更好。大类用途主要可分为:①居住用地;②工业用地;③商业、旅游、娱乐用地;④综合用地;⑤教育科技、文化、卫生、体育或者其他用地。

(4) 比较实例的权利性质应与估价项目的权利性质相同。

(5) 比较实例的交易类型应与估价目的吻合。根据交易方式,可分为买卖、租赁、抵押、作价入股等交易类型,其中买卖可分为协议、招标、拍卖、挂牌等交易类型。

(6) 土地条件基本一致。主要在宗地内开发程度、地势、地质、面积、规划限制条件等方面的一致。

依上述基本要求,从收集到的交易实例资料库中,选取如下三个比较实例(见表3-17)。

表3-17　　　　　　　三个比较实例比较因素条件说明

比较因素	估价项目	比较实例		
		A	B	C
交易时间	2015年8月	2014年7月	2015年3月	2015年6月
交易方式	挂牌	挂牌	挂牌	挂牌
交易情况	正常	正常	正常	正常
土地用途	商业	商业	商业	商业
土地级别	商服用地Ⅳ级	商服用地Ⅳ级	商服用地Ⅳ级	商服用地Ⅳ级
土地使用年限	40	40	40	40

续表

比较因素		估价项目	比较实例		
			A	B	C
区域因素	商服中心级别	区级商服	区级商服	区级商服	区级商服
	距市服中心距离（千米）	5.0	5.0	2.5	3.0
	道路状况	混合主干道	混合主干道	生活主干道	生活主干道
	距火车站距离（千米）	2.0	2.0	3.0	2.5
	路网密度（千米/平方米）	1.0	1.0	1.5	1.5
	距市中心距离（千米）	6.0	6.0	3.0	3.5
	生活设施完善度	不完善	不完善	完善	完善
	公用设施完善度	五通一平	五通一平	五通一平	五通一平
	环境质量	无污染	无污染	基本无污染	基本无污染
个别因素	临街状况	一面临街	一面临街	一面临街	一面临街
	容积率	4.0	4.0	3.8	4.2
	宗地面积（平方米）	4 865.2	4 329.5	3 921.2	3 506.8
	宗地形状	规则	规则	不规则	较规则
	宗地地质（吨/平方米）	20	20	18	25
	宗地地势（%）	坡度4	坡度5	坡度10	坡度3
	规划条件限制	无规划限制	无规划限制	有规划限制	有规划限制

实例 A：市经济技术开发区商务新区 S×××道路旁，宗地面积：4 329.5 平方米，土地用途为商业，容积率：4.0，土地使用权年期 40 年，2014 年 8 月挂牌取得，成交价格：3 697 元/平方米。

实例 B：市中心城区××路，宗地面积 3 921.2 平方米，土地用途为商业，容积率：3.8 土地使用权年期 40 年，2015 年 3 月挂牌取得，成交价格：3 865 元/平方米。

实例 C：市广场文化中心××路，宗地面积：3 506.8 平方米，土地用途为商业，土地使用权年期 40，容积率 4.2，2015 年 6 月挂牌取得，成交价格 3 773 元/平方米。

2. 因素修正指数分析

因素选择要与当地公布的基准地价报告中的宗地因素条件修正系数表中的内容相同或相近，且修正幅度应参考由基准地价计算宗地地价的因素系数表中的幅度。在确定修正幅度时，不同用途其地价影响因素影响程度不同。

（1）用途修正指数。

本估价项目与比较实例皆是规划用途，用途相同，本次估价用途不作修正。

（2）土地级别修正指数。

按照当地宗地基准地价，分析不同级别差别，确定修正指数。估价项目所在地域基准地价为 800 元/平方米，案例所在地域基准地价 800 元/平方米，以估价项目所在地域Ⅳ级因素指数为 100，则比较实例所在地域的土地级别因素指数为 100。

（3）交易类型：

一般的交易类型有买卖、租赁、抵押、作价入股等类型。调查不同交易类型地价差别，确定交易类型修正指数。本次估价交易类型皆为买卖中的挂牌，交易类型不需进行修正。

（4）交易情况修正指数。

选择的三个比较案例都是正常交易下的成交案例，皆是通过土地交易中心挂牌取得，本次估价交易情况不需修正。在实际估价中，最好选择正常交易下的成交案例，不要进行交易情况修正，因为调查的案例是非正常交易，很难明确地说出各种特殊因素，对正常土地价格的影响程度及正常交易情况下地价的差异，如果能够很明确地界定特殊因素的影响程度，则可通过修正确定交易情况因素指数。

（5）交易日期价格指数。

确定方法有两种：一种是直接采用当地权威部门公布的地价指数或房地产价格指数，另一种是市场提取。调查当地几年的与待估宗地相同用途的地产市场资料，分析、测算、确定地价指数。本次估价根据市政府公布的 2009～2015 年地价上涨的资料，商业用途土地地价环比指数为 100，109.8，95.7，101.2，105.5，108.2，133.6，2015 年上半年比 2014 年上涨了 6.3%。以估价项目估价期日的指数为 100，则实例 A 的交易日期修正指数为 99.94。

(6) 土地使用年期修正指数。

利用年限修正公式 $K = [1 - 1/(1+r)^n] / [1 - 1/(1+r)^N]$ 进行年期修正，

式中：K——年限修正系数；

n——为比较实例的年期；

N——为待估项目的年期；

r——为土地还原利率。

按照《城镇土地估价规程》规定，土地还原利率比房地产的还原利率低2%，剩余法中求取房地产还原利率为9.27%，则土地还原利率为7.27%，这次估价所选比较案例年期相同，不需进行修正。

(7) 区域因素指数。

第一，商服中心级别条件指数。将城镇内商服中心从高级到低级依次公为市级、区级、小区级和街区级4个等级，待估宗地商服中心级别指数为100，每上升或下降一级，因素修正指数上升或下降5%。

第二，距商服中心距离指数。将待估宗地距商服中心距离指数为100，每增加或减少1 000米，因素修正指数减少或增加1%。

第三，道路状况指数。从优到劣将城市道路划分为混合主干道、交通主干道、生活主干道、一般道路4个等次。以估价项目的道路状况指数为100，每增加或降低一级，因素修正指数上升或下降2%。

第四，距火车站距离指数。以××客运站为中心，将待估宗地距××客运站的距离指数为100，每增加或减少1 000米，因素修正指数上升或下降1%。

第五，距市中心距离。将待估宗地距市中心距离指数为100，每增加或减少1 000米，因素修正指数增加或减少0.5%。

第六，网络密度。将城镇内道路路网密度分为优（>3千米/平方千米），较优（密度在2~3千米/平方千米），一般（密度在1.5~2千米/平方千米），较劣（密度1~1.5千米/平方千米），劣（密度少于1千米/平方千米）五个等级。待估宗地所处区域路网密度指数定为100，每上升或下降一个等级，因素指数上升或下降1%。

第七，生活设施完善度。指宗地所在区域的生活设施（如中学、小学、幼儿园、医院、公园、邮局、银行等）将生活设施完善度分为完善（设施齐备），较完善（缺少部分设施）不完善（无主要公用设施）3个等级，以待估宗地所在区域生活设施完善度指数为100，每增加或减少一个等级，因素指数上升或下降0.2%。

第八，公用设施完善度。将城镇公用基础设施定为七通一平、六通一平、五通一平、四通一平、三通一平、二通一平、一通一平，达到开工条件等，根据当地公布（或采用）的基准地价报告中规定的开发程度修正幅度，进行开发程度修正。本次估价项目与比较实例都是五通一平，不需进行修正。

第九，环境质量指数。将城镇内的环境质量标准分为无污染、基本无污染、轻度污染、严重污染四个等级，将待估宗地的环境质量指数为100，每上升或下降一个等级，因素指数上升或下降2%。

（8）个别因素指数分析。

第一，容积率条件指数。确定方法有两种：一种是如果宗地所在地有容积率修正系数，可直接采用其容积率修正系数。另一种是可调查不同容积率下的与待估宗地相同用途的土地价格，找出修正比率。本次采用估价项目所在地容积率修正系数表，容积率每增加0.1，地价上涨2.25%，以待估宗地容积率指数为100，每上升或下降一个等级，因素修指数上升或下降2.25%。

第二，临街状况指数。将宗地临街状况分为四面临街（或路）、三面临街、二面临街、一面临街、不临街五个等级，以待估宗地临街状况指数定为100，每增加一面或减少一面，因素指数增加或减少2%。

第三，宗地面积指数。依据当地基准地价报告中宗地面积状况修正表，面积>3 000平方米为优；面积2 000~3 000平方米为较优，1 000~2 000平方米为一般，面积500~1 000平方米为较劣，面积<500平方米为劣。以待估宗地的面积地价指数为100，每增加或减少一个等级，地价指数上升或下降0.2%。

第四，宗地形状指数。将宗地形状分为规则、较规则、不规则三个等级，以待估宗地形状指数定为100，每增加或减少一个等级，因素修正指数上升或下降1%。

第五，地势坡度指数。将地势坡度划分为3%~5%属优，坡度在5%~10%属较优；坡度在10%~20%属一般，坡度在20%~25%属较劣，坡度大于25%属劣，以待估宗地地势坡度指数定为100，每增加或减少一个等级，因素修正指数上升或下降0.5%。

第六，地质条件指数。将地质条件按地基承载力的大小划分为：大于25吨/平方米为优，在20~25吨/平方米属较优，在12~20吨/平方米属一般，在8~12吨/平方米属较劣，小于8吨/平方米属劣，以待估宗地地质指数定为100，每增加或减少一个等级，因素修正指数上升或下降1%。

第七，规划条件限制指数：分析为有规划限制、无规划限制，将无规划限制指数定为100，有规划限制别下降2%。

（9）各因素权重分析。

根据上述因素对宗地地价影响程度，结合宗地类型和多年的估价经验，对区域因素中商服中心级别因素权重取0.3，生活设施和公用设施完善度，因素各取0.05，其余各因素权重各皆取0.1，对于个别因素中临街状况、容积率、规划条件限制三个因素权重各取0.2，其余各因素权重皆取0.1。

3. 因素修正指数

具体各因素修正指数如表3-18，表3-19，表3-20所示。

表3-18　　　　　　　　　比较实例基本情况指数

比较因素	估价项目	实例A	实例B	实例C
交易时间	100	99.74	100.00	100.00
交易情况	100	100.00	100.00	100.00
土地用途	100	100.00	100.00	100.00
土地使用年限	100	100.00	100.00	100.00
土地级别	100	100.00	100.00	100.00

表3-19　　　　　　　　　　区域因素指数

比较因素	权重	估价项目	实例A	实例B	实例C
商服中心级别	0.30	100	100.00	100.00	100.00
距市服中心距离	0.10	100	100.00	102.50	102.00
道路状况	0.10	100	100.00	96.00	96.00

续表

比较因素	权重	估价项目	实例A	实例B	实例C
距火车站距离	0.10	100	100.00	99.00	100.50
距市中心距离	0.10	100	100.00	10.30	102.50
路网密度	0.10	100	100.00	100.00	100.00
生活设施完善	0.05	100	100.00	100.20	100.20
公用设施完善	0.05	100	100.00	100.00	100.00
环境质量	0.10	100	100.00	99.00	99.00
合计	1.00	100	100.00	109.97	110.20

表3-20　　　　　　　　　　　　个别因素指数

比较因素	权重	估价项目	实例A	实例B	实例C
临街状况	0.20	100	100.00	95.50	104.50
容积率	0.10	100	100.00	100.00	100.00
宗地面积	0.10	100	100.00	100.00	100.00
宗地形状	0.10	100	100.00	99.00	99.00
宗地地质	0.10	100	100.00	99.00	101.00
地势坡度	0.10	100	100.00	99.50	100.00
规划限制	0.20	100	100.00	98.00	98.00
合　计	1.00	100	100.00	98.45	90.05

表3-21　　　　　　　　　　　　综合修正系数

比较因素	实例A	实例B	实例C
交易时间	100/100	100/100	100/100
交易情况	100/100	100/100	100/100
土地用途	100/100	100/100	100/100
土地使用年限	100/100	100/100	100/100
土地级别	100/100	100/100	100/100
区域因素	100/100	100/109.97	100/110.02
个别因素	100/100	100/98.45	100/90.05
修正系数	1.0000	0.9237	1.0077

4. 市场比较法测算结果

三个比较实例比准价格：

$V_A = 3\,697 \times 1.0000 = 3\,697$（元/平方米）

$V_B = 3\,865 \times 0.9237 = 3\,556.25$（元/平方米）

$V_C = 3\,773 \times 1.0077 = 3\,556.25$（元/平方米）

三个比较实例比准价格相差不大，采用简单算术平均值作为市场比较法测算结果：

$(3\,697 + 3\,556.25 + 3\,556.25) / 3 = 3\,685.0$（元/平方米）

（四）价格确定

本次估价剩余法测算结果为 3 969.0 元/平方米，市场比较法测算结果为 3 685.0 元/平方米，两者相差很小，采用简单算术平均值作为待估宗地估价结果：

单价：$(3\,969.0 + 3\,685.0) / 2 = 3\,827.0$（元/平方米），楼面地价：956.8 元/平方米

宗地总价格：$3\,827.0 \times 4\,865.2 = 18\,619\,120$（元）

五、估价总结

对于以出让为估价目的的商业用地土地使用权估价，一般都采用市场比较法和剩余法进行估价，辅之收益还原法。市场比较法的理论依据是土地价格形成的替代原理，是以地产市场交易价格为导向求取估价宗地的价值，是一种最直接、最有说服力的估价方法，其估价结果应最容易被人们理解和接受。剩余法其理论依据与收益还原法相同，是预期原理，是以土地的预期开发的价值为导向求取待估宗地的价值。更深层的理论依据，类似于地租原理，只不过地租是每年的租金剩余，剩余法通常测算的是一次性的价格剩余。剩余法估价是站在一个典型的投资者的立场上，测算拟开发宗地的最高价格，测算的结果比市场比较法高，否则投资者就没有兴趣对拟取得宗地进行开发。

资料来源：××资产评估事务所

六、问题讨论

1. 讨论假设开发法技术难点及解决方案。

2. 比较土地使用权市场法和基准低地价法。

第三节 建筑物评估案例

案例9 办公楼评估

一、评估对象概况

该建筑物为露天矿办公楼，于 2009 年 3 月竣工使用，2014 年 12 月 31 日账面原值 1151496.00 元，账面净值 921 196.50 元。房产证为房权证××字第××××××号，权利人名称为××能源有限公司，建筑面积为 952.53 平方米。

该建筑物为 4 层混合结构，檐高 15 米，条形基础，为现浇钢筋混凝土柱、梁、板，外墙为滚刷涂料，基础 3∶7 灰土垫层，外墙采用滚耍涂料几块石贴面，内墙防磁涂料滚刷，室外台阶采用花岗岩贴面，室内大厅地面采用花岗岩楼地面及拼色镶贴花岗岩组成，走廊及室内地面采用地板砖，楼梯扶手为不锈钢扶手，屋面采用预制砼屋面板，窗为双层钢窗，木门，门厅采用不锈钢全玻无框门。办公楼内设有水、电、暖及通信、消防系统等设施。

该办公楼使用状况良好，结构有足够承载力，无变形等现象。外墙面完整，内饰无脱落，门窗无变形、锈蚀，墙体平直，通风运行良好，电照无故障，上下水畅通，管道无锈蚀渗漏现象。

二、重置全价

对该建筑物的评估采用重置成本法进行评定估算。

重值全价 = 建筑安装工程造价 + 前期及其他费用 + 资金成本

（一）建安工程造价

建筑安装工程造价包括土建（装饰）工程、给排水、电气工程的总价，建安工程造价采用预（决）算调整法进行计算，套用《××自治区施工机械台班费用价格》《××自治区建设工程混凝土、砂浆配合比价格》《××自治区建筑工程消耗量定额及基础价格》《××自治区安装工程消耗量定额及基础价格》《××自治区装饰装修工程消耗量定额及基础价格》，根据《××自治区建设工程费用计算规则》及××地区建材信息网站材料价格信息计算工程建安造价。根据建筑物的安装工程实际情况,按其土建工程造价的比例确定给排水、电气等安装工程造价。根据委托方所在地方政府的有关规定,计算各类建设取费及建设单位所支付的前期费用及其他费用,费用比例如表3-22,表3-23所示。根据实际情况该项目建成至投产的合理建设期为3.0年,1~3年期固定资产贷款利率为5.4%,建设资金按均匀投入原则计算资金成本。

表3-22 建筑土建工程造价取费计算表

序号	项目名称	计算方法	费率(%)	金额(元)
(一)	工程直接费	工程量×基价		872 672.17
(二)	技术措施费	按消耗量定额计算		
(三)	企业管理费	[(一)+(二)]×费率	9.34%	81 507.58
(四)	利润	Σ(一)-(三)×费率	5.54%	52 861.56
(五)	组织措施费	Σ(一)-(四)×费率	6.57%	66 162.61
(六)	估价及未计价材料	估价项目		
(七)	地区价差	按规定		35 687.70
(八)	规费	Σ(一)-(七)×规费	5.50%	60 989.04
(九)	税金	Σ(一)-(八)×税率	3.35%	39 191.00
(十)	总造价	Σ(一)-(九)		1 209 071.67
(十一)	安装工程			100 352.95
(十二)	建筑安装总造价			1 309 424.61

注:安装工程以原决算为基础,同时考虑评估基准日的变化趋势而确定。

(二) 前期及其他费用计算表

工程前期费用计算表如表3-23所示。

表3-23 工程前期费用计算表

序号	费用名称	取费基数	费率(%)	金额(元)	取费依据
一	建安工程造价			1 309 424.61	
1	建设单位管理费	建安工程造价	0.87	11 391.99	财建[20××]394号 中煤建协字[20××]90号

续表

序号	费用名称	取费基数	费率(%)	金额(元)	取费依据
2	勘察设计费	建安工程造价	3.21	42 032.53	计价格[20××]10号 中煤建协字[20××]90号
3	工程建设监理费	建安工程造价	1.70	22 260.22	发改价格[20××]670号 中煤建协字[20××]90号
4	工程质量监督费	建安工程造价	0.40	5 237.70	中煤建协字[20××]90号
5	招标代理服务费	建安工程造价	0.10	1 309.42	计价格[20××]1980号
6	环境评价费	建安工程造价	0.08	982.07	中煤建协字[20××]90号 计价字[20××]125号
7	墙体材料专项基金	建筑平方米	8.00	7 620.24	财综字[20××]55号
8	散装水泥专项基金	每吨袋装水泥	3.00	392.67	财综[20××]23号
9	市政公用设施建设配套费	建筑平方米	10.00	9 525.30	内政发[20××]12号
二	合计			100 752.14	

（三）资金成本

根据实际情况该项目建成至投产的合理建设期为3年，1~3年期固定资产贷款利率为5.40%，建设资金按均匀投入原则计算资金成本。

资金成本 =（建筑安装工程造价 + 前期及其他费用）× 合理工期 × 贷款利息 × 1/2
　　　　 =（1 309 424.61 + 100 752.14）× 5.40% × 3/2 = 114 224.32（元）

（四）重置全价：

重置全价 = 建筑安装工程造价 + 前期及其他费用 + 资金成本
　　　　 = 1309424.61 + 100752.14 + 114224.32
　　　　 = 1524401.07（元）
　　　　 = 1524400.00（元）（取整）

三、成新率

该建筑物2009年3月建成投入使用，砖混结构非生产用房经济使用年限为50年，已使用5.76年。通过现场勘察，该房屋基础无沉降现象，梁板柱无裂纹，承载良好；地面轻度磨损，内墙和天棚有部分轻微空鼓、裂纹现象；外墙表面无剥落，门窗轻微变形破损；水、电等配套设施正常使用。

通过评估人员现场鉴定勘察,通过加权平均计算成新率。

理论成新率 =(1 - 已使用年限÷经济寿命年限)×100%

　　　　　 =(1 - 5.76/50)×100%

　　　　　 = 88%。

勘察成新率如表 3 - 24 所示。

表 3 - 24　　　　　　　房屋建筑物勘察成新率鉴定计算表

序号	结构名称	标准分	勘察分
一结构部分(占80%)	100	84	—
1	基础	30	27
2	柱	25	22
3	梁	20	16
4	板	15	12
5	承重墙	10	7
二	装修及装饰部分:(占10%)	100	75
1	屋面	30	24
2	门、窗	20	14
3	外墙	10	7
4	内墙	15	12
5	顶棚	10	6
6	楼面、地面	15	12
三	设备部分:(占10%)	100	80
1	给排水及采暖	40	30
2	电气照明	35	30
3	通风	25	20
四勘查成新率		83%	

成新率 = 勘察成新率×60% + 理论成新率×40%

　　　 = 83%×60% + 88%×40% = 85%

四、评估值的确定

评估值 = 重置全价 × 成新率
     = 1 524 400.00 × 85%
     = 1 295 740.00 元

资料来源：雒翠，杨慧媛，黄敏. 资产评估学 [M]. 武汉：武汉大学出版社，2014

五、问题讨论

1. 成本法评估建筑物影响因素有哪些？怎么计算？
2. 比较建筑物成本法与土地使用权成本逼近法。

案例 10 市场法评估房屋建筑物

一、房屋建筑物概况

（一）位置及周边环境

评估对象位于××市新城区××街，用途为办公室。临近新城区××大街，××街上有2路、3路、4路、5路、19路、55路、61路等多条公交线路，交通非常方便。周边多个成熟大型住宅小区，宾馆、饭店、银行、医院、超市等生活办公服务设施齐全，繁华程度一般。

（二）产权状况

该楼于2004年竣工投入使用，2015年12月31日账面原值合计684 970.00元，账面净值合计606 453.52元。房产证号为：××房权证××区字第××号，建筑面积236.73平方米，所有权人为××第一煤矿。

（三）建筑状况

该建筑为砖混结构，共6层，370毫米砖墙，外墙抹砂石，坡屋顶，水、电、煤气、照明、采暖设备设施齐全。评估对象在该楼房2层，朝向南偏东，建筑面积236.73平方米。室内装修：地面铺设600毫米×600毫米防瓷地板砖，内墙面、天棚滚刷高级防瓷涂料，窗台为大理石铺面，榉木板木门及防盗门，双层塑钢窗，玻璃刻画隔断墙，器具、电照、厨卫采用高档设施。

评估对象由××能源有限公司于2004年购买，目前用作××办事处，经现场勘察，上述房产维护保养情况正常，房屋基础、墙体、屋面、楼地面、内外装修、门窗、上下水、电照等均可正常使用。

二、估价方法及测算

估价人员在分析所掌握的资料并对项目用地及邻近类似物业进行实地勘察、调查后，根据估价对象的特点，选取市场比较法作为本次估价所采用的基本方法。

三、评估过程

（一）可比实例的选取和介绍

案例 A：××小区住宅

建造于 2010 年的新城区××小区住宅为 6 层砖混结构。建筑面积 118 平方米，结构与评估对象基本一致，高档装修，水电等基础设施基本齐全，2015 年 12 月成交价格 3 390 元/平方米。

案例 B：××东路住宅

建造于 2010 年的××东路商住楼，附近多条公交线路，交通比较方便。周边多个成熟大型住宅小区，宾馆、饭店、银行、医院、超市等生活办公服务设施齐全，繁华程度一般。案例建筑面积 113 平方米，房屋的结构、装修与评估对象基本一致，水电等基础设施基本齐全，2015 年 2 月成交价格 2 920 元/平方米。

案例 C：××区××北街住宅

建于 2005 年的新城区××北街商住楼，附近多条公交线路，交通非常方便。周边多个成熟大型住宅小区，宾馆、饭店、银行、医院、超市、商店等生活办公服务设施齐全。案例建筑面积 105 平方米，房屋的结构、装修与评估对象基本一致，水电等基础设施基本齐全，但建成年份要较评估对象早很多年，2015 年 2 月成交价格 3 330 元/平方米。

（二）可比实例与委托评估房地产物业状况

三个可比实例与委托评估房地产物业状况汇总列表如表 3-25，表 3-26，表 3-27 所示。

表 3-25　　　　　　　　　　因素条件说明

因素	待估房地产	案例 A	案例 B	案例 C
名称	××办事处	××小区	商住楼	商住楼
位置	新城区××街	新城区××小区	××东路	新城区××北街

续表

	因素		待估房地产	案例A	案例B	案例C
	交易价格（元/平方米）		待估	3 390	2 920	3 330
	交易时间		2015-12-31	2015-12-2	2015-2-13	2015-2-17
	交易情况		正常	正常	正常	正常
	房地产用途		住宅	住宅	住宅	住宅
区域因素		土地级别	同级别	同级别	同级别	同级别
	基础设施	电、水、气、通信、暖系统	五通一平	五通一平	五通一平	五通一平
	公共配套设施	医院、学校、娱乐	周围有建行××支行、××市对外贸易局、××医院、××幼儿园、××小学、××广场等行政机关	周围有建行××街支行、××市对外贸易局、××医院、××幼儿园、××小学、××市政府等行政机关	周围有建行××街支行、××市对外贸易局、××医院、××学校、××小学、××广场、××市政府等行政机关	周围有建行××街支行、××市对外贸易局、××医院、××幼儿园、××小学、××广场等行政机关
	交通便捷程度	交通主(次)干道数量、级别	交通主干道2条	交通主干道2条	交通主干道2条	交通主干道2条
		与主干道通达程度	临主干道	临主干道	临主干道	临主干道
		离汽车站、公交车站客流量	距火车站约20分钟,长途汽车站约35分钟	距火车站约30分钟,长途汽车站约45分钟	距火车站约30分钟,长途汽车站约45分钟	距火车站约20分钟,长途汽车站约35分钟
			共有7路公交车	共有4路公交车	共有4路公交车	共有7路公交车
	聚集效应	商业繁华程度	较好	一般	一般	较好
	环境质量	绿化、文化	一般	一般	一般	一般

续表

因素			待估房地产	案例A	案例B	案例C
个别因素	宗地条件	临街状况	临主干道	临主干道	临主干道	临主干道
		道路类型、级别	主干道:双向二车道	主干道:双向二车道	主干道:双向二车道	主干道:双向二车道
	房屋状况	楼龄	11	5	5	9
		使用状况	较好	较好	一般	一般
		层高	3米	3米	3米	3米
		朝向	朝阳	朝阳	东西	朝阳
		面积	236.73平方米	118平方米	113平方米	105平方米
		装修情况	高档装修	高档装修	普通装修	中档装修
		建筑结构	砖混	砖混	砖混	砖混
		层数	2/6	6/6	2/6	1/6
		建筑外形	长方形	长方形	长方形	长方形

表3-26　　　　　　　　　　　比较因素条件指数

因素	待估房地产	案例A	案例B	案例C
名称	××市办事处	××小区	商住楼	商住楼
位置	新城区××街	新城区××小区	××东路	新城区××北街
交易价格(元/平方米)	待估	3 390	2 920	3 330
交易时间	100	100	102	102
交易情况	100	100	100	100
房地产用途	100	100	100	100

续表

因素			待估房地产	案例A	案例B	案例C
区域因素		土地级别	100	100	100	100
	基础设施	电、水、气、通信、暖系统	100	100	100	100
	公共配套设施	医院、学校、娱乐等	100	100	100	100
	交通便捷程度	交通主(次)干道数量、级别	100	100	100	100
		与主干道通达程度	100	100	100	100
		离汽车站、公交车站	100	96	96	100
		客流量	100	95	95	100
	聚集效应	商业繁华程度	100	95	95	100
	环境质量	绿化、文化	100	100	100	100
个别因素	宗地条件	临街状况	100	100	100	100
		道路类型、级别	100	100	100	100
	房屋状况	楼龄	100	104	104	102
		使用状况	100	100	95	95
		层高	100	100	100	100
		朝向	100	100	95	100
		面积	100	104	104	104
		装修情况	100	100	90	95
		建筑结构	100	100	100	100
		层数	100	98	100	98
		建筑外形	100	100	100	100

表 3–27　　　　　　　　　　　　　因数比较修正系数

因素			待估房地产	案例 A	案例 B	案例 C
名称			新城区××街	新城区××小区	××东路	新城区××北街
位置			待估	3 390	2 920	3 330
交易价格(元/平方米)			待估	3 390	2 920	3 330
交易时间			1.0000	1.0000	0.9804	0.9804
交易情况			1.0000	1.0000	1.0000	1.0000
房地产用途			1.0000	1.0000	1.0000	1.0000
区域因素		土地级别	1.0000	1.0000	1.0000	1.0000
	基础设施	电力、供水、排水、煤气、通信、供暖系统及保证率	1.0000	1.0000	1.0000	1.0000
	公共配套设施	医院、学校、娱乐等	1.0000	1.0000	1.0000	1.0000
	交通便捷程度	交通主(次)干道数量、级别	1.0000	1.0000	1.0000	1.0000
		与主干道通达程度	1.0000	1.0000	1.0000	1.0000
		离汽车站、公交车站	1.0000	1.0417	1.0417	1.0000
		客流量	1.0000	1.0526	1.0526	1.0000
	聚集效应	商业繁华程度	1.0000	1.0526	1.0526	1.0000
	环境质量	绿化、文化	1.0000	1.0000	1.0000	1.0000
个别因素	宗地条件	临街状况	1.0000	1.0000	1.0000	1.0000
		道路类型、级别	1.0000	1.0000	1.0000	1.0000
	房屋状况	楼龄	1.0000	0.9615	0.9615	0.9804
		使用状况	1.0000	1.0000	1.0526	1.0526
		层高	1.0000	1.0000	1.0000	1.0000
		朝向	1.0000	1.0000	1.0526	1.0000
		面积	1.0000	0.9615	0.9615	0.9615
		装修情况	1.0000	1.0000	1.1111	1.0526
		建筑结构	1.0000	1.0000	1.0000	1.0000
		层数	1.0000	1.0204	1.0000	1.0204
		建筑外形	1.0000	1.0000	1.0000	1.0000
		比准单价		3 691.38	3 761.04	3 479.66

根据表中测算出的比准价格采用算术平均法求取估价对象的单位比准价格，即：

待估物业比准价格 =（3 691.38 + 3 761.04 + 3 479.66）/3
　　　　　　　　= 3 640.00（元/平方米）

则估价对象运用市场比较法求取的现时市场总价为：

待估物业总价 = 比准价格×建筑面积
　　　　　　 = 3 640.00×236.73 = 861 700.00（元）（取整）

四、问题讨论

市场法评估建筑物的适用范围、交易实例的选择需考虑的因素。

案例11　构筑物评估

一、构筑物概况

露天铁路专用线改造工程 2014 年 12 月完工，调整后账面原值 7 717 080.00 元，净值 7 161 450.24 元。干线长 4.7 公里。采用钢轨 50 千克规型，道床断面：底宽 6 米高 0.8 米。钢筋混凝土轨枕直线轨枕 1 600 根/千米，碎石道碴厚 35 厘米，9 号单开道岔 50 千克/米 6 组，路基工程，土方挖方工程量 6.2 万立方米，土方碾压，边坡整修，工程量 25.12 万立方米。

有关工程如站房、通信、信号、平立交等另列项目，不在铁路专用线中评估；因铁路专用线所占用土地的征地及有关费用已作为单独入账到土地中，本铁路专用线工程造价中不包含土地征用有关费用。专用线使用维护及时，达到部颁安全运行标准。

二、重置全价

对该铁路的评估采用成本法进行评定估算。

重值全价 = 建筑安装工程造价 + 前期及其他费用 + 资金成本

（一）建筑安装工程造价

铁路工程造价包括路基工程、轨道工程的总价，建安工程造价采用预（决）算调整法进行计算，套用 20××年《铁路工程预算定额》、20××年《铁路基本建设工程设计概（预）算编制办法》《铁路工程建设 20××年 4 季度主要材料价格信息》及相应的费用定额计算工程建安造价。根据铁道部的有关规定，计算各类建设取费及建设单位所支付的前期费用及其他费用，费用比例如表3-28所示。根据实际情况该项目建成至投产的合理建设期为3年，按1~3年期固定资产贷款利率为5.40%，建设资金按均匀投入原则计算资金成本。

表3-28　　　　　　　　　专用线工程取费程序计算

序号	费用名称	计算式	费率(%)	金额(元)
1	基期材料费			4 808 447.69
2	基期人工费			877 503.37
3	基期施工机械使用费			9 735.67
4	定额直接工程费			6 124 911.74
5	价差:材料费			556 715.00
6	价差:机械使用费			1 946.15
7	价差合计	5+6		558 661.15
8	直接工程费	4+5+6		6 683 572.89
9	施工措施费	(1+3)×	4.35	209 590.98
10	直接费	8+9		6 893 163.87
11	间接费	(1+3)×	3.17	152 736.41
12	税金	(10+11)×	3.22	226 877.99
13	预算价值	10+11+12		7 272 778.27

（二）前期及其他费用计算表

专用线工程前期费用计算如表3-29所示。

表3-29　　　　　　　　　专用线工程前期费用计算

序号	费用项目	取费基数	费率(%)	金额(元)	取费依据
	预算价值			7 272 778.27	
1	建设管理费	预算价值	1.74	126 546.34	铁建设[20××]113号
2	建设管理费其他费	预算价值	0.05	3 636.39	铁建设[20××]113号
3	施工监理	预算价值	2.50	181 819.46	铁建设[20××]113号

续表

序号	费用项目	取费基数	费率（%）	金额（元）	取费依据
4	质量安全监督费	预算价值	0.02	1 454.56	铁建设[20××]113号
5	定额测定费	预算价值	0.01	727.28	铁建设[20××]113号
6	勘察设计费	公里	4.2万/公里×0.7	1 381.80	计价格(20××)10号
	合计			315 565.82	

（三）资金成本

根据实际情况该项目建成至投产的合理建设期为3年，按1～3年期固定资产贷款利率为5.40%，建设资金按均匀投入原则计算资金成本。

资金成本 =（建筑安装工程造价 + 前期及其他费用）×合理工期×贷款利息×1/2

　　　　 =（7 272 778.27 + 315 565.82）×3×5.40%/2

　　　　 = 614 655.87（元）

（四）重置全价：

重置全价 = 建筑安装工程造价 + 前期及其他费用 + 资金成本

　　　　 = 7 272 778.27 + 315 565.82 + 614 655.87

　　　　 = 8 202 999.96（元）

　　　　 = 8 203 000.00（元）（取整）

三、成新率

该铁路于2014年12月建成投入使用，铁路的经济寿命跟铁路的使用强度等密切相关，其经济寿命不易准确断定。成新率根据现场勘查成新率直接确定。

通过现场勘察，路基：路基为平埋式、局部稍有凹陷、表土溜滑、稍有翻浆冒泥、无路基冻胀现象；路基的排水设施基本完善、未出现过排水不畅的现象。

轨道：道床无捣固不良现象，道床无板结，道碴空隙基本均匀；含泥量稍高，钢轨磨损尚未过限，钢轨接头无松动现象；轨距、水平、轨向、高低等项指标的误差在允许的范围内。

道岔：尖轨尖端与基本轨静止状态密贴；基本轨垂直磨损在允许范围内，组合式辙叉连接零件紧密；护轨螺栓稍有折损。

勘察成新率如表3-30所示。

表 3-30 专用线工程勘察成新率

被评估单位	露天站专用线	资产名称	铁路专用线	
竣工日期	2014 年 12 月		长度	4.7 公里
项目	基本情况	现状	标准分	评估分
路基	填土渣石路基	良好	40	35
钢规	50kg	符合要求	25	23
平直度	小于 15‰	符合规定	10	9
保蚀度	小于 1‰	符合规定	15	14
弯道曲率	小于 ±3‰	符合规定	10	9
现场成新率				90%

四、评估值的确定

评估值 = 重置全价 × 成新率
　　　 = 8 203 000.00 × 90%
　　　 = 7 382 700.00 元。

五、问题讨论

什么是构筑物？评估中应注意的问题有哪些？

第四节　房地产评估案例

案例 12　市场比较法和收益法评估房地产

一、委托方与受托方

委托方：王 × ×（以下简称委托方）

法定代表人：王 × ×

住所：某市 × × 区 × × 街道 × × 小区 11 幢负 2 - 4

受托方：甲公司

法定代表人：袁 × ×、刘 × ×

联系电话：略

地址：××市××区××大学城南二路××号

二、估价目的

本报告书将提交委托方，为确定房地产抵押贷款额度提供参考依据而评估资产抵押价值，供相关当事方作参考。

三、估价对象

（一）估价对象范围

委托方所提供的本次估价范围及有关基础资料复印件和数据，我们进行了初步的核对，委托方指定的估价范围为：位于某市××区××桥街道××小区11幢负2-4，建筑面积81.72平方米及分摊国有土地使用权面积9.60平方米的住宅房地产（含相关权益）。

（二）估价对象权益状况

委托方王××所提供的相关资料复印件如下：

房屋所有权证：××市房权证201字第××××××号，国有土使用证：××国用（20××）字第×××号。

截至估价时点，未见估价对象存在他项权利，在估价过程中未考虑他项权利对评估价值的影响。

（三）估价对象实体状况

经本机构人员的实地踏勘和委托方提供的资料，可知估价对象实体状况如下所示。

1. 土地部分

估价对象坐落于××市××区××桥街道××小区11幢负2-4，证载权利人为王××，证载地类用途为住宅，评估用途为住宅；使用权类型为出让，房屋结构为钢混结构，终止日期为2053年7月22日，剩余国有土地使用权年限约38年；分摊国有土地使用权面积9.28平方米；该宗地权属完整，形状呈规则多边形，地势南高北低，水文、地质条件一般，规划利用为住宅，利用现状为住宅；估价对象所在宗地四至：东为××酒楼、××超市、××秘制耙牛肉、北为××花园；宗地开发程度：红线外为"六通（路、上水、下水、电、气、通信通）"；红线内为"六通一平（路、上水、下水、电、气、通信通及场地平整）"；据××国土房管文之规定，估价对象所在宗地级别为住宅4级。

2. 建筑物部分

估价对象坐落于估价对象坐落于××市××区双××街道××小区11幢负2-4，建筑结构为钢筋混凝土结构，所在楼层负2层（共19层），建筑面积81.72平方米（公摊面积14.68平方米），套内建筑面积67.04平方米；所在物业名称为××小区，物业类型为住宅小区，户型格局为平面两室两厅，外墙墙砖，外观一般，视野条件一般，建成年代约为2009年，维护保养一般，利用现状为居住使用；内部装修：中档装修公用设施配套：水、电、通信、疏散通道（2个、采光通风一般）、消防设施（烟感、喷淋、应急照明）、电梯2部。

3. 地理位置及周围环境、景观

估价对象坐落于××市××区××桥街道××小区11幢负2-4，距江北机场1.9千米，公共配套设施：距银行、超市、小学、医院等配套设施小于约1千米；附近的商圈有：两路、回兴、空港新城、胜利路；附近的公交有：阳光花园、公交歇澄车站、绿梦广场、渝航园、顺驰汽配、长安汽车研究院、长安工业园、嘉华盛世、上品源、瑞丰花园、青麓雅园、空港广场、××开元、实验小学（××医院），附近的小区有：城市间、御城华府揽胜、紫苑、东衡槟城、奔力乡间城、汇祥好莱坞、盛景天下、升伟新意境、强辉金色池塘、金香林、金易伯爵世家、空港圣地、浩博天地、尚阳康城。估价对象主出入口临主干道，其他出入口多临一般街道，条件较优；公共交通配套：距公交站空港站站步行约3分钟，有229路、235路、252路、472路、502/504路支高级、518/517路××区、619路中级、621路、622路、625路、680路上线、680路下线、681路、682路、683路、684路、685路高峰、686路上线、689路高峰、690路、691路、781路空调、782路空调、785路、801路、818路、831路、836路空调、857路高峰、891路中级、北杨线高级、北碚516路环线、渝运63队、鱼渡线、747路及轻轨三号线等多条线路，可通往杨家坪、陈家坪、解放碑、朝天门、南坪、沙坪坝等城区各地。

四、价值类型及其定义

本次评估价格是指对估价对象在现有用途、状态不变并持续经营，在2015年11月16日的外部经济环境前提下为本报告书所列明的目的和假设限制条件下的现行公开市场价值的估计值。

五、估价基准日

本项目的估价基准日确定为 2015 年 11 月 16 日,本估价时点的选取是较接近于估价目的所要求的经济行为合理实现日期,并经委托方同意。

六、估价依据

本次估价的主要依据有:

(一) 法律法规依据

(1)《中华人民共和国城市房地产管理法》。

(2)《中华人民共和国土地管理法》。

(3)《中华人民共和国担保法》。

(4)《城市房地产转让管理规定》。

(5) 中华人民共和国国家标准《房地产估价规范》。

(6)《关于规范与银行信贷业务相关的房地产抵押估价管理有关问题的通知》。

(7)《某市人民政府〈关于调整国有土地使用权的土地级别基准地价和土地出让金标准的通知〉》。

(8)《某市人民政府〈关于调整城市建设配套费征收标准的通知〉》。

(9)《某市国土房管局关于印发〈某市国有土地使用权土地级别基准地价和土地出让金标准实施细则〉的通知》。

(10)《××市国土房管局〈关于公布××市主城区 2616 平方千米范围内土地级别的通知〉》。

(11) 国家及地方有关房地产估价及房地产抵押的其他法律法规资料。

(二) 委托方提供的有关资料

(1) 委托方提供的企业法人营业执照复印件。

(2) 委托方提供的相关权属资料复印件。

(3) 委托方提供的其他资料复印件。

(三) 估价机构和估价人员掌握和搜集的有关资料

(1) 本公司评估人员所调查得到的市场交易、租金案例等相关基础资料。

(2)《××市土地级别册》。

(3) 委托方提供的其他辅助资料和本公司估价人员现场查勘,调查所得的资料。

（4）本公司收集的其他询价资料、参数资料和国家有关部门发布的统计资料和技术标准资料。

七、评估方法

根据估价规范要求和评估人员现场踏勘，以及对估价对象的特点、评估目的及宗地所处区域的影响因素等资料进行收集、分析和整理，本次估价对象为住宅房地产，采用市场比较法和收益法。市场比较法：在估价对象附近选取3个与估价时点最接近的案例，然后进行交易情况修正、市场状况调整、房地产状况调整求取比准价值。收益法：搜集有关房地产收入和费用的资料，确定未来收益期限，预测未来净收益，求取报酬率或资本化率，选用适宜的收益公式求出价值。

八、估价原则

按照《房地产估价规范》的规定，遵循估价行业公认的估价工作原则，对估价对象进行独立、客观、科学的评价并且遵守国家保密规定。本次估价中还特别遵循以下估价经济原则：

独立、客观、公正原则：我们进行估价的最高行为准则。

合法原则：估价对象在本次估价时其应当符合国家的法律、法规和有权机关的有关规定，用途、交易及处分方式，必须以房地产合法使用为前提；本次评估以委托方提供的相关权属资料载明事项体现合法原则。

最高最佳使用原则：能给估价对象带来最高收益的使用，这种使用是法律上允许、技术上可能、财务上可行，本次估价中以其按现状使用为最高最佳使用。

替代原则：房地产价格遵循替代规律，有相同的使用价格或相同效用、有替代可能的房地产会相互影响和竞争，使其价格相互牵制而趋于一致。

估价时点原则：由于房地产市场是不断变化的，在不同的估价时点，同一宗房地产往往具有不同的价格水平，本估价报告对估价对象的房地产市场情况及自身情况的界定，我们的估价结果是估价对象在估价时点的客观合理价格或价值。

九、评估程序

（一）市场比较法

1. 基本原理

市场比较法的理论依据是经济学中的替代原理。市场经济中，经济主体的行为普遍追求效用最大化：即以最小的费用（代价），取得最大的利润（或效用）。当同一市场上出现两种或两种以上效用相同或效用可相互替代而价格不等的商品时，购买者将会选择价格较低的商品；而当价格相同时，效用不等时，购买者又将选择效用较大的商品。这种选择行为的结果，是在效用均等的物品之间产生相同的价格。

2. 案例选取

（1）××区××镇××路，××区××名都（××北回兴），户型2室2厅1卫，建筑面积为88平方米，成交单价为6 455元/平方米，总价为56.8万元。

（2）××区××桥街道××路××号，××花园（××北两路），户型2室2厅1卫，建筑面积为93平方米，成交单价为6 452元/平方米，总价为60万元。

（3）××区××桥××号，小区：××苑（××北两路），户型2室2厅1卫，建筑面积为76平方米，成交单价为6 948元/平方米，总价为52.8万元。

3. 计算过程

具体计算过程如表3-31~表3-33所示。

表3-31　　　　　　　比较因素条件说明

因素		估价对象	实例A	实例B	实例C
销售单价			6 455	6 452	6 948
交易时间		100	105	105	105
交易方式		100	100	100	100
使用年限		100	100	100	100
物业用途		100	100	100	100
区域因素状况	交通便捷度	100	102	101	102
	商业繁华程度	100	102	103	103
	环境质量优劣度	100	100	100	100
	基础设施完备度	100	100	100	100
个别因素状况	临路状况	100	100	100	100
	物业管理水平	100	103	103	103
	设备装修	100	102	102	102
	新旧程度	100	106	106	106
	建筑结构	100	103	103	103

表 3-32　　　　　　　　　　　比较因素条件说明

因素		实例 A	实例 B	实例 C
销售单价		6 455	6 452	6 948
交易时间		100/105	100/105	100/105
交易方式		100/100	100/100	100/100
使用年限		100/100	100/100	100/100
物业用途		100/100	100/100	100/100
区域因素状况	交通便捷度	100/102	100/101	100/102
	商业繁华程度	100/102	100/103	100/103
	环境质量优劣度	100/100	100/100	100/100
	基础设施完备度	100/100	100/100	100/100
个别因素状况	临路状况	100/100	100/100	100/100
	物业管理水平	100/103	100/103	100/103
	设备装修	100/102	100/102	100/102
	新旧程度	100/106	100/106	100/106
	建筑结构	100/103	100/103	100/103
比准价格（元/平方米）		5 151.41	5 149.51	5 491.02
估价对象评估价格　（元/平方米）		5 263.98		

表 3-33　　　　　　　　　　　修正系数计算

因素		实例 A	实例 B	实例 C
交易时间		0.95238095	0.95238095	0.95238095
交易方式		1.00000000	1.00000000	1.00000000
使用年限		1.00000000	1.00000000	1.00000000
物业用途		1.00000000	1.00000000	1.00000000
区域因素状况	交通便捷度	0.98039216	0.99009901	0.98039216
	商业繁华程度	0.98039216	0.97087379	0.97087379
	环境质量优劣度	1.00000000	1.00000000	1.00000000
	基础设施完备度	1.00000000	1.00000000	1.00000000

续表

因素		实例 A	实例 B	实例 C
个别因素状况	临路状况	1.00000000	1.00000000	1.00000000
	物业管理水平	0.97087379	0.97087379	0.97087379
	设备装修	0.98039216	0.98039216	0.98039216
	新旧程度	0.94339623	0.94339623	0.94339623
	建筑结构	0.97087379	0.97087379	0.97087379

公式：$Pd = Pb \times A \times B \times C \times D$

式中：Pd 评估对象价格；

Pb——比较案例房地产价格；

A——评估对象交易情况指数/比较案例房地产交易情况指数；

B——评估对象评估期日房地产指数/比较案例房地产交易期日房地产指数；

C——评估对象区域因素条件指数/比较案例房地产区域因素条件指数；

D——评估对象个别因素条件指数/比较案例房地产个别因素条件指数。

4. 估价结果

房地产市场价格 = 5 263.98 × 81.72 = 43（万元）

市场比较法的理论依据是经济学中的替代原理。市场经济中，经济主体的行为普遍追求效用最大化：即以最小的费用（代价），取得最佳收益（利润）。

（二）收益法

1. 基本原理

收益法的理论依据是经济学中的预期原理。预期原理说明，决定房地产价值的，是房地产未来所能获得的收益，而不是过去已获得的收益；具体地说房地产的价格是基于市场参与者对其未来所能获取的预期收益或得到满足的程度，而不是基于历史价格，即生产它所投入的成本或过去的市场状况。

2. 基本公式

$$V = A/r \left[1 - 1/(1+r)^n \right]$$

式中：V——房地产在价值日期的收益价格；

n——收益期限，是自价值日期起至未来可获得收益的时间，通常为收益年限；

A——房地产年净收益；

r——报酬率。

3. 估价技术路线

根据本次估价对象特点,用收益法求取估价对象之市场参考价值,主要测算在地上修建同样规格的建筑物并达到目前的经营状况应支付租金,得到估价对象目前的评估价值。

4. 计算过程

N:38 年

A:2.23 万元

(实例甲:××小区　两室一厅　70 平方米　4 楼　租金:1800 元/月　权重:0.3

乙:××小区　两室一厅　78 平方米　2 楼　租金:1800 元/月　权重:0.4

丙:××芳居　两室一厅　78 平方米　8 楼　租金:2 000 元/月　权重:0.3)

报酬率:4%

$V = A/r [1 - 1/(1+r)^n]$

　$= 2.23/4\% [1 - 1/(1+4\%)^{38}]$

　$= 43.2$（万元）

综合市场比较法和收益法得出价值为 43 万元。

十、估价结果

估价人员收集了有关资料,遵循估价原则,按照估价程序,选择科学的估价方法,并结合估价经验,科学确定估价对象在估价时点的市场价值如表 3-34 所示。

表 3-34　　　　　　　　评估价值表

序号	估价对象坐落	用途	建筑面积（平方米）	评估单价（元/平方米）	建筑价值（万元）	备注
1	××市××区××桥街道××小区 11 幢负 2-4	住宅	81.72	6 300.00	51.49	
2			0.00			
3			0.00			
4			0.00			
5			0.00			
合　计			81.72		51.49	

评估总价：51.49万元（人民币大写：伍拾壹万肆仟玖佰元整）。

所选取的若干个比较实例价格经过上述各项比较修正后，可选用下列方法之一计算综合结果，作为比准价格：

（1）简单算术平均法。

（2）加权算术平均法。

（3）中位数法。

（4）众数法。

十一、评估报告日

本评估报告日为 2015 年 11 月 16 日。

资料来源：××资产评估事务所。

十二、问题讨论

1. 房地产评估方法有哪些？每种方法的适用范围和优缺点是什么？

2. 讨论市场比较法、成本法、收益法及剩余开发法难点与解决方法。

第四章

无形资产评估

教学目的和要求：通过本章案例学习，能对专利权、专利技术和商标等无形资产评估的收益法和成本法有一个深刻、全面的理解，同时了解割差法评估商誉的技术要点，并能运用本章理论及案例知识解决实际评估问题。

第一节 概述

无形资产评估目的的界定无形资产的价值评估，是指按照一定的估价标准，采用适当的评估方法，通过分析各种相关因素的影响，计算确定无形资产在某一评估基准日现时价值的工作。

无形资产评估的目的主要有两类：一是按照国家税法和会计准则的有关规定，以无形资产成本摊销为目的的资产评估，其评估目的是为了保全资本，实现生产要素的价值补偿，防止国有资产的流失；二是以无形资产投资、转让为目的的资产评估，以便为其价格的确定提供可靠依据。无形资产评估除此之外，也为企业产权变动和各种专有技术、技术贸易和各项经济权力等活动提供中介服务，报告对供需双方特定的公允价值，促进企业资产经营活动目的的实现。总之，随着交易的复杂化，评估的具体情形也必将多样化，而不会仅局限于资产转让评估、产权转让评估等，但都不会脱离服务于交易这一根本目的。

一、无形资产评估的特点

无形资产是有形资产的对称，是指特定主体控制的不具有独立实体，对生产经营与服务能持续发挥作用并能带来经济利益的一切经济资源。由于它是无形的特殊资产，因此它的价值也有其自身的特点。

(一) 无形资产价值的弱对应性

无形资产的价值不同于有形资产的价值，具有特殊性、例外性。尽管有些无形资产的形成是可以进行成本核算的，如新技术的研制开发和新产品的研制往往要做成本记录，但无形资产的生产成本在会计账目上往往是不完整的。而且无形资产属创造性劳动成果，成果的出现带有较大的随机性、偶然性和关联性，常常是在一系列努力与失败和投入与浪费后才取得的一些成果，而失败的损失代价很难预计和确切量化，从而使无形资产的开发费用缺乏明确的对应性。

(二) 无形资产价值的虚拟性

由于无形资产价值具有弱对应性的特点，因此其评估值的准确性普遍低于有形资产的评估值，特别是一些无形资产的内涵已经远远超出了它的外在形式的含义，这时无形资产的成本只具有象征意义。例如商标成本核算的是商标设计费、登记注册费、广告费等，而商标的内涵是指商品内在质量信誉，它包括了该商品使用的特种技术、配方和多年的经验积累，此时商标形式本身所费的成本只具有象征性或称虚拟性。

(三) 无形资产具有增值性与贬值性

无形资产评估值的增值性，不仅仅表现为其交换价值货币有时间价值效应，即随货币贬值、物价上涨其评估值会相应增加，更为重要的是其增值性源于收益能力和有效期。无形资产收益能力强，有效使用期和保持期长，对使用者的效益贡献大，转让价格也会提高，评估值会更大；

同时，无形资产的增值性还在于它具有共享性、公益性、可交换性。有的无形资产可以同时多头、多次转让。经济和技术是发展的，随着技术进步和经营管理现代化，技术经济含量更高、功效更强大的无形资产的产生，会逐步或迅速地取代原有的可替代的无形资产，从而造成原有无形资产的贬值乃至被淘汰。从技术进步角度讲，一般无形资产都有其生命周期的限制，从成熟期转向衰退期甚至淘汰期就会有功能性贬值。

(四) 无形资产的价值构成不同于一般商品

无形资产是由复杂的脑力劳动创造的，由于凝结在无形资产内部的劳动且较大，再加上无形资产的产生不能批量生产，而是个别的一次性生产，具有较大的探索性和风险性，常常是在经过一系列的失败以后才取得的。因此，无形资产的价值不像有形资产那样由凝结在其中的社会必要劳动时间来决定，而是由个别生产者在个别生产中所消耗的实际劳动时间来计量。无形资产同一般商品相同的构成要素都是 W：C：V：M，但一般商品的情况是 C：V：M，而无形资产特别是技术性无形资产的 M 通常大大高于 C：V。

二、无形资产评估假设的界定

无形资产评估的对象是无形资产，从动态的角度上看，无形资产的价值无时无刻不在变化之中，如果不做一些基本假设，则根本无法对其价值进行评估和确认。从无形资产评估的目的可知，无形资产要服务于交易，而评估的价值是要通过市场上买卖双方作为交易依据而完成的。因此，无形资产评估不能脱离市场，并且被评估的无形资产不是一次消耗掉，而应有连续使用和创造收益的功能，目前较为认同的无形资产评估假设，主要有公开市场假设和继续使用假设。公开市场假设是指被评估资产可以在市场上自由买卖。按照这一假设推断凡是对于出让和受让方双方都有利的交易资产都可以评估。

但无形资产独占性（垄断性）的特性，又为公开市场假设制造了一些麻烦。具有垄断性的无形资产是否需要评估，只要不是以盈利为目的转让，垄断性资产不必进行评估；对于被迫的资产转让，公开市场假设也不再适用。其理由一是垄断资产的转让违背了市场公开、公正、公平的原则，其价值不具有可比性，评估价值也失去了可依据的作用。二是被迫转让的资产违反了市场自由买卖的规则，所评估的价值不可能对于买卖双方都有利的。继续使用假设是指被评估的资产具有使用价值，并且按其使用用途继续使用，不得间断。依据这一假设可以推断，无论是何种资产，只要有合作价值就可以进行评估。

三、无形资产评估原则的界定

无形资产的特性决定了无形资产评估不但要遵循资产评估共同的原则，即遵循公平性、客观性、合理性、独立性、系统性和替代性原则，而且还要遵循自身的独特原则。

一是适用性原则。适用性原则是指一项无形资产要发挥出功能所要求的具体条件。评估人员要凭借当时、当地的具体环境，包括自然条件、技术条件、社会条件和经济条件等评估无形资产，要结合这些环境因素考察它的适用性。否则，即使是最先进的无形资产，也不一定带来很好的经济效益。

二是先进性。先进性是指无形资产在技术工艺等方面具有领先的水平。在对技术型无形资产评估时，应该通过相关技术经济指标进行考察，来反映评估对象能够对劳动生产率提高的贡献程度。反映无形资产利用效果指标，主要通过无形资产利润率、超额利润率、无形资产投资回收期和投资报酬率四个指标来反映。

三是可靠性。可靠性是指所评估的无形资产技术成熟，在应用中能够发挥出预期的效益。无形资产不可靠，将会给使用者带来重大浪费和损失。因此，在对某些无形资产评估时，应看该项无形资产是否经过运用，其运用的效果如何，以便增强评估的准确性。

四是安全性。安全性指无形资产的使用应该安全、稳定、保密。首先要符合国家有关法律规定，合法而无害。其次无形资产涉及的技术秘密、商业秘密等极易扩散，且一经扩散就失去了生命力。所以要求评估人员必须严守秘密，遵守职业道德和行业纪律。

五是科学性。科学性是指对无形资产评估的结果要符合客观实际，不能造成评估的任意化和主观化。只有坚持科学的评估程序，选择科学的评估方法，制定科学的评估方案，才能使评估结果趋于真实、可靠、公正和严肃。

四、影响无形资产评估价值的主要因素

（一）无形资产的收益能力

无形资产的价值是由未来收益期限内无形资产可实现的收益额忻现而成的，包括有效寿命期间无形资产使用权的转让值、无形资产年收益评估值等。一项无形资产，在环境、制度允许的条件下，获利能力越强，其评估值越高；获利能力越弱，评估值越低。有的无形资产，尽管其创造成本高，但不为市场所需求或者收益能力低微，其评估值就很低。

（二）无形资产的使用期限

从价值本身而言，无形资产价值与该无形资产产生收益的年份密切相关，无形资产使用期限的长短，直接影响无形资产的评估值。所以无形资产的使用期限是影响无形资产评估值的一个重要因素。每一项无形资产，一般都有一定的使用期限。使用期限的长短，一方面取决于该无形资产先进程度；另一方面取决于其

无形损耗的大小。无形资产越先进，其领先水平越高，使用期限越长。同样的，其无形损耗程度越低，其具有实际超额收益的期限（或收益期限）越长。

确定使用期限的原则和依据是：

受法律保护而不受有效时间影响的无形资产，以法律保护年限为无形资产的使用期限；

既受法律保护，也受经济年限限制的无形资产，以"孰短"的原则确定其使用年限；

不受法律保护的无形资产，由技术测定的有效经济收益年限为其使用年限；

有转让合同的无形资产，以合同规定期限为其使用年限。

（三）无形资产的科学价值和发展前景

一般科技成果都有一个发展—成熟—衰退的过程。成果技术水平越高，垄断性越强，使用期限越长，成果所获得的超额收益能力越强，其评估值越高；同时科技成果的成熟程度如何，直接影响到评估值高低，其开发程度越高，技术越成熟，运用该技术成果的风险性越小，评估值就会越高。另外，无形资产的损耗和贬值也会影响其评估价值。无形资产的更新换代越快，无形损耗越大，其评估值就越低。无形资产价值的损耗和贬值，不取决于自身的使用损耗，而取决于本身以外的更新换代情况。

（四）无形资产的成本

无形资产与有形资产一样，也具有成本。只是相对有形资产而言，其成本确定不是十分明晰和易于计量。对企业无形资产来说，外购无形资产较易确定成本，自创成本计量更困难些。因为无形资产产生的一次性特点，使其在创造过程中所耗费的劳动不具有横向比较性。同时，无形资产的创造，与其投入、失败等密切相关，但这部分成本确定是很困难的。一般来说，这些成本项目包括创造发明成本、法律保护成本、发行推广成本等。

（五）成果使用方式

从转让内容看，无形资产转让有所有权转让和使用权转让。无形资产转让权力的大小直接关系到买卖双方的经济利益，通常是买受方获得的权利越大，无形资产的评估值越高。就所有权转让和使用权转让来说，所有权转让的无形资产评估值高于使用权转让的评估值。比如专利权的转让价格就比专利许可证的转让价格高得多。因为一项专利可以向多个厂家让受许可证，每个厂家只获得使用权，没有所有权，垄断性有限，转让价格就低，而是随着转让次数的增加其评估值呈降低的趋势。另外，在技术贸易中，同是使用权转让，由于其许可程度不同，也影响评估值的高低。

（六）市场供需状况

无形资产的市场供需状况，一般反映在两个方面：一是无形资产市场需求情况；二是无形资产的适用程度。对于可出售、转让的无形资产，其评估值随市场需求的变动而变动，市场需求越大，则评估值就越高；市场需求越小，且有同类无形资产替代时，则其评估值就越低。同样的，无形资产的适用范围越广，适用程度越高，需求者越多，需求量越大，评估值就越高。

（七）费用支付方式

技术转让费用支付常常贯穿转让的全过程，各种不同的支付方式对评估价值的确定有直接影响。无形资产转让时，如果价格的转让方式是一次性支付，则实施过程中的风险和投资后的经济风险，一般是由买方承担的，此时的评估值就应该定得低一些；如果价格的支付方式是采用多次支付，由于支付期限较长，评估值就应该高一些；采用技术入门费加上收益提成的支付方式，其评估值居中；而完全是依据收益进行提成的，其评估值最高。

五、无形资产评估风险

无形资产评估风险指由于各种不确定因素的影响使评估结果严重偏离资产真实价值或客观价值，乃至误导交易方而引发纠纷的可能性。笔者认为，无形资产评估风险主要可分为评估对象风险、评估方法风险、评估机构和人员的执业风险、评估结果使用风险和评估管理风险等五类。

（一）评估对象风险

风险资产评估的首要工作是界定评估范围，明确评估对象但究竟什么是无形资产，目前国内外学者还未对此基本问题达成共识。定义无形资产一般都采用与有形资产进行对比或列举的方法。如中国资产评估协会颁布的《资产评估操作规范意见（试行）》中将无形资产定义为："无形资产是指特定主体控制的不具独立实体，而对生产经营长期持续发挥作用并带来经济利益的一切经济资源。资产评估中的无形资产可分为不可确指的无形资产和可确指的无形资产，不可确指的无形资产是商誉,可确指的无形资产包含专利权、专有技术、生产许可证、特许经营权、租赁权、土地使用权、矿藏资源勘探权、开采权、商标权、版权、计算机软件、地质矿藏勘探成果资料等"。

近年来,随着我国市场经济的发展,出现了一些诸如期权价值、控股权价值、客户价值、营销网络、企业形象、企业文化、企业综合人力资源、企业管理水平、网址和域名权等新型资产,这些资产也都具有《资产评估操作规范意见(试行)》中"无形资产是指特定主体控制的不具独立实体,而对生产经营长期持续发挥作用并带来经济利益的一切经济资源"的界定,但却不属于其所列举的13种之一。若以此类资产对外投资、转让或对企业整体资产进行评估时,不予考虑这些新型资产的价值,必然会使转让方的机会成本得不到补偿,从而使其蒙受损失。

评估对象风险还表现在各类无形资产之间的交叉重复。如海尔商标是对海尔商品的质量、性能、服务等因素的标识,综合反映出海尔企业的生产经营水平,融合了海尔企业的商标权、专利权、专有技术、营销网络、客户价值、管理水平等多项无形资产。根据《资产评估操作规范意见(试行)》,采用收益法评估无形资产"不能将其他资产带来的收益误算到无形资产的收益中"。即在运用收益法评估海尔商标时,必须将上述多项无形资产所带来的超额收益进行分割,逐一确定单项无形资产价值。那么,如何进行组合无形资产的价值分割?目前尚无明确的评估参照依据和专业标准。各评估机构和评估师在实际操作中各行其是,导致无形资产评估水分极大。

(二) 评估方法风险

风险评估方法是确定资产现时公允价值的手段和途径,资产评估的基本方法主要有三种:成本法、收益法和市场法。评估方法的选择一般与评估目的、评估对象的理化状态及市场上可资利用的资料等有关。从无形资产的评估目的看,无形资产评估主要以对外投资和转让为目的,这种对外投资和转让不同于一般实物资产;一般的实物资产转让的是实物,其所有权和使用权同时让渡,而无形资产转让的是收益能力,其使用权和所有权具有可分离性。因此无形资产的交易价格主要取决于它所创造的相对超额收益。从评估对象和市场条件看,无形资产的投入产出具有弱对应性,账面成本具有不完整性和虚拟性,研制与开发耗费也具有非标准性,这些特征都限制了成本法和市场法在无形资产评估中的应用,而使收益法成为评估无形资产的首选方法。

采用收益法评估无形资产必须确定三个基本指标：收益额、收益期限和抗现率。收益额是指由无形资产直接带来的未来超额收益，而非过去的收益它是通过对无形资产未来效能的判断得出的现时价值。无论采用超额收益形式或利润分成方式获得的收益额都只是一种预测数据，难免带有主观偏差。无形资产还有一个很重要的功能特性：对应用环境的附着性。即同一项无形资产在不同环境与用途条件下，其发挥作用的大小及为企业创造效益的多少会有较大差别。因此无形资产实施的客观环境（如企业资产经营规模、质量、效率等）对无形资产收益预测有重大影响。同时，由于这种收益是无形资产带来的超额收益，分析企业所处的外界市场环境和行业竞争程度也是预测无形资产收益额时不容忽视的环节。而目前我国企业面临的市场竞争环境极不规范，这无疑也会加大收益额预测的风险。

与收益预测密切相关的是收益期限的确定。无形资产收益期限实为无形资产具有超额收益能力的时间。确定无形资产收益期限的理论依据是无形资产的无形损耗，即功能性贬值和经济性贬值。在当今科学技术迅猛发展的时代，无论是参考法律保护期限，还是企业合同或申请书中规定的受益年限，都必须以无形资产能持续发挥作用并为投资者带来超额收益能力的合理预测为基石来确定无形资产的收益期限。显然这一预测过程也具有很大的风险。

折现率是将未来收益还原或转换成评估基准日现值的比率。折现率本质上是一种平均收益率，通常由三部分组成：无风险报酬率、通货膨胀率和风险报酬率。将这三部分累加确定折现率的方法理论上可行，但在实务运作中存在种种缺陷。首先从我国目前金融体制改革的情况看，无风险报酬率并不是一个定数，而是随经济发展的总体水平上下浮动；其次，我国金融统计数据还很不完善，缺乏国际资产评估中普遍采用的相关指标统计，特别是风险报酬率的确定多是由各评估机构主观判断，这就为准确量化收益风险及测算折现率带来较大困难。而折现率的微小变动，会带来评估结果数十倍的差异。合理确定折现率是运用收益法评估无形资产最棘手的问题之一。

（三）评估机构和评估人员的执业风险

执业风险主要指评估机构和评估人员在执业中业务素质未达到专业要求或严

重违反职业道德导致评估结果失实，使评估报告使用者权益受到影响，评估机构和评估人员因此而承担诉讼或仲裁及赔偿责任等风险。无形资产，尤其是知识-技术型无形资产，本身具有很强的学科专业内容，不了解有关知识就无法进行评估；而且无形资产种类多，相互间可比性低，像非专利技术和商业秘密还是严格保密的，信息资料和技术经济参数的收集比较困难，加之各项无形资产发挥功能的环境制约因素不同，技术经济飞速发展也使相关信息需要不断更新。

这些情况的客观存在，都增加了无形资产评估工作的复杂性和困难性，也要求从事无形资产评估的执业机构和人员具备较高的专业水平和综合素质，否则都有可能发生执业风险。我国目前正处于从计划经济向市场经济的转轨阶段，各种统计数据对无形资产评估工作并无多大参考价值，且缺乏行业统计资料，评估中所需的数据都来自于委托方提供的资料，使评估结果的真实性大打折扣，严重影响了评估行业的社会形象和声望。

（四）评估结果使用风险

评估结果使用风险是指因无形资产评估报告书及评估结果使用不当造成损失的可能性此类风险一般是评估工作结束后，外界各种相关因素出现并发生变化而引致，具有滞后性和潜伏性。前已述及，无形资产未来收益的预测主观性较大，市场因素则变数更多，但其实际价值是由市场供求关系决定。因此无形资产评估值是在较严格的技术性能鉴别基础上，在较多评估假设条件下，借助于某些数学模型测算出的一种模拟价值。

而且是以评估基准日为时间参照；按照无形资产实际状况对其进行的评定估算。正是基于无形资产评估的时效性和现实性特点，评估报告书都约定了评估结果有效期。按照《资产评估报告基本内容与格式的暂行规定》，评估结果有效期为一年，即评估目的在评估基准日后的一年内实现时，要以评估结果作为底价或作价依据。如果评估报告书的使用人未按约定范围使用或使用了超过有效期的评估结论，均会引起评估结果使用风险的发生。

（五）评估管理风险

评估管理风险是指国家授权的职能部门在实施对无形资产评估的组织、指导、协调、监督、审查等职能时承担的风险。在市场经济条件下，资产业务活动频繁，评估工作点多、面广、量大，政策性、时效性强，评估动机、要求和具体行为复杂，关系着当事各方的切身利益，而评估机构和评估人员的水平、素质又参差不齐。如果缺乏正确的组织指导和有效的协调、监督与审查，对问题与纠纷不能及时公正地处理，就不可能建立正常的评估工作秩序，不能保证评估的质量，导致评估管理风险的发生。

当前我国还没有统一的无形资产评估管理法规和无形资产评估专业标准，加上无形资产的"无形性"，使无形资产评估值很难进行客观、公正的分析。虽然近几年在全国开展了资产评估业的清理整顿和脱钩改制工作，但行业和地方垄断仍较普遍，仍有一些机构明脱暗不脱或挂靠行政权力垄断业务或以不正当手段承揽业务，扰乱了评估市场的正常秩序，违背了资产评估的独立、客观、公正原则，损害了资产业务有关当事方的合法权益。由此涉及评估管理部门，都会形成评估管理风险。

六、无形资产评估风险问题的防范

第一，尽快制定较完善的无形资产评估法律法规和专业标准，规范无形资产评估环境我国无形资产评估中出现的评估对象风险、评估方法风险、评估执业风险和评估管理风险等都与当前转轨经济中法律、法规的相对滞后密不可分。

一是应加强无形资产评估的理论研究，探索无形资产评估操作实务，在资产评估基本准则的指导下，尽快出台统一的较完善的无形资产评估专业标准，使无形资产评估有法可依。

二是建立统一的资产评估信息服务网络体系，成立专门机构从事这方面的研究与咨询，有偿或无偿地向评估机构提供市场平均风险报酬率、行业风险报酬率等信息，尽量降低或避免人为因素的影响，规范资产评估行为。

三是强化行业协会的作用，搞好行业自律管理。评估业应按市场经济要求，将对评估机构的行业管理职能从政府部门逐渐过渡到评估协会行使，形成权威性的行业自律组织，保证资产评估市场行为和业务操作的规范化，使其真正成为履行独立、客观、公正原则的具有国际先进水平的社会中介行业。

第二，评估机构要加强自身建设，增强风险意识评估机构应增强风险意识，从自身建设入手，努力做好以下几方面的工作：

一是健全内部管理制度，规范评估操作。从签订资产评估业务委托书开始，到制定评估计划、编制工作底稿，进行现场勘查，撰写评估报告，管理评估档案都应有相应的制度规范。

二是提高员工素质，创建高素质专业队伍。评估机构的业务性质决定了它是以知识运营的公司，高素质的优秀人才是机构生存发展的关键。只有评估知识和评估技能过硬，才能提高评估质量和水平，减少评估风险。

三是努力塑造评估机构的企业形象，树立以质量求发展，以信誉求生存的理念，对于超出自身评估能力的资产业务，利益再大也坚决不予接受。

四是增强责任意识和风险意识，建立评估损失理赔制度和评估风险保障机制，提高评估机构的风险承担能力。

第三，评估人员应加强后续教育和职业道德修养评估是一个不断学习的过程，学习加责任就等于评估。21世纪是知识经济的时代，评估人员只有不断学习才能适应评估事业发展的需要。

当前，评估人员应借入世之机，注重计算机和外语知识的培训，加强对国际资产评估惯例和国外先进评估方法与技术的学习，了解世贸组织有关中介服务业的规定，及时掌握国际最先进的信息，迎接全球化竞争的挑战。加强评估人员的职业道德修养，必须深刻领会和切实贯彻客观性原则、科学性原则和独立性原则。这三条核心工作原则归结为一点，即要求评估人员严格遵守职业道德和操作规范，以保证评估质量为前提，谨慎预测收入、成本费用和折现率，严禁委托方弄虚作假和营私舞弊行为的发生，降低无形资产评估的风险。

第二节　专利技术评估案例

案例13　分成收益额的确定

一、案例资料

某企业将一项专利使用权转让给A公司。该专利系三年前从外部购入，账面成本80万元，三年间物价累计上涨25%，该专利法律保护期10年，已过4年，尚可保护6年。经专业人员测算，该专利成本利润率为400%，A企业资产重置成本为4 000万元，成本利润率为12.5%，通过对该专利技术论证和发展趋势分析，技术人员认为该专利剩余使用寿命为5年。另外，通过对市场供求状况及有关会计资料分析得知，A 企业实际生产能力为年产某型号产品 20 万台，成本费用每台约为 400 元，未来 5 年间产量与成本费用变动不大，该产品由于采用了专利技术，性能有较大幅度提高，未来第一、第二年每台售价可达 500 元，在竞争作用下，为维护市场占有率，第三、第四年售价将降为每台 450 元，第五年降为每台 430 元，折现率确定为 10%，所得税率 25%。确定专利评估值。

资料来源：潘学模. 资产评估学（第二版）[M]. 西南财经大学出版社，2014.

二、问题讨论

1. 分成收益额的计算方法有哪些？
2. 计算专利权的评估值。

案例 14　××按摩治疗机案例

一、案例背景

本案例是法院委托的、与专利技术诉讼案件有关的评估项目，委托评估专利技术"××按摩治疗机"为医疗器材方面的实用新型专利技术，所对应的产品是医疗用的设备，专利权利人为 A，即诉讼案件的原告；甲公司是委托评估专利技术的代理公司，即诉讼案件的被告。

根据评估人员所了解的资料，该诉讼案件为：由于本案被告（甲公司）未能及时、有效的通知本案的原告（专利权利人 A），故导致原告 A 未能按时缴纳 2012 年 2 月~2013 年 2 月委托评估专利的年费，从而导致该专利技术于 2013 年 2 月被宣告失效。原告 A 将被告甲公司起诉到当地法院，要求被告甲公司赔偿其因专利失效而产生的经济损失，故当地法院委托某评估公司对该项实用新型专利技术进行评估，为法院司法鉴定提供价值参考依据。

本案例的评估对象和范围是权利人 A（原告）拥有的"××按摩治疗机"实用新型专利技术的所有权。

评估基准日为 2013 年 1 月 31 日。

二、案例内容

以下内容根据相关评估报告和评估说明进行了编辑、处理。

(一)基本情况

1. 委托方

本评估项目委托方为 W 市中级人民法院。

2. 专利权持有者

专利权持有者为 A。

3. 评估目的

本次评估是量化"××按摩治疗机"专利技术（2013 年 2 月 8 日终止前）无形资产价值，为 W 市中级人民法院司法鉴定提供价值参考依据。

4. 评估对象和范围

本次评估的对象和范围为 A 拥有的"××按摩治疗机"专利技术无形资产，专利号为××。

5. 评估项目背景

本案例涉及 W 市中级人民法院民三厅审理的原告 A 与被告甲公司专利代理合同纠纷一案，根据申请人 A 的评估申请及民三庭的委托，依据《中华人民共和国民事诉讼法》第 72 条的规定，特委托我单位根据国家有关资产评估的法律、法规和政策的规定，对本案涉及的原告 A 拥有的"××按摩治疗机"（专利号为××）专利权（2013 年 2 月 8 日已经终止）终止前的无形资产价值在 2013 年 1 月 31 日的市场价值进行评估。

实用新型名称：××按摩治疗机

设计人：A

专利号：××

专利申请日：20××年 2 月 8 日

专利权人：A

授权公告日：20××年 2 月 9 日

因该专利未按时交纳年费，专利权已于 2013 年 2 月 8 日终止。

6. "××按摩治疗机"专利权概况

（1）专利权简介。

××按摩治疗机是目前治疗耳科疾病的最新创举，该机已获得国家专利（专利号为：××），该机设计合理、安全可靠，符合国家《GB××医用电器设备第一部分通用安全要求》，××按摩治疗机适用于医院、家庭、社区门诊的治疗使用。经 W 市人民医院耳鼻喉科的长时间临床应用，证明疗效显著、见效快，可用于治疗慢性、卡他性中耳炎、鼓室积液、鼓膜粘连、鼓膜塌陷，对老年性耳聋的听力康复有良好的治疗作用。产品安全可靠，可用于临床为病人治疗服务。显效率不小于 96%，是目前国内理想的耳病治疗设备。在临床应用中，得到广大患者的一致好评。

（2）产品的用途、适用范围。

××按摩治疗机适用于治疗急慢性卡他中性中耳炎、鼓室积液、鼓膜粘连、鼓膜内陷、咽鼓管功能障碍、鼓膜萎缩、鼓室成型术后鼓膜粘连、传导性耳聋、耳闷胀感和耳鸣等。并且对感应神经性耳聋、老年性耳聋及神经性耳鸣等也能起到辅助治疗作用。

（3）权利要求书。

本实用新型公开了一种××按摩治疗机，包括连接在三通管路上的叉形管路连接臂，叉形管路连接臂的端部设有耳塞，在三通管路的直管路上连接有导气软管，其结构特点是该导气软管的另一端与气室相连接，气室的另一侧与压力臂的端部间歇接触，压力臂的另一端与动力传动装置轴接，动力传动装置由微电机驱动，微电机由控制电路控制。××按摩治疗机操作简单，经济实用，可以通过频率调整电位器来调整××按摩治疗机的频率，以达到治疗不同耳病的目的，可以通过按摩治疗中耳炎、鼓膜粘连、鼓膜塌陷等多种耳病，经实验，××按摩治疗机实用新型疗效显著，显效率达 96%。

7. 该技术产品的市场预测

××按摩治疗机，属于治疗耳科疾病的专用医疗设备。该机适用于大中小型医院、社区医疗诊所、老年活动中心、干休所及家庭等进行治疗使用。医院或社区诊所购置本机后，可收取鼓膜按摩治疗费，很快就可以收回购置本机的成本。创造出可观的经济效益。同时又获得单纯用药物治疗达不到的治疗效果。该机销售市场广泛，社会经济效益高，是一项投资少、利润高、见效快的专用医疗设备，该机还可以申请国际专利，进行跨国销售于世界各地，经济效益更为客观。

经济效益预测：根据全国多家医院耳鼻喉科专家的观察分析，认为该机实用性强，市场需求量大，根据国家卫生部门的统计，全国各大中小型、社区服务诊所为 416.8 万所，按每个医院至少 1 台计算，需 416.8 万台。如年生产量为 41.68 万台，需 10 年时间才能满足国内市场的需求。另外老年活动中心、干休所及家庭需求量也是很大的。如果进行跨国销售，销售量比国内更大。

该产品是一项投资少、利润高、见效快的专用医疗设备。××按摩治疗机是目前治疗耳科疾病的最新创举，该机适用于医院、家庭、社区门诊的治疗使用，在临床应用中，得到广大患者的一致好评。以每年以 0.5% 的速度增加。根据中国的市场状况，该技术产品的市场调查情况及未来收益预测如表 4-1 所示。

表 4-1　　　　　　　　市场调查情况及未来收益预测　　　　　人民币：万元

年度	2013 年 2~12 月	2014 年	2015 年	2016 年	2017 年	2018 年
全国诊所	4 168 000	4 168 000	4 168 000	4 168 000	4 168 000	4 168 000
诊所适应比例	0.5	1	1.5	2	2.5	3
适应诊所	20 840	41 680	62 520	83 360	104 200	125 040
诊所用量	0.5	1	1.5	2	2.5	3
产品价格	2 400	2 400	2 400	2 400	2 400	2 400
市场占有率（预估%）	0.5	1	1.5	2	2.5	3
技术产品市场占有（预估 套）	52	417	1 407	3 334	6 513	11 254
总产值（预估）（万元）	13	100	338	800	1563	2 701

（二）评估技术说明

1. 评估方法

收益现值法是通过估算被评估资产寿命期内预期收益并以适当的折现率折算成现值，以此确定委托评估资产价值的一种评估方法。收益现值法常用于评估可产生持续收益的物业、企业整体资产及无形资产，在评估无形资产时，多采用收益现值法。

此次采用收益现值法是根据无形资产的特性及国际惯例而确定的。

2. 评估模型

$$P_{技} = \beta \sum_{t=1}^{n} F_t / (1+i)^t$$

式中：$P_{技}$——专利权评估值

F_t——第 t 年收益额

β——技术分成率

i——折现率

n——经济年限

t——序列年期。

3. 评估模型中各主要参数的选取

(1) 未来收益额。

未来各年收益额以被估对象所能带来的净利润为计算口径。

"××按摩治疗机"专利权的未来收益是依据其应用情况和市场前景做出的。销售收入预测如表 4-2 所示。

表 4-2　　　　　　　　　　　销售预测

年度	产品名称	生产能力（台）	销售量（台）	销售单价（元/台）	销售收入（万元）
2013 年 2~12 月	××治疗机	52	52	2 400.00	12.48
	小　计		52		12.48
2014 年	××治疗机	417	417	2 400.00	100.08
	小　计		417		100.08
2015 年	××治疗机	1 401	1 407	2 400.00	337.68
	小　计		1 407		337.68
2016 年	××治疗机	3 334	3 334	2 400.00	800.16
	小　计		3 334		800.16
2017 年	××治疗机	6 513	6 512	2 400.00	1 563.12
	小　计		6 512		1 563.12
2018 年	××治疗机	11 254	11 254	2 400.00	2 700.96
	小　计		11 254		2 700.96

关于技术项目成本费用的预测，评估人员参考了委托方预测的成本资料，分析了技术项目的产品成本构成情况，并据此估算了未来五年技术项目的生产成本、营业费用、管理费用、销售费用等其他费用。成本费用的说明如下：

(2) 生产成本。主要由直接材料、动力、工资及附加、制造费用构成。直接材料包括原辅材料、包装材料等，单位产品消耗的直接材料成本约为其售价的2.3%；单位产品消耗的动力成本约为售价的1%；工资及附加按收入的3%计算；制造费用主要为固定资产的折旧和其他制造费用，按收入的8%计算。

(3) 营业费用。主要包括广告费、工资及福利费、运输费及其他费用等，参考行业数据，按销售收入的11%计算。

(4) 管理费用。主要包括办公费、差旅费、工资及福利费、其他费用等，参考行业数据，按销售收入的4.5%计算。

(5) 财务费用。根据未来经营而垫付的流动资金和资本投入资金来源情况分析估算。本次评估资金均为自有资金财务费用忽略不计。

(6) 主营业务税金及附加。主要包括城市维护建设税、教育费附加等，分别按应交增值税的7%、3%估算，公司增值税率为17%。

(7) 所得税。技术项目的所得税率为25%。

技术产品未来收益预测如表4-3所示。

表4-3　　　　　　　　　未来收益预测　　　　　　　　单位：万元

项目	2013年2~12月	2014年	2015年	2016年	2017年	2018年
一、营业收入	12.48	100.08	337.68	800.16	1 563.12	2 700.96
减：营业成本	9.73	68.05	222.87	520.10	1 000.40	1 728.61
营业税金及附加	0.07	0.73	2.47	5.85	11.43	19.74
销售费用	1.44	11.01	37.14	88.02	171.94	297.11
管理费用	0.42	4.50	15.20	36.01	70.34	121.54
二、营业利润	0.82	15.78	60.00	150.18	309.01	533.95
三、利润总额	0.82	15.78	60.00	150.18	309.01	533.95
减：所得税（25%）	0.20	3.95	15.00	37.55	77.25	133.49
四、净利润	0.61	11.84	45.00	112.64	231.76	400.46

(8) 技术分成率。

技术分成率是指技术本身对产品未来收益的贡献大小。"××按摩治疗机"专利技术分成率的确定,主要考虑了以下因素:

第一,评估实务中普遍接受的"三分说"或"四分说"。"三分说"认为,企业采用某项技术获得的收益是由资金、营业能力、技术三个主要因素综合作用的结果;"四分说"认为,企业的获利由资金、组织、管理和技术四个主要因素决定,各因素所占的比重大体上均为1/4。根据联合国工业发展组织对印度等发展中国家引进技术价格的分析,结合我国理论工作者和评估人员的经验,一般认为利润分成率在25%~33%。

第二,根据国家知识产权局《专利资产评估标准及参数研究课题报告》,"监护床"系列专利技术分成率取医疗器械制造行业的技术分成率29.20%。

第三,技术的自身特点评分如表4-4、表4-5所示。

表4-4　　　　　　　　委托评估技术自身特点分值

评价因素	权重(%)	评分值范围	评分值	加权评分值
先进水平	20	50~100	90	18.0
成熟程度	20	20~100	95	19.0
实施条件	10	40~100	90	9.0
保护力度	10	30~100	95	9.5
行业地位	5	30~100	90	4.5
获利能力	30	40~00	85	25.5
其他	5	50~100	90	4.5
合计	100			90.0

表4-5　　　　　　　　委托评估技术分成率

序号	①	②	③
内容	医疗器械制造行业利润分成率	委托评估技术自身特点分值	委托评估技术利润分成率
比率(%)	29.20	90	26.28

注:③=①×②。

综合考虑,确定委托评估技术对净利润分成率取26.28%。

(9)折现率。

折现率是将未来收益还原或转换为现值的比率,折现率是一种特定条件下的资产收益率,反映了资产的风险收益水平。此次评估,未来收益额以净利润为计算口径,相应地,折现率以净资产收益率为计算口径,由此而得出的评估值内涵为所有者权益价值。折现率计算采用资本定价模型(CAPM)。CAPM 表明,投资者会要求额外的回报,对从股票市场回收的总体风险相关的任何风险进行补偿。从股票市场回收的总体风险相关的风险被称为系统风险,并由一个称为 β 的参数进行度量,而其他风险被称为非系统风险。在此次评估中,我们根据项目的具体情况,折现率计算采用了扩展的资本定价模型,用于计算折现率的 CAPM 公式如下:

$$Re = R_f + \beta(Rm - R_f) + \alpha$$

式中:Re——资本成本(即折现率)。

R_f——无风险回报率。

β——贝塔因子,一个反映项目敏感度,即项目风险与看作一个整体的市场之间关系的统计学度量。

Rm——预期市场回报率。

A——技术项目实施风险。

无风险报酬率取财政部近几年国债利率 5.53% 折算的复利 5%。市场报酬率根据 wind 资讯查询年五年深、沪两市加权平均的净资产收益率:6.52%、7.02%、4.17%、9.45%、17.09%,计算出五年平均净资产收益率为 8.85%。β 取近 100 周医疗器械业上市公司 0.9289。

在技术项目实施过程中,还存在技术产品系列化及技术产品市场化等不确定性因素,通过对其进行的风险分析,确定技术项目实施风险取 5%。

$$Re = R_f + \beta(Rm - R_f) + \alpha$$
$$= 5\% + 0.9289 \times (8.85\% - 5\%) + 5\%$$
$$= 13.58\%$$

折现率为 13.58%。

(10)经济年限。

经济年限是指无形资产能有效使用并创造收益的持续时间。专利法规定,实用新型专利的法定有效时间为 10 年。委托评估技术于 20××年 2 月 8 日申请专利,在假定专利年费按期交纳的前提下,截至评估基准日法定有效时间尚余约6年。此次评估的"××按摩治疗机"专利技术无形资产价值,其技术成熟度相对较高,与国内外同类技术相比,委托评估技术较为先进。考虑到近年技术发展的步伐加快,特别是技术更新的周期缩短,在不久的将来可能会出现技术更先进、性能更优越的替代技术及其产品,因此根据此次委评技术的成熟度、先进性和技术更新周期,其经济年限约为6年,考虑与评估时点的对接,其经济年限取5.92年。

(11) 序列年期。

本项目评估基准日为2013年1月31日,2013年2月至12月为t_1,$t_1=0.92$;2014年为t_2,$t_2=1.92$;2015年为t_3,$t_3=2.92$……依此类推。

(12) 评估计算。

将上述各参数代入评估模型,具体计算如表4-6所示。

表4-6　　　　　　　　专利技术价值评估计算

项目	2013年2~12月	2014年	2015年	2016年	2017年	2018年
未来收益额(万元)	0.6100	11.8400	45.0000	112.6400	231.7600	400.4600
分成率(%)	26.2800	26.2800	26.2800	26.2800	26.2800	26.2800
分成额(万元)	0.1600	3.1100	11.8300	29.6000	60.9100	105.2400
序列年期	0.9200	1.9200	2.9200	3.9200	4.9200	5.9200
折现率(%)	14.0000	14.0000	14.0000	14.0000	14.0000	14.0000
折现系数	0.8895	0.7831	0.6895	0.6070	0.5345	0.4706
折现额(万元)	0.1400	2.4400	8.1600	17.9700	32.5600	49.5300
合计(万元)	110.8000					

委托评估专利技术无形资产价值为110.80万元。

三、评估结论

通过以上具体评估,得出的评估结论是:"××按摩治疗机"专利技术于评估基准日2013年1月31日所表现的市场价值为人民币110.80万元。

四、问题讨论

1. 采用收益法评估专利技术需考虑的因素有哪些？除收益法以外，还可以用哪些方法评估专利技术？

2. 分析对委托评估的实用新型专利在技术查新和检索、现场勘察过程、预期收入、成本等数据来源、专利技术的技术寿命、技术成熟度的分析及同类产品的竞争状况分析和折现率的取值是否存在不完善？

3. 本案例采用收益法评估理由是否充分？

第三节 专有技术评估案例

案例15 收益法评估专有技术

一、案例资料

××制药企业现有一种疾病的诊断试剂制备技术，是两年前该企业独立开发的。现在确定该专有技术价格，拟为某药业集团兼并该企业提供公正的价格依据。

（一）基本情况

疾病的诊断试剂制备技术，其诊断结果比常规诊断方法准确率要高。专家鉴定意见的要求是：B产品在国外临床应用较为广泛，但由于造价较高而国内使用率较低。因为该企业未获得自营进出口权，所以，虽然B产品质量高于国外标准，成本及销售价也较国外产品低很多，但销售量很少（已有少量出口美国），经济效益不是很理想。从长远看，B产品的国内市场前景应当很好，但何时见效益，不可预见因素较多。评估人员经过分析，决定采用重置成本法对该技术进行评估。

（二）重置成本的估算

按照该企业开发期间的账面记录为：材料费用186万元，人工费用46万元，咨询等费用18万元，设备费用155万元和房租费用14万元。

另外根据了解，设备费用中含非试验用办公设备费20万元，材料费中未用完的材料26万元。近两年物价上涨的指数为10%（其中咨询等费用中只含部分资料费用，故调整指数为5%）。

资料来源：虞晓芬，汪初牧．资产评估［M］．北京：清华大学出版社，2015

二、问题讨论

1. 专有技术评估需考虑的因素有哪些？
2. 专有技术和专利权有何异同？
3. 计算专有技术评估值。

案例 16　专有技术分成率创新方法

一、案例背景

根据××院文件《关于同意××院××研究所以无形资产出资设立某新材料科技有限公司的批复》××院××研究所拟将其拥有的"一种××泡沫材料及其制备方法"专有技术作价出资成立 A 新材料科技有限公司，为此需对该经济行为所涉及的"一种××泡沫材料及其制备方法"专有技术（简称：B 发泡材料专有技术）价值进行评估，提供该资产截至评估基准日的市场价值，为该经济行为提供价值参考依据。目前，××院××研究所以专有技术出资设立 A 新材料科技有限公司的经济行为已经顺利完成。

二、案例内容

以下内容根据相关评估报告和工作底稿进行了编辑、处理。

（一）评估报告主要内容

（1）评估目的：××院××研究所拟以 B 发泡材料专有技术出资成立 A 新材料科技有限公司所涉及的 B 发泡材料专有技术所有权价值进行评估，为该经济行为提供价值参考依据。

（2）评估对象和评估范围：××院××研究所拟以 B 发泡材料专有技术出资成立 A 新材料科技有限公司所涉及的 B 发泡材料专有技术所有权价值。

委托评估对象和评估范围与经济行为涉及的评估对象和评估范围一致。

（3）价值类型：市场价值。

（4）评估基准日：2013 年 12 月 31 日

（5）评估依据：（略）

（6）评估方法：收益法。

(7) 评估结论：经评定测算，截至 2013 年 12 月 31 日，在上述评估目的下，××院××研究所拟以 B 发泡材料专有技术出资，成立 A 新材料科技有限公司，所涉及的 B 发泡材料专有技术所有权账面值为 0.00 万元，评估值为人民币 420.00 万元（大写：人民币肆佰贰拾万元）。

（二）评估说明主要内容

1. 专有技术特征

以 B 发泡材料是一种交联型硬质结构型泡沫材料，具有 100% 的闭孔结构。交联均匀的孔壁结构赋予其突出的结构稳定性和优异的力学性能；聚合物主链化学结构中的环状酰亚胺基团确保了材料的耐高温性能。另一个独特的性能是其发泡工艺，B 发泡材料是由其前驱体在热作用下通过化学转化反应形成 B 发泡材料的过程中自然形成泡沫结构的，整个发泡过程中不使用含氯、氟烷烃和卤素。因此，PMI 泡沫具有许多其他聚合物泡沫无法比拟的优点。其优点集中体现在：

（1）100% 的闭孔结构，且各向同性。

（2）耐热性能好，热变形温度为 180～240℃。

（3）比强度高。

（4）耐蠕变性能优异，在加工过程中具有很好的抗压缩蠕变性能。

（5）热成型，易于机械加工，不需要特殊的机械工具。

（6）不含氟利昂和卤素。

（7）良好的防火性能，燃烧无毒，低烟雾密度，不释放有害物质。

（8）和各种树脂体系的兼容性好（湿法和预浸料）。

2. 评估对象使用现状

委托方已于 2011 年 6 月 20 日向中华人民共和国国家知识产权局申请针对委托评估对象的发明专利，并于 2011 年 6 月 21 日取得专利申请受理通知书，截至报告出具日尚未取得专利权证书。

截至评估基准日委托评估专有技术已完成中试，其产品尚未大规模产业化生产。

3. 评估方法介绍

收益现值法是指分析评估对象预期将来的业务收益情况来确定其价值的一种方法。在国际、国内评估界广为接受的一种基于收益的技术评估方法为技术提成方法。所谓技术提成方法认为在技术产品的生产、销售过程中技术对产品创造的利润或者说现金流是有贡献的，采用适当方法估算确定技术对产品所创造的现金流贡献率，并进而确定技术对技术产品现金流的贡献，再选取恰当的折现率，将技术产品中每年技术对现金流的贡献折为现值，以此作为技术的评估价值。运用该种方法具体分为如下四个步骤：

（1）确定技术的经济寿命期，预测在经济寿命期内技术产品的销售收入。

（2）分析确定技术对现金流的分成率（贡献率），确定技术对技术产品的现金流贡献。

（3）采用适当折现率将现金流折成现值。折现率应考虑相应的形成该现金流的风险因素和资金时间价值等因素。

（4）将经济寿命期内现金流现值相加，确定技术的评估价值。

结合前述专有技术的自身特点及市场应用情况，委托评估专有技术产品具有良好的市场前景，具备较充分的客户群，专有技术产品与经营收益之间存在较为稳定的比例关系，未来收益可以预测，故采用收益法进行评估。

收益法计算公式如下：

$$P = \sum_{t=1}^{n} [F_t / (1+i)^t]$$

式中：P——专有技术评估值；

F_t——未来 t 收益期的预期收益额；

N——剩余经济寿命；

I——折现率。

4. 评估值的确定

本次对委托评估技术采用收益法评估。以××院××研究所提供的《技术项目可行性研究报告》和技术实施方案为基础进行分析测算，具体过程如下：

（1）无形资产剩余经济寿命的确定。

收益期限确定的原则主要考虑两方面的内容：被评估无形资产的法定保护年限和剩余经济寿命，依据本次评估对象的具体情况和资料分析，按孰短原则来确定评估收益期限。

本次评估的无形资产是指专有技术，该专有技术已申请发明专利，发明专利的法定保护期限为 20 年，但根据国内及国际主流化工行业供应商的技术更新周期，一般认为其经济寿命在目前技术飞速发展的时代必定短于法定保护期。

本次委托评估技术虽然已申请发明专利，但尚不确定是否授权，因此对本次委托评估技术按专有技术的技术产品的经济寿命来考虑。根据行业数据的统计，化工行业专有技术寿命一般在 4~6 年。

考虑诸多因素，经向××院化学研究所和××院其他从事这方面工作的专家咨询，确定本次评估范围内专有技术的平均经济寿命为评估基准日后 5 年（2014 年 1 月 1 日~2018 年 12 月 31 日）。

（2）评估估算。

第一，技术产品销售收入。

根据委托评估专有技术目前市场销售、价格情况以及市场的未来走向，我们对资产占有方提供的可研报告和销售计划等资料进行了分析调整，并咨询了有关专家，依据稳健性原则，预计 2014~2018 年与被评估资产相关的产品收入，如表 4-7 所示。

表 4-7　　　　　　　　　被评估资产相关产品收入　　　　　　　　单位：万元

KHPMI 专有技术产品	2014 年	2015 年	2016 年	2017 年	2018 年
销售单价		0.40	0.40	0.40	0.40
销售量（平方米）		3 000.00	4 500.00	6 750.00	10 125.00
收入合计	—	1 200.00	1 800.00	2 700.00	4 050.00

说明：根据《B 发泡材料项目可行性研究报告》和"B 发泡材料技术产业化项目"合作协议书，拟设立的 A 新材料科技有限公司将投资 5 500 万元建设年产 5 万平方米的 B 发泡材料生产基地。预计生产基地的建设进度情况如下：2015 年生产能力达到年产 5 000 平方米，2016 年生产能力达到年产 1 万平方米，2017 年生产能力达到年产 2 万平方米，2018 年生产能力达到年产 5 万平方米。

销售量：预测 2015 年销售量达年生产能力的 60%，即 3 000 平方米，以后年度逐年增长 50%。

销售单价：根据拟设立公司管理层对目标客户的市场调研结果和目前进口产品的售价，综合分析后预测平均售价为 4 000 元/平方米。

第二，确定技术提成率。

本次评估技术提成率通过可比上市公司计算得出。为此，我们选取了YTWT、XAGF、JSGF、ZHGJ 4家公司作为对比公司，并假设以此4家上市公司作为产权持有者的可比对象来分析被评估技术可能为其产生的收益。

根据上述对比公司的财务报告，可以得出对比公司的资本结构，如表4-8、表4-9、表4-10所示。

表4-8　　　　　　　　　　　营运资金比重

序号	股票代码	对比对象	营运资金比重（%）				
			2009-12-31	2010-12-31	2011-12-31	2012-12-31	2013-12-31
1	略	YTWT	1.9	3.2	4.6	17.2	6.5
2	略	XAGF	15.0	7.9	3.1	15.9	14.1
3	略	JSGF	13.9	11.4	4.1	6.6	5.9
4	略	ZHGJ	24.4	16.9	9.5	27.9	27.8
6	平均值		13.8	9.9	5.3	16.9	13.6
7	五年平均		11.9				

表4-9　　　　　　　　　　有形非流动资产比重

序号	股票代码	对比对象	有形非流动资产比重（%）				
			2009-12-31	2010-12-31	2011-12-31	2012-12-31	2013-12-31
1	略	YTWT	25.1	11.3	5.4	21.2	13.4
2	略	XAGF	27.6	19.3	8.2	21.8	18.7
3	略	JSGF	76.8	88.5	24.7	62.2	51.7
4	略	ZHGJ	37.1	30.9	13.3	47.8	33.8
6	平均值		41.6	37.5	12.9	38.3	29.4
7	五年平均		31.9				

第四章 无形资产评估

表4-10 无形非流动资产比重

序号	股票代码	对比对象	无形非流动资产比重(%)				
			2009-12-31	2010-12-31	2011-12-31	2012-12-31	2013-12-31
1	略	YTWT	73.0	85.5	90.1	61.6	80.2
2	略	XAGF	57.4	72.8	88.7	62.3	67.2
3	略	JSGF	9.3	0.2	71.2	31.1	42.4
4	略	ZHGJ	38.6	52.3	77.2	24.3	38.3
6	平均值		44.6	52.7	81.8	44.8	57.0
7	五年平均		56.2				

由于对比公司均为化工行业企业，对于技术要求都比较高，因此，无形资产比例也相应较高。同时对比公司无形资产应为企业全部的无形资产，不仅是专有技术，还包括其他无形资产（如商标、商誉等），我们通过分析确定本次评估的专有技术应该占全部无形资产的60%，因此可以得到专有技术占全部资本中的比例，并进一步对比财务报表，得出表4-11。

表4-11 专有技术占全部资本比例

对比公司名称	年份	无形非流动资产在资本结构中所占比例(%)	无形非流动资产中技术所占比重(%)	技术在资本结构中所占比重(%)	主营业务现金流(扣除投资收益)(元)	技术对主营业务现金流的贡献(元)	相应年份的主营业务收入(元)	技术提成率(%)
YTWT	2009	73.0	60.0	43.8	92 397.0	40 483.5	330 954.1	12.23
	2010	85.5	60.0	51.3	154 083.0	79 030.0	494 633.1	15.98
	2011	90.1	60.0	54.0	269 446.6	145 616.9	780 358.4	18.66
	2012	62.3	60.0	37.4	232 917.5	87 082.9	770 439.3	11.30
	2013	80.2	60.0	48.1	176 861.1	85 097.1	649 292.0	13.11
XAGF	2009	57.4	60.0	34.4	43 147.6	14 863.8	238 760.7	6.23
	2010	72.8	60.0	43.7	61 742.8	26 976.5	288 010.7	9.37
	2011	88.7	60.0	53.2	86 652.3	46 106.4	382 797.0	12.04
	2012	62.3	60.0	37.4	237 902.5	88 946.6	721 922.5	12.32
	2013	67.2	60.0	40.3	52 530.9	21 166.8	384 982.8	5.50

续表

对比公司名称	年份	无形非流动资产在资本结构中所占比例(%)	无形非流动资产中技术所占比重(%)	技术在资本结构中所占比重(%)	主营业务现金流(扣除投资收益)(元)	技术对主营业务现金流的贡献(元)	相应年份的主营业务收入(元)	技术提成率(%)
JSGF	2009	9.3	60.0	5.6	18 808.8	1 046.4	210 851.2	0.50
	2010	0.2	60.0	0.1	23 091.5	21.0	225 980.3	0.01
	2011	81.8	60.0	49.1	33 148.0	16 266.8	271 696.4	5.99
	2012	44.8	60.0	26.9	57 482.3	15 464.5	323 181.7	4.79
	2013	42.4	60.0	25.5	21 178.8	5 391.7	232 992.0	2.31
ZHGJ	2009	38.6	60.0	23.2	89 811.8	20 792.8	1 591 139.4	1.31
	2010	52.3	60.0	31.4	62 572.4	19 619.3	1 545 902.8	1.27
	2011	77.2	60.0	46.3	94 152.1	43 612.8	1 940 955.9	2.25
	2012	24.3	60.0	14.6	116 277.8	16 949.0	2 740 177.0	0.62
	2013	38.3	60.0	23.0	106 874.9	24 563.2	2 275 048.3	1.08

从表4-11中我们可以看出，专有技术对现金流的贡献占销售收入的比例4个对比公司的平均值分别为14.26%、9.09%、2.72%和1.30%。4家对比公司均有相应化工行业技术的业务，虽然其主要收入结构相对于本项目有一定的差异，但是能够比较客观地反映出此类行业技术对于销售收入的贡献能力，因此我们在选择对比公司的技术贡献占销售收入的比率平均值6.84%作为对比技术提成率。

由于我们评估的专有技术应该被理解为评估基准日的技术状态，因此随着时间的推移，上述技术会不断的得到改进和完善，表现为产品制造技术中不断会有新的技术改进或增加，使得截至评估基准日时的技术所占的比重呈下降趋势。另一方面专有技术也会逐渐进入衰退期。上述两种因素综合表现在评估基准日的产品技术在预测年度的全部专有技术贡献率上，也就是技术贡献率或提成率逐渐降低，因此我们根据这一情况，考虑技术提成率在寿命期内逐渐下降。

第三，确定技术对现金流的贡献。

通过上述技术提成率的估算和对产品销售收入的预测，可以得出技术的贡献 = $\sum$（技术产品年销售收入净值 × 年技术提成率）。

(3) 折现率的估算。

折现率,又称期望投资回报率,是基于收益法确定评估价值的重要参数。本次评估的折现率我们采用对比公司的无形资产投资回报率作为技术评估的折现率。

第一,对比公司加权资金成本确定(WACC)

WACC(Weighted Average Cost of Capital)代表期望的总投资回报率。它是期望的股权回报率和所得税调整后的债权回报率的加权平均值,权重取对比公司的股权与债权结构。

在计算总投资回报率时,第一步需要计算,截至评估基准日,股权资金回报率和利用公开的市场数据计算债权资金回报率。第二步,计算加权平均股权回报率和债权回报率。

股权回报率的确定。为了确定股权回报率,我们利用资本定价模型(Capital Asset Pricing Model or "CAPM")。CAPM是通常估算投资者收益要求并进而求公司股权收益率的方法。它可以用下列公式表述:

$$Re = R_f + \beta \times ERP + Rs$$

式中:Re——股权回报率;

R_f——无风险回报率;

β——风险系数;

ERP——股市风险超额回报率;

Rs——公司特有风险超额收益率。

股权回报率的估算过程中各参数确定方法参见收益法评估技术说明。

将恰当的数据代入CAPM公式中,我们就可以计算出对比公司的股权期望回报率。

债权回报率。在中国,对债权收益率的一个合理估计是将市场公允短期和长期银行贷款利率结合起来的一个估计。

目前在中国,只有极少数国有大型企业或国家重点工程项目才可以被批准发行公司债券。事实上,中国目前尚未建立起真正意义上的公司债券市场,尽管有一些公司债券是可以交易的。然而,另外,官方公布的贷款利率是可以得到的。由于债权回报率实际是对于未来的期望回报率的预测,因此目前应该采用最新的贷款利率为好,因此本次评估五年期贷款利率5.94%作为我们的债权年期望回报率。

总资本加权平均回报率。股权期望回报率和债权回报率可以用加权平均的方法计算总资本加权平均回报率。权重以对比公司实际股权、债权结构比例。总资本加权平均回报率利用以下公式计算：

$$WACC = R_1 \times \left(\frac{E}{E+D}\right) + R_2 \left(\frac{D}{E+D}\right)$$

式中：WACC——为加权平均成本；

R_1——权益资本成本；

R_2——税后债务资本成本；

$\left(\frac{E}{E+D}\right)$——投资资本中权益资本市场价值的比重；

$\left(\frac{D}{E+D}\right)$——投资资本中债务资本市场价值的比重。

第二，无形资产投资回报率。

上述计算的 WACC 可以理解为投资企业全部资产的期望回报率，企业全部资产包括流动资产、固定资产和无形资产组成。WACC 可以用下式表述：

$$WACC = W_c \times R_c + W_f \times R_f + W_i \times R_i$$

式中：W_c——为流动资产（资金）占全部资产比例；

W_f——为固定资产（资金）占全部资产比例；

W_i——为无形资产（资金）占全部资产比例；

R_c——为投资流动资产（资金）期望回报率；

R_f——为投资固定资产（资金）期望回报率；

R_i——为投资无形资产（资金）期望回报率。

基于投资流动资产所承担的风险相对最小，因而期望回报率应最低。取一年期银行贷款利率 5.31% 为投资流动资产期望回报率。投资固定资产所承担的风险较流动资产高，因而期望回报率比流动资产高，取对比公司平均权益收益率 12.56% 为投资固定资产的期望回报率。

上式变为 $R_i = \dfrac{WACC - W_c \times R_c - W_f \times R_f}{W_i}$

计算 R_i 为投资无形资产的期望回报率。

第三，无形资产折现率的确定。

根据上述计算得出无形资产投资回报率的计算公式得出对比公司的无形资产投资回报率平均值为12.3%。本次评估的折现率，我们选用12.3%，如表4-12所示。

表4-12　　　　　　　　　　无形资产折现率计算　　　　　　　　　　单位:%

股票代码	对比对象	营运资金比重(Wc)	营运资金回报(Rc)	有形非流动资产比(Wf)	有形非流动资产回报(Rf)	无形非流动资产比重(Wi)	无形非流动资产回报(Ri)
略	YTWT	6.45	5.31	13.35	14.08	80.19	13.3
略	XAGF	14.14	5.31	18.71	14.08	67.16	13.8
略	JSGF	5.89	5.31	51.68	14.08	42.43	7.4
略	ZHGJ	27.85	5.31	33.85	14.08	38.31	14.4
对比公司平均值							12.3
折现率取值							12.3

（4）评估结果

经评估估算，××院××研究所拟以专有技术对外出资项目所涉及的B发泡材料专有技术所有权于评估基准日的市场价值为：人民币420万元（大写：肆佰贰拾万元）。

详细测算，如表4-13所示。

表4-13　　　　　　　　　　专有技术技术价值测算

序号	项　目	2014年	2015年	2016年	2017年	2018年
1	销售收入(万元)	0.00	1 200.00	1 800.00	2 700.00	4 050.00
2	技术提成率(%)	6.84	6.82	6.80	6.78	6.76
3	技术贡献(3=1×2)	0.00	81.87	122.44	183.12	273.88
4	折现年限(年)	1.00	2.00	3.00	4.00	5.00
5	折现系数(r=12.3%)	0.89	0.79	0.71	0.63	0.56
6	技术贡献现值(6=3×5)	0.00	64.92	86.46	115.14	153.34
7	技术评估值	420.00				

三、问题讨论

分析本案例确定无形资产分成率方法有何不足？

第四节　商标资产评估案例

案例17　商标资产分成利润的计算

一、案例资料

甲自行车厂将红鸟牌自行车的注册商标使用权通过许可使用合同允许给乙厂使用，使用时间为5年。双方约定由乙厂每年按使用该商标新增利润的27%支付给甲厂，作为商标使用费，试评估该商标使用权价值。预测使用期限内新增利润总额取决于每辆车的新增利润和预计产量。对于产量的预测，应根据许可合同的有关规定及市场情况进行。如果许可合同中规定有地域范围，在预测时必须予以考虑。否则就可能导致预测量过多，引致评估值失实。根据评估人员预测，每辆车可新增净利润5元，第一年至第五的生产的自行车分别是40万辆、45万辆、55万辆、60万辆、65万辆。要求：根据上述资料评估该商标所有权的价值。

资料来源：雒翠，杨慧媛，黄敏. 资产评估学［M］. 武汉大学出版社，2014

二、问题讨论

1. 商标评估需考虑的因素有哪些？
2. 计算该商标所有权的评估价值。

案例18　收益法评估商标资产

一、委托方及产权持有者简介

委托方：××超市

住所：××市××区

成立日期：2002年12月6日

法定代表人：略

注册资本：65万元

公司类型：股份有限公司

经营范围：农副产品、粮油及制品、食品饮料、酒及其他副食品、零售乳制品（含婴幼儿配方乳粉）、日用百货、家用电器及电子产品、通信器材、针纺织品、服装、文化体育用品及器材、音像制品、出版物及电子出版物等。

二、评估目的

本次评估是根据评估机构与委托方签订的资产评估业务委托约定书，对委托评估的××超市无形资产商标权价值进行评估，确定其在评估基准日所表现的市场价值，为资产重组提供价值参考依据。

三、评估对象和评估范围

本次评估的评估对象为××超市股份有限公司的商标权，评估范围为以××超市商标。具体以资产占有方评估申报表为准。

四、评估基准日

本项目评估基准日是2017年1月1日。资产评估中的一切取价标准均为评估基准日有效的价格标准。

五、价值类型

根据本次评估目的和评估对象，委托评估资产采用的价值类型为市场价值。

六、评估报告的使用者

委托方及与本次经济行为相关的当事方。

七、评估原则

根据国家资产评估的有关规定，本公司及评估人员遵循以下原则进行评估：

坚持独立性、客观性、科学性的工作原则。

坚持预期和公开市场的操作原则。

本次资产评估过程中，本公司评估人员按照国家有关国有资产管理及资产评估的有关法律法规以及《资产评估操作规范意见（试行）》、《资产评估报告基本内容与格式的暂行规定》的要求，遵循以上基本原则，对委托评估资产进行评估，以保证客观、公正地反映评估对象在评估基准日的公允市场价值。

八、评估依据

在本次资产评估工作中,评估人员遵循的具体行为依据、法规依据、产权依据、取价依据和参考资料有:

(一)法规依据

(1)《国有资产评估管理办法》。

(2)《国有资产评估管理办法施行细则》。

(3)《资产评估报告基本内容与格式的暂行规定》。

(4)《资产评估操作规范意见》。

(5)《中华人民共和国公司法》。

(二)行为依据

资产评估业务约定书。

(三)产权依据

(1)××投资法人营业执照。

(2)出资(无形资产)确认。

九、商标权评估的基本概况

××超市主营农副产品、粮油及制品、食品饮料、酒及其他副食品、零售乳制品(含婴幼儿配方乳粉)、日用百货、家用电器及电子产品、通信器材、针纺织品、服装、文化体育用品及器材、音像制品、出版物及电子出版物等。

经营十年来,质量稳定,货真价实,在当地××超市已树立了信誉,销量日增,深受顾客的信赖。为了进一步扩大业务,提高企业竞争能力与应变能力,××超市于2017年末资产重组,将原属于××超市的"××"牌商标评估作价,作为原五家股东所有的无形资产,共同投入新公司作为各自入资的一部分。经我公司评估,该商标以评估值作价投入新公司已被新股东接受,现增资扩股工作已经完成,新的合资公司已正式营业,由于资金实力较前雄厚,新公司扩大了生产规模。"百和"商标的知名度与美誉度也有所提高。

超市发展前景:空间巨大,广阔的消费群体。独特的模式:(1)产品结构:集聚客流、差异化竞争。(2)直采为主的采购体系:价格优势、产品品质。(3)自营为主的盈利模式:使公司的发展更稳健、持续、可复制。

核心竞争力:(1)优秀的供应链管理能力,体现在强大的"买手"团队、高效的库存管理、日益完善的配送体系、标准化的门店管理以及不断优化的信息系统建设等各个环节；(2) 先发优势，议价能力以及品牌。核心竞争力是公司长期以来不断总结、创新形成的，是具备一定的门槛要求，需要长期的经验积累以及巨额投入才能实现的未来业绩增长点：(1) 门店的外延扩张。(2) 门店的内生增长：开业3~5年，每年30%左右的增长；开业6~8年，每年15%左右的增长；开业8年以后，每年5%~8%的增长；(3) 毛利率提升：做大销售规模、调整商品结构、开拓新品类。

风险主要包括：(1) 内部风险；(2) 门店扩张、新店培育不及预期；(3) 租金风险。

综上所述，可以看出××超市所以能持续畅销，不断发展，是与其重视技术、严格管理，一贯把质量和信誉放在首位的结果，因此可以认为"××"牌商标的价值是百和公司技术、经营、管理、信誉等所有无形资产的总的体现。

十、评估方法

本次评估采用收益法进行。具体评估该无形资产价格的步骤如下：

(1) 预测未来产销量以及销售价格确定销售收入；

(2) 依据销售收入计算销售成本和税金；

(3) 计算所得税，确定税后利润；

(4) 按适用折现率进行折现，确定无形资产评估现值。无限年期收益法计算公式

$$P = \sum_{i=1}^{n} \frac{R_i}{(1+r)^i} + \frac{A}{r(1+r)^n}$$

式中：P——被评估资产的评估值；

　　　R_i——未来第i年资产的预期收益；

　　　i——年序号；

　　　r——折现率；

　　　n——预期收益年限；

　　　A——年金。

成立条件：纯收益在n年（含第n年）以前有变化，纯收益在n年（不含第n年）以后保持不变，收益年期无限；r大于零。

十一、评估假设

在评估中所采用的主要假设：

（1）现有的政治、经济环境将不发生大的变化。

（2）当前的税收法律将不发生大的变化，主要税种及税率保持不变，所有有效的法律法规将被遵守。

（3）资产按照规划用途开发经营。

（4）资产未来收益是可以预测的，各项收入、成本、费用预测能够如期实现。

（5）不可抗拒的自然灾害或其他无法预测的突发事件，不作为预测企业未来情况的相关因素。

十二、资产评估

（一）收益年限的确定

商标权具有时间性、地域性，在有效期内，商标权受法律保护。我国商标法规定，注册商标的保护期限为核准注册日起的10年，注册商标有效期满，需要继续使用的，可以在期满前6个月内申请续展注册。按照上述规定，通常认为商标专用权的寿命期限是无限年期。

（二）利润分成率的确定

本次评估采用超额利润率测算无形资产商标权的资产收益额。其中：超额利润率＝（标的公司净利润率－行业平均净利润率）/行业平均净利润率。分析××超市的情况，该公司成立时间较短，注册资金65万元，在添置了一些设备和办公用品之后，只有55万的流动资金用于进货。近年来品牌效应获得了当地市场认可，在某市占据一定的份额。另外，可以根据商标许可使用费确定商标权的利润分成率。最终综合确定分成率取23%。

（三）折现率的确定

折现率＝无风险报酬率＋风险报酬率

无风险报酬率选取在评估基准日近期财政部发行的中长期国债利率。根据近几年5年期国债可知，其年平均利率为3.5%，按年付息，因此本次无风险报酬率取3.5%。

对风险报酬率一般采用累加法估算，即把面临的各种风险对风险报酬率的要求加以量化并予以累加，其公式为：风险报酬率＝行业风险报酬率＋经营风险报

酬率＋财务风险报酬率

综上分析，风险报酬率取为 8%，风险报酬率与无风险报酬率之和为 12%，折现率为 12%。

十三、盈利预测的确定

（一）盈利收入预测

参照超市过去 5 年历史数据的分析可见（见表 4-14），超市历年销售呈直线增长趋势，平均增长率约为 21%。

表 4-14　　　　　　　　营业收入和销售税金汇总　　　　　　　　单位：元

年度	2017 年	2018 年	2019 年	2020 年	2021 年
营业收入	263 463.9	329 329.8	405 075.7	484 065.4	580 878.5

根据超市市场需求情况，参照趋势外推法所做预测，遵照稳健审慎原则确定超市未来年度的营业情况，从而编制出未来营业收入预测表。在计算得出超市未来 5 年销售预测值后，考虑到超市重组后生产能力有所扩大，因此参照超市发展规划的产量及销售额进行调整，以所销售预测值作为此次评估的基础数据。

表 4-15　　　　　　　　营业收入和销售税金预测　　　　　　　　单位：元

项目	2017 年	2018 年	2019 年	2020 年	2021 年
营业税金	702 863	896 721	1 012 657	1 203 629	1 502 638

（二）预期成本费用的预测

根据销售及损益表，计算出各项成本费用占营业收入的比率，再根据同行业费用项目进行调整，取得预测的各项成本费用占营业收入的比率。营业成本占营业收入的 80%，由于本次评估的对象为商标权，支持收益表科目中的其他业务收入、其他业务支出、投资收益、补贴收入、营业外收入和营业外支出，评估人员认为这些收入、支出与商标本身相关性差。故不应考虑在内。基于以上考虑及假设，2017 年以及以后年度的预测结果如表 4-16 所示。

表 4-16　　　　　　　　　　　预测成本费用预测　　　　　　　　　　单位：元

项目	2017 年	2018 年	2019 年	2020 年	2021 年
营业成本	583 213	723 689	792 541	960 254	1 213 458
税金及附加	300	300	300	300	300
销售费用	30 000	35 000	35 000	35 000	40 000
管理费用	20 000	20 000	20 000	20 000	30 000
财务费用	10 000	10 000	10 000	10 000	10 000

（三）所得税

按所得税率25%核算企业所得税。

（四）折旧、资产摊销及资本性支出

考虑到折旧、资产摊销及资本性支出等因素，预计每年投入5 000元。

（五）超额收益预测

计算预测期内各年的超额收益，基本计量方法为：

超额收益 = 预测净利润 - 可辨认的净资产价值 × 行业平均净资产报酬率

1. 可辨认的净资产价值的确定

以2016年12月31日净资产值682 133元为基础，加上预计本期所获净利润计算得出可辨认净资产价值。

2. 行业平均净资产收益率的确定

以近年超市行业净资产收益率8%计算。

十四、评估值计算

经过上述盈利及风险的分析预测，计算得出关于"××超市"商标权的评估值为142 353.37元，具体计算，如表4-17所示。

表 4-17　　　　　　　　　　××超市商标权评估结果　　　　　　　　　　单位：元

项目	2017 年	2018 年	2019 年	2020 年	2021 年至无限期
一、营业成本	702 863	896 721	1 012 647	1 203 629	1 502 638
减：营业成本	583 213	723 689	792 541	960 254	1 213 458
营业税金及附加	3 000	3 000	3 000	3 000	3 000
销售费用	30 000	35 000	35 000	35 000	40 000

续表

项目	2017年	2018年	2019年	2020年	2021年至无限期
管理费用	20 000	20 000	20 000	20 000	30 000
财务费用	10 000	10 000	10 000	10 000	10 000
二、营业利润	76 650	125 032	172 106	195 375	236 180
所得税	19 162.50	31 258.00	43 026.50	48 843.75	59 045.00
三、净利润	57 487.50	93 774.00	129 079.50	146 531.25	177 135.00
折旧资产摊销及资本性支出	5 000	5 000	5 000	5 000	5 000
四、净现金流量	62 487.50	98 774.00	134 079.50	151 531.25	182 135.00
超额收入	2 916.86	26 652.1128	46 519.57874	44 156.94764	53 262.09415
商标对超额收益的贡献	670.88	6 129.99	10 699.5	10 156.1	12 250.28
折现率(%)			12		
复利现值系数	0.8929	0.7972	0.7118	0.6355	0.5674
净现值	599.03	4 886.82	7 615.91	6 454.2	64 874
商标评估值			142 353.37		

十五、评估结论

在实施了上述资产评估程序后，××超市应用于本报告所列评估目的的商标权在评估基准日2017年1月1日所表现的市场价值为人民币142 353.37元。

资料来源：××资产评估事务所。

十六、问题讨论

商标资产评估方法和专利权评估方法分别有哪几种？有何区别？

第五节　商誉评估案例

案例19　割差法评估商誉

一、案例资料

某企业进行股份制改组，根据企业过去经营情况和未来市场形势，预测其未来 5 年的收益额分别是 13 万元、14 万元、11 万元、12 万元和 15 万元，并假定从 6 年开始，以后各年的收益额均为 14 万元。根据银行利率及企业经营风险情况确定的折现率和本金化率均为 10%，并且，采用单项资产评估方法，评估确定该企业各单项资产评估之和（包括有形资产和可确指的无形资产）为 90 万元。试确定该企业商誉评估值。

资料来源：全国注册资产评估师考试用书编写组．资产评估［M］．经济科学出版社，2013

二、问题讨论

1. 商誉评估的特点和方法有哪些？
2. 怎么确定企业整体价值和可辨认的各单项资产价值？

案例 20 超额收益法法评估商誉

一、案例资料

某企业的预期年收益额为 20 万元，该企业的各单项资产的评估价值之和为 80 万元，企业所在行业的平均收益率为 20%，商誉的资产收益率为 0%。要求计算评估企业商誉的价值。

资料来源：全国注册资产评估师考试用书编写组．资产评估［M］．经济科学出版社，2013.

二、问题讨论

1. 计算评估企业商誉的价值。
2. 超额收益法法评估商誉有几种类型？

第五章

长期投资性资产评估

教学目的和要求：通过本章案例学习，能对债券、普通股和优先股等长期投资性资产评估方法有一个深刻、全面的理解并能运用本章理论及案例知识解决实际评估问题。

第一节 概述

长期投资评估是指对长期投资的评估。长期投资是一个含义较为广泛的概念。通常把长期投资分为广义的长期投资和狭义的长期投资两种。广义的长期投资泛指企业投入财力（包括向本企业和企业以外的地方的投资活动），以期获得投资报酬的活动或行为。狭义的长期投资指企业向那些并非直接为本企业使用的资产项目上投入资金，以期获得投资报酬的活动和行为。长期投资是指不准备随时变现、持有时间超过一年以上的投资。

资产评估中的长期投资，是指不准备随时变现，持有时间超过一年的企业对外投资，或者是反映在企业"长期投资"账户上的那部分企业资产。企业的长期投资又可分为股权投资和债权投资。股权投资包括向附属企业、其他企业的投资。它有两种投资形式：一是直接投资形式。是指以现金、有形资产或无形资产等资产形式直接投入到被投资企业，并取得投资证明或股权证明；二是间接投资形式，是指通过证券市场购买其他企业的股票，以达到投资于其他企业的目的。债权投资是指通过购买国库券，各种企业债券或公债等所实现的投资。

一、长期投资评估的特点

长期投资，从投资者的角度来看，不仅是不准备随时变现，持有时间超过一年的对外投资。长期投资的根本目的是为了获取投资收益和投资资本增值。当然为了实现上述目的，长期投资可以采取各种形式，或不同阶段性目的表现出来。例如，通过购买其他企业发行的股票，或者直接投资于其他企业，以实现控制被投资企业的目的。又例如，通过长期投资于另一个企业以达到与该企业建立起长期的合作关系等。不论长期投资采取什么样的形式，以及阶段性目标如何，最终目的是为了获得投资收益，表现为直接的投资收益，或者是投资企业获得更大的发展增加了收益。

（一）长期股权投资评估是对资本的评估

企业的长期投资虽然有不同的目的动机、投资类型、出资方式和存在形式，但总是以其各类资产作为资本金对外投放的，而用于长期投资的资产则发挥着资本的功能。如将企业的闲置资金或专项资金投资于有价证券获取利息收入，所投资金发挥着生息资本的作用，即为取得债权收益的投资实质上是一种借贷资本。以实物资产或股票形式获取受资方的股权或产权，是资本收益性投资，所投资产则成为受资方的法人资本金。从此意义上讲，对长期投资的评估实际上是对资本的评估。

（二）长期股权投资评估是对被投资企业获利能力的评估

长期股权投资的根本目的是为了获取投资收益和实现投资增值。因此，被投资企业的获利能力就成为长期投资评估的决定因素。

长期投资的根本目的是为了获得投资收益，它的价值也主要体现在它的获利能力的大小上。此时，长期投资资产的获利能力与投资企业本身没有直接联系，而主要取决于被投资企业、单位等的获利能力，以及与此相联系的风险。例如，对以债权投资形式存在的长期投资，投资方更多关心的是定期收取规定的利息，以及债权到期时如数收回本金。因而对债权投资评估，主要考虑的是债券发行主体的获利能力和偿债能力。股权投资也是同理。所以，对投资方的获利能力和偿还能力的评估是长期投资评估的又一显著特点。

(三) 长期债权投资评估是对被投资企业偿债能力的评估

由于长期债权投资到期应收回本息，被投资企业偿债能力的大小直接影响着投资企业债权投资到期收回本息的可能性。因此，被投资企业偿债能力就成为长期债投资评估的决定因素。

从某种意义上讲，长期投资评估已经超出了对被评估企业自身的评估。有时需要对被投资企业或单位进行审计、验资和评估。能否，以及怎样对被投资企业或单位进行审计、验资或评估，要受现行有关法律法规、制度等的制约。因此，在有些情况下，长期投资的评估会受到某些限制。充分利用资产评估的"替代原则"，采用切实可行的评估途径和评估方法对长期投资进行合理的估价，是长期投资评估的另一特点。

二、长期投资评估程序

(一) 明确长期投资项目的具体内容

首先，在进行长期投资的评估时，应明确长期投资的种类、原始投资额、评估基准日余额、投资收益计算方法、历史收益额、长期股权投资占被投资企业实收资本的比例以及相关会计核算方法等。

(二) 进行必要的职业判断（审核和鉴定）

在进行长期投资评估时，应审核鉴定长期投资的合法性和合规性，以及长期投资账面金额、各期投资收益计算的正确性和合理性，判断被评估的长期投资余额、投资收益率等参数的准确性。而这些参数的合理性是长期投资评估的基础和基本依据。

(三) 根据长期投资的特点选择合适的评估方法

将长期投资分为可流通交易和不可流通交易两类，对于可以在证券市场上市交易的股票和债券一般应采用市场途径以及现行市价法进行评估，按评估基准日的收盘价确定评估值；对于不可以上市交易的股票和债券一般应先考虑采用收益途径及其相应的方法进行评估，当然也可采用评估人员认为其他可行的评估途径及其方法进行评估。

(四) 测算长期投资价值，得出评估结论

根据影响长期投资价值的各种因素，选择相应的评估方法，通过分析判断得出评估结论。

三、长期债权投资的评估

(一) 上市交易债券的评估

上市交易的债券是指可以在证券市场上交易、自由买卖的债券,对此类债券一般采用市场法(现行市价)进行评估,按照评估基准日的收盘价确定评估值。

债券评估价值 = 债券数量 × 评估基准日债券的市价(收盘价)

(二) 非上市交易债券的评估

1. 到期一次还本付息债券的价值评估

$$P = (F + F \times i \times n) \times (PVIF, k, n)$$

2. 分次付息,到期一次还本债券的评估

$$P = I \times (PVIFA, k, n) + F \times (PVIF, k, n)$$

四、长期股权投资的评估

(一) 上市交易股票的价值评估

上市交易股票是指企业公开发行的、可以在证券市场上市交易的股票。对上市交易股票的价值评估,正常情况下,可以采用现行市价法,即按照评估基准日的收盘价确定被评估股票的价值。

(二) 非上市交易股票的评估

非上市交易的股票,一般应采用收益法评估。

1. 普通股的价值评估

(1) 固定红利型股利政策下股票价值评估。

$$P = R/r$$

式中:P——股票评估值;

　　　R——股票未来收益额;

　　　r——折现率。

(2) 红利增长型股利政策下股票价值评估。

$$P = R/(r - g)$$

式中:P——股票评估值;

　　　R——股票未来收益额;

　　　r——折现率;

　　　g——股利增长率。

股利增长率 g 的计算方法，一是统计分析法，即根据过去股利的实际数据，利用统计学的方法计算出的平均增长率，作为股利增长率；二是趋势分析法，即根据被评估企业的股利分配政策，以企业剩余收益中用于再投资的比率与企业净资产利润率相乘确定股利增长率。

2. 优先股的价值评估

同固定红利型股利政策下普通股股票价值评估。

第二节 长期投资性资产评估案例

案例 21 上市债券评估

一、案例资料

某评估公司受托对某企业的长期债权投资进行评，长期债权投资账面余额为 12 万元（购买债券 1 200 张、面值 100 元/张）、年利率 10%、期限 3 年，已上市交易。在评估前，该债券未计提减值准备。根据市场调查，评估基准日的收盘价为 120 元/张。

资料来源：全国注册资产评估师考试用书编写组．资产评估［M］．北京：经济科学出版社，2013．

二、问题讨论

计算债券评估值。

案例 22 非上市债券评估

一、案例资料

某评估公司受托对 B 企业拥有的 A 公司债券进行评估，被评估债券面值 50 000 元，系 A 公司发行的 3 年期一次还本付息债券，年利率 5%，单利计息，评估基准日距离到期日为两年，当时国库券利率为 4%。经评估人员分析调查，发行企业经营业绩尚好，财务状况稳健。两年后具有还本付息的能力，投资风险较低，取 2% 的风险报酬率，以国库券利率作为无风险报酬率，故折现率取 6%。计算评估值。

假定该债券是每年付一次，自债券到期次还本。其评估值为多少？

资料来源：全国注册资产评估师考试用书编写组．资产评估 [M]．北京：经济科学出版社，2013.

二、问题讨论

计算债券评估值。

案例 23　固定红利型股利政策下股票估值

一、案例资料

假设被评估企业拥有 C 公司的非上市普通股 1 000 股，每股面值 1 元。在持有期间，每年的收益率直保持在 20% 左右。经评估人员了解分析，股票发行企业经营比较稳定，管理人员素质高、管理能力强。在预测该公司以后的收益能力时，按稳健的估计，今后若干年内，其最低的收益率仍然可以保持在 16% 左右。评估人员根据该企业的行业特点及当时宏观经济运行情况，确定无风险报酬率为 4%（国库券利率），风险报酬率为 4%，则确定的折现率为 8%。根据上述资料，计算评估值。

资料来源：全国注册资产评估师考试用书编写组．资产评估 [M]．经济科学出版社，2013.

二、问题讨论

计算非上市普通股的评估值。

案例 24　红利增长型股利政策下股票估值

一、案例资料

某评估公司受托对 D 企业进行资产评估。D 企业拥有某非上市公司的普通股股票 20 万股，每股面值 1 元，在持有股票期间，每年股票收益率在 12% 左右。股票发行企业每年以净利润的 60% 用于发放股利，其余 40% 用于追加投资。根据评估人员对企业经营状况的调查分析,认为该行业具有发展前途,该企业具有较强的发展潜力。经过分析后认为,股票发行企业至少可保持3%的发展速度,净资产收益率将保持在16%的水平,无风险报酬率为4%(国库券利率),风险报酬率为4%,则确定的折现率为8%。计算股票评估值。

资料来源:全国注册资产评估师考试用书编写组.资产评估[M].北京:经济科学出版社,2013.

二、问题讨论

计算评估值。

案例25 分段型股利政策下股票估值

一、案例资料

某资产评估公司受托对E公司的资产进行评估。E公司拥有某一公司非上市交易的普通股股票10万股,每股面值1元。在持有期间,每年股利收益率均在15%左右。评估人员对发行股票公司进行调查分析后认为,前3年可保持15%的收益率;从第4年起,一套大型先进生产线交付使用后,可使收益率提高5个百分点,并将持续下去。评估时国库券利率为4%,假定该股份公司是公用事业企业,其风险报酬率确定为2%,折现率为6%,则该股票评估值。

资料来源:全国注册资产评估师考试用书编写组.资产评估[M].北京:经济科学出版社,2013.

二、问题讨论

计算评估值。

案例26 优先股价值评估

一、案例资料

新华纺织厂拥有长兴染料厂100股累积性、非参加分配优先股,每股面值100元,年股息率为11%。评估时,长兴染料厂的资本构成不尽合理,负债率较高,可能会对优先股股息的分配产生消极影响。因此,评估人员对新华纺织厂拥有的长兴染料的优先股票的风险报酬率定为5%，加上无风险报酬率4%，该优先股的折现率为9%。

资料来源：全国注册资产评估师考试用书编写组．资产评估［M］．北京：经济科学出版社，2013。

二、问题讨论

计算优先股的评估值。

案例27 限售流通股的评估

本项目评估目的是为Z公司确定取得的A上市公司限售流通股公允价值，作为长期股权投资初始投资成本的财务入账依据。

一、案例背景

X、Y、Z公司分别持有B公司6.44%、32.21%和8.06%股权，A上市公司以定向增发方式发行股份购买X、Y、Z公司持有的B公司股权。其中向X公司发行8 467.9278万股、向Y公司发行1 575.7973万股、向Z公司发行394.3162万股。交易完成后，X、Y、Z公司持有A上市公司发行完成后公司总股本的48.82%、7.53%、1.88%的股权。X、Y、Z公司承诺，自A上市公司本次发行结束之日起36个月内，不转让其本次取得的上市公司股份。2010年9月28日，A上市公司发行股份购买资产的过户全部完成。

二、评估基本情况

（一）当事方概况

A上市公司为2003年11月6日在上海证券交易所首发上市，证券类型为A股。Z公司为A上市公司2010年9月定向增发时新增股东，持有A上市公司394.3162万股限售流通股，持股比例为1.88%。

（二）评估对象

评估对象为Z公司持有的A上市公司394.3162万股限售流通股，限售期为3年，自2010年9月28日~2013年9月28日。

（三）评估基准日

由于A上市公司发布的定向增发完成日期为2010年9月28日，因此评估基准日确定为 2010 年 9 月 29 日。

（四）评估思路和方法

本次评估的 394.3162 万股限售流通股，其限制流通期限自 2010 年 9 月 28 日至 2013 年 9 月 28 日。在评估基准日 2010 年 9 月 29 日，该股权尚处于限制流通期，不能自由流通。故我们通过计算 A 上市公司股票市场交易的平均价格，在考虑一定不可流通折扣和大宗交易折扣因素的基础上确定上述资产的评估价值，评估计算过程分为以下两步：

第一步，计算被评估对象前 20 个基准日的平均交易价格；

第二步，计算不可流通折扣率和大宗交易折扣率。

1. 股票市场交易的平均价格

本次评估的基准日为 2010 年 9 月 29 日，基准日往前倒推 20 个交易日的日期为 2010 年 8 月 27 日。湖北××信息材料股份有限公司基准日前 20 个交易日的平均价格按照 2010 年 8 月 27 日~9 月 29 日成交均价的平均值确定。根据湖北××信息材料股份有限公司挂牌交易的上海证交所公开交易信息，该交易均价的算术平均值为 26.171 元/股。计算过程如表 5-1 所示。

表 5-1　　　　　　　　　　　　计算过程

交易日	成交额（万元）	成交量（手）	日交易均价（元/股）
2010 - 9 - 28	8 965.23	31 769.00	28.220
2010 - 9 - 27	7 955.18	29 162.00	27.279
2010 - 9 - 21	3 812.70	14 776.00	25.803
2010 - 9 - 20	4 436.81	16 408.00	27.041
2010 - 9 - 17	4 961.97	18 435.00	26.916
2010 - 9 - 16	9 046.75	34 417.00	26.286
2010 - 9 - 15	7 686.52	27 518.00	27.933
2010 - 9 - 14	9 663.37	34 382.00	28.106
2010 - 9 - 13	7 876.03	28 954.00	27.202
2010 - 9 - 10	8 353.42	31 254.00	26.728
2010 - 9 - 9	6 149.84	23 352.00	26.335
2010 - 9 - 8	5 747.63	21 807.00	26.357

续表

交易日	成交额（万元）	成交量（手）	日交易均价（元/股）
2010－9－7	10 098.30	38 582.00	26.174
2010－9－6	9 051.07	35 622.00	25.409
2010－9－3	17 595.55	67 912.00	25.909
2010－9－2	11 352.74	44 913.00	25.277
2010－9－1	9 223.04	37 064.00	24.884
2010－8－31	10 423.69	42 010.00	24.812
2010－8－30	14 183.74	58 659.00	24.180
2010－8－27	5 417.15	24 009.00	22.563
算术平均值			26.171

2. 不可流通性折扣的估算

股权的自由流通性是对其价值有重要影响的。2006 年以来，在中国证监会的推动下，中国 A 股上市公司开展了大范围的股权分置改革。股权分置改革的核心内容是上市公司中的法人股或称非流通股股东，通过支付流通股股东对价的方式换取自己非流通股股票在一个限制期限后自由流通的权力，截至 2008 年底绝大多数上市公司都先后进行了股权分置改革，这些完成股权分置改革的上市公司的非流通股在支付对价后分别获得在 2～3 年的限制期后可以上市流通的权力。因此，在股权限制期内存在大量的上市公司的限制流通的股权。本次评估中，××工投持有"××"公司的股份即属于该种性质，其限制流通期限自 2010 年 9 月 28 日～2013 年 9 月 28 日，截至评估基准日，该股权尚处于限制流通期，不能自由流通。评估时须考虑流通权利对于股权价值的影响。

本次评估的限制流通股与流通股相比具有相同的权益，所不同的仅为流通性不同，流通股具有现实流通性，该限制流通股在流通性方面具有限制，因此我们可以通过基准日流通股交易均价经过适当折扣率 ξ1 来估算限制流通的股票价格；另外，由于证监会的规定，股票比例超过全部流通股比例超过 1% 比例的股票交易需要到大宗交易市场上交易，该宗股票属于大宗股票，因此我们还需要考虑大宗交易市场与一般市场的交易价格差异形成的折扣率。

（1）限制缺少流通折扣率。

该宗法人股股票为限制流通股，解除限制流通的日期为2013年9月28日。

从评估基准日起，对于限制流通日期为2013年9月28日的该宗股票存在大约156周的限制期，因此其价值不能直接采用评估基准日流通股交易均价作为评估价值，必须要考虑一个限制流通的缺少流通性折扣率ξ_1。

现实可流通股票与存在一定期限限制流通股票相比，两者之间差异仅为一个可流通的时间限制，该限制导致限制流通股不能马上变现，如果股票交易价格在这个限制期间内下跌，则限制流通的股票就会损失，但是如果限制流通股股东在持有限制流通股股票的同时还拥有一个与限制期限长度相同的股票卖出期权或看跌期权（Put Option）并且限制期期满后执行价格X的现值与基准日股票交易均价一致，则如果在限制期内股票看跌，则限制流通股股东在限制期满后仍然可以以基准日价格现值相当的价格卖出股票，因此我们可以认为持有限制流通股票加一个期权的整体效果与持有现实流通的股票的价值是相当的，也可以理解为限制流通股与现实流通股相比的差异就是一个"卖出期权"。

通过上述分析，我们可以通过估算一个时间长度与股权限制期相同，并且期满后执行价格的现值与基准日流通股交易均价相同的卖出期权的价值，来估算由限制可流通到一定期限限制流通股权之间的价值差异以及缺少流通折扣率ξ_1。

采用Black-Scholes期权定价模型计算上述卖出期权的价值。

$$P = PV(X) \times e^{-rT} \times N(-d_2) - S \times e^{-qT} \times N(-d_1)$$

式中：P——卖出期权价值；

X——为期权执行价，也就是限制期满后的可以卖出的价格；

PV（ ）——现值函数，FV（X）即为执行价的截至评估基准日的现值；

S——现实股权价格，即基准日前20个交易日流通股交易均价；

r——连续复利计算的无风险收益率（采用周复利收益率）；

q——连续复利计算的股票股息率（采用周复利收益率）；

T——期权限制时间（采用按周计算）；

N（ ）——标准正态密度函数；

d_1、d_2——Black-Scholes模型的两个参数。

其中：

$$d_1 = \frac{\ln\left(\frac{S}{PV(X)}\right) + \left(r + \frac{\sigma^2}{2}\right) \times T}{6 \times \sqrt{T}}$$

$$d_2 = d_1 - \sigma \times \sqrt{T}$$

式中：X——为期权执行价；

S——现实股权交易均价；

R——连续复利计算的无风险收益率（采用周复利收益率）；

T——期权限制时间（采用按周计算）；

σ——股票对数波动率（采用按周计算）。

以本次解除限制流通的日期为2013年9月28日的股份为例，对于限制流通股缺少流通性折扣率ε1的估算过程如下：

第一，YI期权执行价格X的确定。

期权执行价格是指限制期满后股票期望实现的交易价格。按我们的要求，我们设定该执行价格为评估基准日"××"公司股票在基准日前20个交易日的交易均价，即26.171元/股，但为流通股在截至基准日的价值，对于在限制期满日，也就是156周后的实际交易价格应该为：

$$26.171 \times (1+r)^{T/52} = 28.111 \text{（元/股）}$$

上市中的r为连续计算的无风险收益率，T = 156（周）。

第二，股权价格S的确定。

现实股权价格S取评估基准日前20个交易日流通股交易均价26.171元/股。

第三，连续复利计算的无风险收益率r。

由于限制期为156周，为三年。为了使无风险收益率在期限上与限制期相匹配，我们取基准日到到期日高于三年但又不超过四年的国债的到期收益率2.41%。由于我们采用的时间间隔为周，因此需要将年收益率换算为周收益率为：r = 0.046%

第四，复利计算的股息率q。

所谓股息率是指湖北××信息材料股份有限公司的股票在限制期内可能的分红派息率。我们根据湖北××信息材料股份有限公司前5年的分红派息情况预测未来限制期可能的分红派息情况，前5年平均年派息率为0.18%，这是年度派息率，换算为连续计算的周派息率为：q = 0.003%

这里需要说明的是我们在估算派息率是仅需要考虑现金分红，不需要考虑红股、送转股的分配形式，这主要是由于现金分红是有现金流出企业，因此企业整体资产产生变化，对于红股、送转股的分配形式没有现金流出企业，企业整体资产没有改变。

第五，期权限制时间 T。

因为该股票的限售期为 3 年，限售日期自 2010 年 9 月 28 日 ~ 2013 年 9 月 28 日，评估基准日为 2010 年 9 月 29 日，因此我们估算解除限制日距评估基准日大约相距 156 周，取值 T = 156（周）。

第六，对数波动率 σ。

所谓股票波动率 σ 实际是预测贵"××"公司在未来 156 周限制期内的平均周波动率。因此采取预测方式是通过估算该公司在基准日前 156 周股票的平均对数波动率来预测未来的波动率。

$$\sigma = STD\left[LN\left(\frac{Q_t}{Q_{t-1}}\right)\right]$$

式中：STD——代表标准均方差；

　　　　LN——自然对数；

　　　　Q_t——期末股票交易均价（t = 1, 2, …, 156）。

由于单一股票波动率存在较大的不确定性，因此为了规避单一股票的波动风险，采用行业平均波动率作为"××"公司未来股票波动的预测。

选取包括"××"公司在内的类似行业 49 家上市公司，分析估算了该 49 家上市公司基准日前 156 周的股票对数波动率，并以其平均值作为预测的股票对数波动率 σ。

确定上述参数，代入 black – Scholes 期权定价模型公式，即可计算上述卖出期权（Put Option）为 13.997 元/股，是评估基准日流通均价 26.171 元/股的 53.48%，因此确定一个 156 周限制流通的一个缺少流通性折扣率 ξ1 为 53.48%。

（2）大宗交易折扣率 ξ2。

由于本次评估的股票占全部股票的比例超过 1% 的限制，按照证中国证券监督管理委员会公告〔2008〕15 号《上市公司解除限售存量股份转让指导意见》的规定，该股票交易必须采用大宗交易的方式在证交所大宗交易系统上交易。由于大宗交易的市场参与者与一般交易所的参与者相比市场参与者数量明显减少，因此市场竞争情况减弱，因此对交易价格也会产生减值影响，这种减值影响国际上称为"大宗交易折扣"（Block Size Discount）。

由于被评估股票为大宗交易股票，因此需要估算其大宗交易折扣率 ξ_2。为了估算大宗折扣 ξ_2，收集了发生在 2010 年 9 月 29 日前一年的大宗股票交易的交易案例，上述大宗交易案例的成交价格是当日流通股交易均价的比例数据如表 5 - 2 所示。

表 5 - 2　　　　　　　　大宗交易价格与流通股交易均价比例数据

项目	大宗交易价格/流通股交易均价(%)
最大值	111.88
最小值	81.82
中间值	94.26
平均值	94.12

取平均值 94.12% 为基础计算分析大宗交易与一般流通股交易均价之间的差异，得到大宗交易折扣率 $\xi_2 = (1 - 94.12\%) = 5.88\%$。

3. 评估结论

该限制流通股的价值以评估基准日前 20 个交易日流通股交易均价为基础，通过 156 周限制流通的缺少流通性折扣率 ξ_1 和大宗交易折扣率 ξ_2 的两次折扣，即：

3 943 162 × 26.171 × (1 - 53.48%) × (1 - 5.88%) = 4 518.03 万元。

三、案例特点

本案例的评估对象是一个目前处于流通限制期的上市公司流通股，评估界目前对此种法人股的评估一般多采用两种途径：其一是按其是完全不可流通的股票，以每股净资产的价值来估算；其二是按流通股的流通价格来估算其价值。上述两种途径实际上都不能完全反映限制流通股的真实价值。因为上述两种途径不是减少了其"流通性"就是增加了其"流通性"，因此都不能合理地反映其价值。采用期权定价的方式评估则可以弥补上述两种评估途径的缺陷，在目前情况下不失为一种合理的可以借鉴的评估方式。

在本案例中采用估算一个卖出期权（Put Option）或者说是一个看跌期权来估算限制流通股权的缺少流通性折扣是一个将期权定价模型用于评估实务中的一个典型应用，在这个应用中以下几处可供借鉴：

（1）确定期权执行价时采用了终值的概念，也就是股权现价到限制期满时的终值，考虑的资金的时间价值。

（2）考虑的股权公司在限制期内可能的现金分红股息率。对于一般的上市公司在限制期可能存在分红、派息，因此考虑分红、派息的期权定价模型估算期权可能更接近实际。

（3）估算股票对数波动率时没有单独采用该公司的股票波动的历史数据，而是采用该公司所在行业的多个股票历史波动数据，这种处理方式剔除了由于单个股票非正常波动所可能产生的不确定因素，增加了估算股票波动率的预测可靠性。

（4）估算股权公司的分红派息率时将每年的股息换算为连续计算的周派息率，也就是将股权公司的年股息率理解成为按周在一年内连续产生，这种处理方式是期权定价理论所要求的。

本案例在采用期权定价方式估算限制流通股票的缺少流通折扣的同时，还考虑了"大宗交易"的折扣率。根据证监会的规定超过全部流通股比例1%以上的所谓"大非"股票，在限制期期满后只能到大宗交易市场上交易、转让。一般而言，大宗交易市场由于交易的活跃程度不如"大盘"市场，因此可能会出现一定程度的销售折扣，因此考虑所谓大宗交易折扣率的做法可以为以后的评估提供可以借鉴的地方。

（资料来源：余炳文，杨飞虎，胡梅根．企业价值评估案例［M］．北京：经济管理出版社．2016）

四、问题讨论

1. 长期投资性资产评估需考虑哪些因素？
2. 讨论期权定价理论应用到资产评估中应注意的问题。

第六章 流动资产评估

教学目的和要求：通过本章案例学习，能对存货、应收款项及其他流动资产评估的市场和成本法有一个深刻、全面的理解；并且能运用本章理论及案例知识解决实际评估问题。

第一节 概述

流动资产是指企业在1年内或者超过1年的一个营业周期内变现或者耗用的资产，包括库存现金、各种银行存款以及其他货币资金、短期投资、应收及预付款项、存货以及其他流动资产等。流动资产评估包括实物类流动资产评估、货币性资产、应收账项流动资产评估及其他流动资产的评估；还包括短期投资、实物资产。实物资产包括原材料、低值易耗品、在产品、产成品。

一、流动资产评估的特点

（1）流动资产评估是单项评估。

（2）必须选准评估的基准时间。

合理确定流动资产评估的基准时间对流动资产评估具有非常重要的意义，由于流动资产流动性好，几种估价标准的差异较小，资产的账面价值基本反映了流动资产的现值。流动资产量大、类繁，清查工作量极大，流动资产评估受企业牵制大，对企业会计资料信赖度高，流动资产的账面价值基本上可以反映其现值。

(3) 既要认真进行资产清查，同时又要分清主次，掌握重点。

(4) 流动资产的价值一次性全部转移，不考虑折旧因素。

二、流动资产评估的程序

(1) 确定评估对象和评估范围。

第一，鉴定流动资产的资产属性。

第二，查核待评估流动资产的产权。

第三，对被评估流动资产进行抽查核实。

(2) 对具有实物形态和流动资产进行质量和技术状况调查。

(3) 对企业的债权情况进行分析。

(4) 合理选择评估方法。

(5) 评定估算流动资产，出具评估结论。

三、流动资产评估的基本方法

(一) 历史成本法（账面净值法）

指根据会计记录的流动资产账面对价值为资产评估的重要依据。流动资产评估价值＝流动资产账面价值－减值因素

适用范围：货币资金；材料；包装物；低值易耗品。

(二) 重置成本法

是从购买者角度出发，按现时条件重新购买被评估资产所需的费用来确认资产价值的一种方法。评估价值＝完全重置成本－减值因素

适用范围：价格变动较大，处于各种形态的流动资产评估。

四、材料的评估

原材料属于劳动对象，是对继续加工的客体。原材料的评估原则上讲应该适用持续使用假设，特殊情况下也适用公开市场假设。

(一) 材料价值评估的内容与步骤

(1) 进行实物盘点，使其账实相符。

(2) 根据不同评估目的和待估资产的特点，选择相应的评估方法在评估方法的选择上，更多的是采用成本法或市场法。

(3) 运用存货管理的 ABC 分析法，突出重点。

（二）库存材料的评估

（1）近期购进库存材料的评估。近期购进的材料库存时间较短，在市场价格变化不大的情况下，其账面值与现行市价基本接近。评估时，可采用成本法，也可以采用市场法。对于购进原材料时发生的运杂费，如果是从本地购进的，因运杂费数额较小，则不作为原材料成本，评估时不考虑，直接做期间费用。从外地购进的因运杂费数额较大，则计入被评估材料的评估值。

（2）购进批次间隔时间长、价格变化较大的库存材料的评估对这类材料评估时，可以采用最接近市场价格的材料价格或直接以市场价格作为其评估值。

（3）缺乏准确现行市价库存材料的评估。企业库存的某些材料可能购进的时间早，市场已经脱销，目前无明确的市价可资参考或使用。对这类材料的评估，可以通过寻找替代品的价格变动资料来修正材料价格；也可以在分析市场供需的基础上，确定该项材料的供需关系，并以此修正材料价格；还可以通过市场同类商品的平均物价指数进行评估。

（4）呆滞材料价值的评估。一般用市场可接受的变现价。

五、低值易耗品的评估

低值易耗品可以分为在库低值易耗品和在用低值易耗品两种类别。

在库低值易耗品的评估，可能根据具体情况，采用与库存材料评估相同的方法。

在用低值易耗品的评估，可以采用成本法进行评估。计算公式为：

在用低值易耗品评估值 = 全新低值易耗品的成本价值 × 成新率

对低值易耗品评估在确定成新率时应该根据其实际损耗程度确定，不能完全按照其摊销方法确定。

六、在产品的评估

在产品包括生产过程中尚未加工完毕的在制品，已加工完毕但是不能单独对外销售的半成品（可直接对外销售的半成品视同产品评估），在产品评估较原材料有点复杂，因为在产品已经经过企业加工，其成本结构已经发生变化，原材料没有企业劳动的投入，但是在产品有企业劳动的投入，其成本已经有直接人工工资、直接材料、和制造费用三部分。

在产品的评估可以采用成本法,也可以采用市场法。

(一)成本法在产品的评估中的应用

1. 根据价格变动系数调整原成本

具体评估方法和步骤是:

(1)对被评估在产品进行技术鉴定,将其中不合格在产品的成本从总成本中剔除。

(2)分析原成本构成,将其不合理的费用从总成本中剔除。

(3)分析原成本构成中材料成本从其生产准备开始到评估基准日止市场价格变动情况,并测算出价格变动系数。

(4)分析原成本中的工资、燃料、动力费用以及制造费用从开始生产到评估基准日有无大的变动,是否需要进行调整,如需调整,测算出调整系数。

(5)根据技术鉴定、原始成本构成的分析及价值变系数的测算,调整成本,确定评估值,必需时,从变现的角度修正评估值。评估价值计算的基本公式如下:

某项或某类在产品的评估价值 = 原合理材料成本 × (1 + 价格变动系数) + 原合理工资、费用 × (1 + 合理工资、费用变动系数)

2. 按社会平均消耗定额和现行市价计算评估值

某在产品评估值 = 在产品实有数量 × (该工序单件材料工艺定额 × 单位材料现行市价 + 该工序单件工时定额 × 正常工资费用)

3. 按在产品的完工程度计算评估值

在产品评估值 = 产成品重置成本 × 在产品约当量

在产品约当量 = 在产品数量 × 在产品完工率

(二)市场法在产品的评估中的应用

某在产品评估值 = 该种在产品实有数量 × 市场可接受的不含税的单价 - 预计销售过程中发生的费用。

某报废在产品评估值 = 可回收废料的重量 × 单位重量现行的回收价格

七、产成品及库存商品的评估

产成品可以使用成本法也可以使用市场法。

(一) 成本法在产成品及库存商品的评估中的应用

1. 评估基准日与产成品完工时间接近

计算公式为：产成品评估值 = 产成品数量 × 产成品单位成本

2. 评估基准日与产成品完工时间间隔较长

方法一：产成品评估值 = 产成品实有数量 ×（合理材料工艺定额 × 材料单位现行价格 + 合理工时定额 × 单位小时合理工时工资、费用）

方法二：产成品评值 = 产成品实际成本 ×（材料成本比例 × 材料综合调整系数 + 工资、费用成本比例 × 工资、费用综合调整系数）

(二) 市场法在产成品及库存商品的评估中的应用

采用市场法评估产成品时，现行市价中包含了成本、税金和利润的因素，如何处理待实现的利润和税金，是一个不可忽视的问题。对这一问题应做具体分析，应视产成品评估的特定目的和评估的性质而定。

八、货币性资产的评估

(一) 现金和各项银行存款的评估

对现金和各项银行存款的评估，实际上是对现金的盘点，并与现金日记账和现金总账核对，实现账实相符；对各项银行存款的清查确认，核实各项银行存款的实有数额；以核实后的实有额作为评估值，如有外币存款，应按评估基准日的汇率折算成等值人民币。

(二) 应收账款及预付账款的评估

应收账款评估价值 = 应收账款账面余额 – 已确定的坏账损失 – 预计可能发生的坏账损失

具体进行应收账款的评估时，其基本程序如下：

第一，确定应收账款账面价值

第二，确认已发生的坏账损失

第三，确定可能发生的坏账损失

第一类：业务往来较多，债务人结算信用好。

第二类：业务往来少，债务人结算信用一般。

第三类：偶然发生业务往来，债务人信用状况未能调查清楚。

第四类：有业务往来，但债务人信用状况较差，有长期拖欠贷款的记录。

对预计坏损失的估计方法主要有如下几种：

(1) 坏账比例法。按照评估前若干年（一般为 3～5 年）的实际坏账损失额与其应收账款发生额的比例确定。

(2) 账龄分析法。账龄越长，坏账率越高。

坏账损失计算分析如表 6-1 所示。

表 6-1   坏账损失计算分析

账龄	应收金额(元)	预计坏账损失率(%)	坏账金额(元)
未到期	304 000	1	3 040
已过期:半年	143 000	10	14 300
1 年	202 400	15	30 360
2 年	107 000	25	26 750
3 年以上	101 600	43	43 688
合计	858 000	—	118 138

(三) 应收票据的评估

应收票据是票据化的债权，以商业票据为载体债权，作为载体的票据可以转让背书。

1. 按票据的本利和计算

应收票据评估值 = 本金 × (1 + 利息率 × 时间)

2. 按应收票据的贴现值计算

例如一张票据，这张票据是面值 100 万元的无息票据，期限是 6 个月，评估基准日时已经过了 4 个月了，离到期还有 2 个月，就是说这个面值 100 万元的票据，2 个月以后才可以兑付。现在要拿着票据到银行贴现变成现金，银行要扣掉从贴现日到票据到期日这段时间的利息，这个利息就叫作贴现息。

应收票据评估值 = 票据到期价值 - 贴现息

贴现息 = 票据到期价值 × 贴现率 × 贴现期

第二节 流动资产评估案例

案例 28 存货评估

一、案例资料

甲企业中 A 材料系两个月前从外地购进，材料明细账的记载为：数量 5 000 千克，单价 400 元/千克，运杂费为 600 元。根据材料消耗的原始记录和清查盘点，评估时库存尚有 1 500 千克。根据上述资料，可以确定该材料的评估值如下：

材料评估值 = 1 500 ×（400 + 600/5 000）= 600 180（元）

乙企业要求对其库存的 B 材料进行价值评估。该材料分两批购进，第一批购进时间为上年 10 月，购进 1 000 吨，单价 3 800 元/吨；第二批购进时间为本年 4 月，数量 100 吨，单价 4 500 元/吨。本年 5 月 1 日进行价值评估，经核实，去年购进的该材料尚存 500 吨，本年 4 月购的尚未使用。因此，需评估 B 材料的数量是 600 吨，可直接采用市场价格 4 500 元计算评估值：

B 材料的评估值 = 600 × 4 500 = 2 700 000（元）

丙企业 C 低值易耗品，原价 750 元，预计使用 1 年，现已使用 9 个月。该低值易耗品现行市价为 1 200 元，由此确定其评估值为：

在用低值易耗品评估值 = 1 200 ×（1 - 9/12）= 300（元）

丁企业因产品技术落后而全面停产，现准备与 M 公司合并，有关在产品的资料如下：

在产品原账面记录的成本为 175 万元。按其状态及通用性分为三类：

第一类：已从仓库中领出，但尚未进行加工的原料。

第二类：已加工成部件，可通过市场销售且流动性较好的在产品。

第三类：加工成的部件无法销售，又不能继续加工，只能报废处理的在产品。

对于第一类，可按实有数量、技术鉴定情况、现行市场价格计算评估值；第二类在产品可根据市场可接受的现行价格、调剂过程中的费用、调剂的风险确定评估值；第三类在产品只能按废料的回收价格计算评估值。

根据评估资料可以确定评估结果，如表 6 - 2、表 6 - 3、表 6 - 4 所示。

表6-2　　　　　　　　　　　　原材料评估价格　　　　　　　　　　　　单位：元

材料名称	编号	计量单位	实有数量	现行单位市价	按市价计算的资产价值
黑色金属	A001	千克	150	1 600	240 000
有色金属	A002	千克	3 000	18	54 000
有色金属	A003	千克	7 000	12	84 000
合计					378 000

表6-3　　　　　　　　　　　　在产品评估价格　　　　　　　　　　　　单位：元

部件名称	编号	计量单位	实有数量	现行单位市价	按市价计算的资产价值
A	B001	件	1 800	54	97 200
B	B002	件	600	100	60 000
C	B003	台	100	250	25 000
D	B004	台	130	165	21 450
合计					203 650

表6-4　　　　　　　　　　　　报废产品评估价格　　　　　　　　　　　　单位：元

在产品名称	计量单位	实有数量	可回收废料（千克/件）	可回收废料数量（千克）	回收价格（元/千克）	评估值
D001	件	5 000	35	175 000	0.4	70 000
D002	件	6 000	10	60 000	0.4	24 000
D003	件	4 500	2	9 000	6.0	54 000
D004	件	3 000	11	33 000	5.0	165 000
合计						313 000

资料来源：杨志明. 资产评估实务与案例分析 [M]. 中国财政经济出版社，2015.

二、问题讨论

存货评估方法有哪些？适用范围分别是什么？

案例29　应收票据的评估

一、案例资料

某企业拥有一张期限为6个月的商业汇票,本金75万元,月息为10‰,截至评估基准日离付款期尚差3.5个月的时间,由此确定评估值为:

应收票据的评估值 = 750 000 × (1 + 10‰ × 2.5) = 768 750(元)

某企业向甲企业售出一批材料,价款500万元,商定6个月收款,采取商业汇票结算。该企业于4月10日开出汇票,并经甲企业承兑。汇票到期日为10月10日。现对该企业进行评估,基准日为6月10日。由此确定贴现日期为120天,贴现率按月息6‰计算。

则:贴现息 = (500 × 6‰ ÷ 30) × 120 = 12(万元)

应收票据评估值 = 500 - 12 = 488(万元)

二、问题讨论

商业汇票的种类有哪些?怎样评估?

案例30　流动资产综合评估

一、流动资产概况

××工程机械有限公司是工程机械制造企业之一,年销售收入5 458万元,年净利润653万元。在评估基准日2015年9月30日,该企业流动资产共计68 367 328.16元,具体构成如下:货币资金1 232 275.65元;交易性金融资产307 000.00元;预付账款923 157.46元;应收账款45 059 915.28元;其他应收款3 253 758.59元;存货16 915 925.93元;预付费用675 295.25元。

二、评估目的

略

三、评估基准日

评估基准日为2015年9月30日。

四、流动资产评估程序和方法

(一) 货币资金的评估程序和方法

企业提供的货币资金账面金额为 1 232 275.60 元。其中现金 182 666.00 元，银行存款 1 049 609.60 元。

1. 现金的评估程序和方法

评估人员于 2015 年 10 月 15 日对现金进行了现场盘点，并以盘点日实盘数加上盘点日至评估基准日的支出数减去盘点日至评估基准日的收入数，倒推评估基准日的实盘数，与评估基准日账面相符后，确认账面值为评估值。具体过程如表 6-5 所示。

表 6-5　　　　　　　　　　库存现金盘点表　　　　　　　　　　单位：元

清点现金			核对金额	
货币金额	张数	金额	项目	金额
100 元	231	23 100.0	现金账面余额	59 184.50
50 元	15	750.00	加：收入凭证未记账	55 000.00
20 元	42	840.00	减：付出凭证未记账	84 529.90
10 元	178	1 780.00	调整后现金余额	29 654.60
5 元	151	755.00	实盘现金	29 654.60
2 元	499	998.00	长款	
1 元	11	11.00	短款	
5 角	2 717	1 358.50	评估基准日	2015 年 9 月 30 日
2 角	50	10.00	现金盘点日	2015 年 10 月 15 日
1 角	521	52.10		
分币				
合计		29 654.60		

被评估单位名称：××工程机械有限公司

评估基准日：2015 年 9 月 30 日

评估人员：孙某

清查日期：2015 年 10 月 15 日

评估方法：实地盘点

审核人员：赵某

审核日期：2015年10月20日

库存现金评估值如表6-6所示。

表6-6　　　　　　　　　　　库存现金评估值　　　　　　　　　　　单位：元

项目	金额	备注
清查日调整后现金余额	29 654.60	
加：评估基准日至清查日支出	632 438.70	
减：评估基准日至清查日收入	479 427.30	评估基准日外汇汇率：人民币兑美元6.7321
评估基准日账面余额	182 666.00	
调整事项：无		
评估基准日清查调整数		
评估基准日评估值	182 666.00	

2. 银行存款的评估程序和方法

银行存款账面余额1 049 609.60元，包括在工行、中行、建行等银行开设账户的余额。银行存款的评估，首先将银行存款日记账与银行存款总账进行核对，其金额相符，并取得银行对账单和银行存款余额调节表，经调节后相符，未发现金额大、时间长的未达账项，对在评估基准日余额较大的银行存款账户，向其开户银行进行了函证，经函证后无误，最后以核实无误的账面存款的评估值为1 049 609.60元。

3. 交易性金融资产的评估程序和方法

该公司的交易性金融资产均为购买的上市股票，故评估值可按评估基准日股票的收盘价确定，经计算该公司交易性金融资产的评估值为341 300.00元。

（二）预付账款的评估程序和方法

预付账款账面金额923 157.46元，是预付的材料和设备款。评估时，首先将评估基准日的明细账余额、总账余额及报表数进行了核对，其金额相符；其次对预付账款中金额大、账龄长的进行了函证。对各个明细项目的发生原因、时间进行了分析，对其可收回程度进行了判断，从而确定有2笔85 950.50元因供货单位停业，无法追回材料或货款，认定为坏账，预付账款的评估值为 837 206.96 元。

（三）应收账款的评估程序和方法

××工程机械有限公司在评估基准日有应收账款 45 059 915.28 元，共 508 笔，经与财务处管理人员和收账组成员座谈了解，其中有许多应收账款不能收回，又难以确定哪笔应收账款不能收回，决定采用账龄分析法确定坏账损失，结合该公司应收账款的回收情况和债务人的经营状况，确定以下计算坏账损失的政策：账龄在 2 年以内（不含 2 年），不确认坏账损失；账龄在 2~3 年（不含 3 年），预计坏账率定为 10%；账龄在 3~4 年（不含 4 年），预计坏账率定为 15%；账龄在 4~5 年（不含 5 年），预计坏账率定为 20%；账龄在 5 年以上（含 5 年），预计坏账率定为 50%。对千元以下的小金额，如果属于客户往来结算的尾数，不再发生业务往来，且账龄较长，该应收账款的评估值按零值处理。应收账款评估的具体计算过程如表 6-7 所示，应收账款的评估值为 40 672 677.90 元。

表 6-7　　　　　　　　　　　应收账款评估值

拖欠时间	应收金额（元）	预计坏账率（%）	坏账金额（元）	评估值（元）
2 年以内	23 078 643.46	0	0.00	23 078 643.46
2~3 年	9 798 562.38	10	979 856.24	8 818 706.14
3~4 年	5 099 188.39	15	764 878.26	4 334 310.13
4~5 年	2 997 525.47	20	599 505.09	2 398 020.38
5 年及以上	4 085 995.58	50	2 042 997.79	2 042 997.79
合计	45 059 915.28		4 387 237.38	40 672 677.90

（四）其他应收款的评估程序和方法

其他应收款账面金额为 3 253 758.59 元，包括和其他单位往来款和备用金，其中和其他单位往来款共 2 403 404.09 元，备用金 850 354.50 元。评估时，先将评估基准日的其他应收款明细账的余额、总账的余额与报表数进行了核对，其金额相符。然后对其他应收款中账龄长、金额大的进行函证。对其他应收款的发生时间、原因进行分析，对其可收回程度进行了判断，从而确定有 5 笔其他应收款 189 687.00 元系职工所借住院费，因职工死亡，该借款无法收回，故确认为坏账，其他应收款的评估值为 3 065 071.59 元。

(五) 存货的评估程序和方法

××工程机械有限公司在评估基准日有存货25 605 156.38元，其中原材料8 689 230.45元，产成品16 915 925.93元。

1. 原材料的评估程序和方法

该公司的原材料品种繁多，有钢材、铜材、各种半成品和零部件如柴油机、轮胎等。经评估人员现场盘点和查看，原材料保存情况良好，账实相符，并且由于该公司销售形势较好，材料储存时间较短，周转较快，材料的账面成本基本上反映市场价格，因而评估值按账面成本确定，材料的评估值为8 689 230.45元。

2. 产成品的评估程序和方法

××工程机械有限公司的产成品有挖掘机、装载机、铲运机、松土机等，在评估基准日产成品的构成及数量如表6-8所示。

表6-8　　　　　　　　　　　产成品明细

产成品名称	数量(台)	成本(元)	单价(元)
推土 MLTY220	20	8 577 764.31	549 427.00
推土机 I S220	1	447 195.65	552 991.45
装载机 ZL50A	6	1 282 200.00	235 043.00
装载机 ZL50C	12	2 852 088.98	266 524.00
挖掘机 PYI85	2	700 432.76	485 470.00
挖掘机 PY160	9	2 555 519.53	348 908.00
松土机 TY220	7	284 995.76	49 573.00
松土机 TYS220	5	215 728.94	54 700.00
合计		16 915 925.93	

经调查，该公司上述产品销路均较好，根据2015年1~9月份的产品销售资料测算，该公司产品销售费用和其他费用占营业收入的2.5%，营业税金及附加占营业收入的比例为1.5%，所得税税率为25%，则产成品（以推土机TY220为例）的评估值计算过程如下：

单台推土机TY220的利润 = 单位产品售价 - 单位产品生产成本 - 单位产品税金及附加 - 单位产品销售费用 = 549 427.00 - 428 888.22 - 8 241.41 - 13 735.68 =

98 561.69（元）

推土机 TY220 的评估值 = 库存数量 ×（单位产品售价 - 单位产品生产成本 - 单位产品税金及附加 - 单位产品销售费用 - 所得税）

= 20 ×（549 427.00 - 428 888.22 - 8 241.41 - 13 735.68 - 24 640.43）= 1 478 429.60（元）

其他产成品的评估方法与推土 MLTY220 相同。

（六）预付费用的评估程序和方法

××工程机械有限公司在评估基准日的预付费用共 675 295.25 元，其中财产保险费 217 281.25 元，设备修理费用 458 014.00 元。

经核实，该公司在 2014 年 12 月预付 2015 年全年财产保险费 869 125 元，在评估基准日已摊销 9 个月，评估值计算如下：

869 125/12 × 3 = 217 281.25（元）

设备修理费的价值已在固定资产评估值中考虑，该项预付费用的评估值为零。预付费用的评估值为 217 281.25 元。

流动资产评估结果，如表 6-9 所示。

表 6-9   流动资产清查评估汇总

科目名称	账面价值（元）	调整后账面价值（元）	评估价值（元）	增值额（元）	增值率（%）
货币资金	1 232 275.60	1 232 275.60	1 232 275.60	0.00	0.00
交易性金融资产	307 000.00	307 000.00	341 300.00	34 300.00	11.17
应收账款	45 059 915.28	45 059 915.28	40 672 667.90	-4 387 247.38	-9.74
预付账款	923 157.46	923 157.46	837 206.96	-85 950.50	-9.31
其他应收款	3 253 758.59	3 253 758.59	3 064 071.59	-189 687.00	-5.83
存货	16 915 925.93	16 915 925.93	19 013 365.28	2 097 439.35	12.40
预付费用	675 295.25	675 295.25	217 281.25	-458 014.00	-67.82
流动资产合计	68 367 328.11	68 367 328.11	65 378 168.58	-2 989 159.47	-4.37

评估基准日：2015 年 9 月 30 日

资产占有单位：××工程机械有限公司

五、案例评价

在流动资产评估中,要注意以下两条原则:其一,以实际存在为原则。流动资产流动性非常强,在评估过程中一定要进行盘点与函证以确定流动资产是否存在。流动资产评估中,要以评估基准日实际拥有的、客观存在的流动资产为评估依据,而不能完全以委托方提供的账表所列示的流动资产或审计后的流动资产账表为依据,对账表不符、账实不符部分要进行处理。其二,以变现的可能性为原则。流动资产变现的可能性影响到被评估单位的资产质量和财务状况,流动资产实现价值的可能性有多大、市场法对流动资产进行评估,都要考虑市场变现问题,包括变现价格、变现风险和变现费用。

货币资金评估时,应注意对现金进行盘点,对银行存款则应将被评估单位的银行存款日记账与银行对账单相核对,编制银行存款余额调节表,必要时向其开户银行函证银行存款的余额。

对债权进行评估时,应了解债权的经济内容、发生时间,对金额较大、账龄较长的债权进行函证,对账龄较长、欠款单位不清楚或已倒闭的债务人所欠的款项可以作为坏账核销。作为坏账核销后,评估人员应通知被评估单位,作为坏账核销的债权经有关机构确认后,应账销案存,尽可能进行追偿。

对存货资产进行评估时,应进行盘点,对数量大、单位价值量较小的存货进行抽查,对单位价值量较大的存货进行详查。在盘点过程中应关注呆滞、积压和变质的存货,必要时可以聘请专家对存货进行鉴定。

六、问题讨论

1. 流动资产评估程序和特点是什么?怎样清查不同类型的流动资产?
2. 各种流动资产评估的方法有哪些?怎样选择?

第七章 企业价值评估

教学目的和要求：通过本章案例学习，能对企业整体价值评估、股东全部权益价值和部分权益价值评估有一个深刻、全面的理解，同时掌握收益法、资产加和法及各种方法结合使用对评估值的确定技术要点，并且能运用本章理论及案例知识解决实际评估问题。

第一节 概述

企业价值评估，是指资产评估师对评估基准日特定目的下企业整体价值、股东全部权益价值或部分权益价值进行分析、估算并发表专业意见并撰写报告书的行为和过程。企业价值评估是将一个企业作为一个有机整体，依据其拥有或占有的全部资产状况和整体获利能力，充分考虑影响企业获利能力的各种因素，结合企业所处的宏观经济环境及行业背景，对企业整体公允市场价值进行的综合性评估。根植于现代经济的企业价值评估与传统的单项资产评估有着很大的不同，它是建立在企业整体价值分析和价值管理的基础上，把企业作为一个经营整体来评估企业价值的评估活动。这里的企业整体价值是指由全部股东投入的资产创造的价值，本质上是企业作为一个独立的法人实体在一系列的经济合同与各种契约中蕴含的权益，其属性与会计报表上反映的资产与负债相减后净资产的账面价值是不相同的。企业价值评估是一种整体性评估，它与构成企业的各个单项资产的评估值简单加和是有区别的。

一、企业价值评估与各个单项资产的评估值简单加和的区别

第一，两种评估所确定的评估价值的含义是不相同的。

利用单项资产评估，是一种静态的反映方法。将企业整体作为评估对象，是一种动态的反映方法。

第二，两种评估所确定的评估价值的价值一般是不相等的。

美国价值评估理论专家科纳尔认为，企业的价值不仅反映资产的重置成本，而且必须包括十分重要的组织成本，即企业价值＝资产重置成本＋组织成本。

第三，两种评估所反映的评估目的是不相同的。

如果企业的资产收益率与社会（更多的是与行业）平均资产收益率相同，则单项资产评估汇总确定的企业资产评估值应与整体资产评估值趋于一致。如果企业资产收益率低于社会（或行业）平均资产收益率，单项资产评估汇总确定的企业资产评估值就会比整体企业评估值高。反之，如果企业资产收益率高于社会（或行业）平均收益率，整体企业评估值则会高于单项企业评估汇总的价值，超过的部分则是企业商誉的价值。

二、企业价值评估范围

（一）企业价值评估的一般范围

一般范围即企业的资产范围。这是从法的角度界定企业评估的资产范围。从产权的角度，企业评估的范围应该是企业的全部资产。

（二）企业价值评估的具体范围

在界定企业价值评估具体范围是应注意的问题：

首先，对于评估时点一时难以界定的产权或因产权纠纷暂时难以得出结论的资产，应划为"待定产权"，暂不列入企业评估的资产范围。其次，在产权界定范围内，若企业中明显存在着生产能力闲置或浪费，以及某些局部资产的功能与整个企业的总体功能不一致，并企业可以分离，按照效用原则应提醒委托方进行企业资产重组，重新界定企业评估的具体范围，以避免造成委托人的权益损失。最后，资产重组是形成和界定企业价值评估具体范围的重要途径。资产重组对资产评估的影响主要有以下几种情况：

（1）资产范围的变化。

(2) 资产负债结构的变化。

(3) 收益水平的变化。

三、企业价值评估的方法

进行公司估值的逻辑在于"价值决定价格"。上市公司估值方法通常分为两类：一类是相对估值方法；另一类是绝对估值方法。非上市公司估值方法可分为三类：市场法、收益法、资产法。

(一) 上市公司估值方法

1. 相对估值方法

相对估值法简单易懂，也是最为投资者广泛使用的估值方法。在相对估值方法中，常用的指标有市盈率（P/E）、市净率（PB）、EV/EBITDA 倍数等，它们的计算公式分别如下：

市盈率 = 每股价格/每股收益

市净率 = 每股价格/每股净资产

EV/EBITDA = 企业价值/息税、折旧、摊销前利润

（其中：企业价值为公司股票总市值与有息债务价值之和减去现金及短期投资）

运用相对估值方法所得出的倍数，用于比较不同行业之间、行业内部公司之间的相对估值水平；不同行业公司的指标值并不能做直接比较，不具有可比性且其差异可能会很大。相对估值法反映的是：通过行业内不同公司的比较，可以找出在市场上相对低估的公司。但这也并不绝对，如市场赋予公司较高的市盈率说明市场对公司的增长前景较为看好，愿意给予行业内的优势公司一定的溢价。因此采用相对估值指标对公司价值进行分析时，需要结合宏观经济、行业发展与公司基本面的情况，具体公司具体分析。另外，在实践中运用相对估值模型时，尤其需注意可比公司的选择是否恰当，可比公司本身是否定价合理等问题。与绝对估值法相比，相对估值法的优点在于比较简单，易于被普通投资者掌握，同时也揭示了市场对于公司价值的评价。但是，在宏观经济出现较大波动时，周期性行业的市盈率、市净率等相对估值模型的变动幅度也可能比较大，有可能对公司的价值评估产生误导。在这种情况下，相对与绝对估值模型的结合运用，可有效减小估值结论的偏差。

2. 绝对估值方法

股利折现模型和自由现金流折现模型采用了收入的资本化定价方法，通过预测公司未来的股利或者未来的自由现金流，然后将其折现得到公司股票的内在价值。如果将每年可获得的股利定义为代表自由现金流，股利折现模型就变成了自由现金流折现模型。自由现金流是指公司税后经营现金流扣除当年追加的投资金额后所剩余的资金。

与相对估值法相比，绝对估值法的优点在于能够较为精确的揭示公司股票的内在价值，但是如何正确地选择参数则比较困难。未来股利、现金流的预测偏差、贴现率的选择偏差，都有可能影响到估值的精确性。

（二）非上市公司估值方法

1. 市场法之可比公司法

首先要挑选与非上市公司同行业可比或可参照的上市公司，以同类公司的股价与财务数据为依据，计算出主要财务比率，然后用这些比率作为市场价格乘数来推断目标公司的价值，比如 P/E（市盈率，价格/利润）、P/S 法（价格/销售额）。

在国内的风险投资（VC）市场，P/E 法是比较常见的估值方法。通常我们所说的上市公司市盈率有两种：

历史市盈率（TrailingP/E）。历史市盈率即当前市值/公司上一个财务年度的利润（或前12个月的利润）。

预测市盈率（Forward P/E）。预测市盈率即当前市值/公司当前财务年度的利润（或未来12个月的利润）。

投资人是投资一个公司的未来，用 P/E 法估值就是：

公司价值 = 预测市盈率 × 公司未来 12 个月利润

公司未来12个月的利润可以通过公司的财务预测进行估算，那么估值的最大问题在于如何确定预测市盈率。一般说来，预测市盈率是历史市盈率的一个折扣，比如说某个行业的平均历史市盈率是40倍，预测市盈率大概是30倍左右，对于同行业、同等规模的非上市公司，参考的预测市盈率需要再打个折扣，即15～20倍，对于同行业且规模较小的初创企业，参考的预测市盈率需要再打个折扣，就成了7～10倍。这也就目前国内主流的外资 VC 投资是对企业估值的大致 P/E 倍数。比如，如果某公司预测中小企业融资后下一年度的利润是100万美元，公司的估值大致就是700万~1 000万美元，如果投资人投资200万美元，公司出让的股份大约是20%~35%。

对于有收入但是没有利润的公司，P/E就没有意义，比如很多初创公司很多年也不能实现正的预测利润，那么可以用P/S法来进行估值，大致方法跟P/E法一样。

2. 市场法之可比交易法

挑选与初创公司同行业、在估值前一段合适时期被投资、并购的公司，基于中小企业融资或并购交易的定价依据作为参考，从中获取有用的财务或非财务数据，求出一些相应的中小企业融资价格乘数，据此评估目标公司。

比如A公司刚刚获得中小企业融资，B公司在业务领域跟A公司相同，经营规模上（比如收入）比A公司大一倍，那么投资人对B公司的估值应该是A公司估值的一倍左右。再比如分众传媒在分别并购框架传媒和聚众传媒的时候，一方面以分众的市场参数作为依据；另一方面框架的估值也可作为聚众估值的依据。

可比交易法不对市场价值进行分析，而只是统计同类公司中小企业融资并购价格的平均溢价水平，再用这个溢价水平计算出目标公司的价值。

3. 收益法之现金流折现

这是一种较为成熟的估值方法，通过预测公司未来自由现金流、资本成本，对公司未来自由现金流进行贴现，公司价值即为未来现金流的现值。这种方法比较适用于较为成熟、偏后期的私有公司或上市公司，比如凯雷收购徐工集团就是采用这种估值方法。

4. 资产法

资产法是假设一个谨慎的投资者不会支付超过与目标公司同样效用的资产的收购成本。比如中海油竞购尤尼科，根据其石油储量对公司进行估值。

这个方法给出了最现实的数据，通常是以公司发展所支出的资金为基础。其不足之处在于假定价值等同于使用的资金，投资者没有考虑与公司运营相关的所有无形价值。另外，资产法没有考虑到未来预测经济收益的价值。所以，资产法对公司估值，结果是最低的。

在实践中，公司估值模型的选择应主要遵循两个原则。第一，已选择的估值模型应与被评估公司的基本特征相兼容,这样估值模型才能较好地估算出公司的内在价值。第二,估值模型的选择应符合估值目的,目的不同则模型的选择也不同。

第二节 企业价值评估案例

案例31 全部股东权益评估项目收益法和成本法案例

以××集团股份公司拟收购YY有限责任公司全部股东权益评估项目为例。

企业整体价值评估报告摘要

××省公正资产评估公司接受××集团股份公司的委托,根据国家有关资产评估的法律、法规和政策,遵循独立、客观、公正、科学的原则,按照公认的资产评估方法,对因××集团股份公司拟收购YY有限责任公司而涉及的YY有限责任公司的全部资产、相关负债和净资产进行了评估工作。评估人员按照必需的评估程序对委托评估的资产和负债实施了实地查勘、市场调查与询证,对委托评估资产、负债和净资产在评估基准日2016年12月31日的市场价值作出了公允反映,净资产(股东全部权益)采用成本法和收益法进行评估,各单项资产和负债采用成本法或市场法进行评估。经分析后,最终取成本法的评估结果作为本次股东全部权益(净资产)价值的评估结论,现将资产评估情况报告如下:

(1) 评估目的:因××集团股份公司拟收购YY有限责任公司全部股东权益,××省××资产评估评估公司受××集团股份公司委托,对YY有限责任公司的股东全部权益进行评估,为股份收购提供价值参考依据。

(2) 评估对象:YY有限责任公司于评估基准日的股东全部权益。

(3) 评估范围:YY有限责任公司的整体资产,包括全部资产和负债。

(4) 价值类型:本次评估价值类型为成本价值和收益价值。

(5) 评估基准日:2016年12月31日。

(6) 评估方法:市场法、收益法和成本法。

(7) 评估结论:

被评估单位YY有限责任公司于评估基准日2008年12月31日,总资产账面价值为 147 215 609.87 元，负债账面价值为 28 595 100.39 元，净资产账面值为 118 620 509.48 万元。经评估：总资产为 241 207 442.17 元，负债为 28 380 530.60 元，净资产为 212 826 911.57 元；净资产评估增值 96 030 093.33 元，增值率为 82.22% 如表 7-1 所示。

表 7-1 评估结果汇总

项目	账面价值（元）	调整后账面价值（元）	评估价值（元）	增减值（元）	增值率（%）
流动资产	25 190 856.77	25 187 856.78	26 526 969.59	1 339 112.80	5.30
可供出售金融资产	9 036.00	9 036.00	7 580.00	-1456.00	-16.11
持有至到期投资	100 000.00	100 000.00	120 440.00	20 440.00	20.44
长期股权投资	0.00	0.00	0.00	0.00	0.00
投资性房地产	0.00	0.00	0.00	0.00	0.00
固定资产	92 905 827.03	90 870 565.98	149 426 376.50	58 555 810.52	64.44
在建工程	219 148.87	219 148.87	243 392.00	24 243.13	11.06
工程物资	2 495.73	2 495.73	2 574.00	78.27	3.14
无形资产	28 305 627.76	28 305 627.76	64 397 492.37	36 091 864.61	127.51
长期待摊费用	482 617.72	482 617.72	482 617.72	0.00	0.00
资产总计	147 215 609.87	145 177 348.84	241 207 442.17	96 030 093.33	66.15
流动负债	18 306 600.39	18 092 030.60	18 092 030.60	0.00	0.00
长期负债	10 288 500.00	10 288 500.00	10 288 500.00	0.00	0.00
负债合计	28 595 100.39	28 380 530.60	28 380 530.60	0.00	0.00
净资产	118 620 509.48	116 796 818.24	212 826 911.57	96 030 093.33	82.22

评估基准日：2016 年 12 月 31 日

被评估企业名称：YY 有限责任公司

（8）有关说明：本评估报告仅供报告中载明的评估报告使用者用于报告中所列明的评估目的和用途。本评估报告的使用有效期自 2016 年 12 月 31 日～2017 年 12 月 30 日止，只有当评估基准日与经济行为实现日相距不超过一年时，才可以使用评估报告。

以上内容摘自资产评估报告书正文,欲了解本评估项目的详细情况和合理理解评估结论,应当阅读评估报告正文。

××集团股份公司拟收购YY有限责任公司全部股东权益评估项目
企业整体价值评估报告书

××集团股份公司:

××省××资产评估公司接受贵公司的委托,根据国家有关资产评估的法律、法规和政策,遵循独立、客观、公正、科学的原则,按照公认的资产评估方法,对因××集团股份公司而涉及的YY有限责任公司的全部资产、相关负债和净资产进行了评估工作。评估人员按照必需的评估程序对委托评估的资产和负债实施了实地查勘、市场调查与询证,对委托评估资产、负债和净资产在评估基准日的市场价值作出了公允反映,现将资产评估情况及评估结果报告如下:

一、委托方、产权持有者、被评估单位及委托方以外的评估报告使用者

(一)委托方、被评估单位概况

委托方:××集团股份公司

被评估单位:YY有限责任公司

企业法人营业执照注册号:(企)45110020 000×××

住所:××市东北路100号

企业法定代表人:邓××

注册资本:人民币1亿元

企业类型:有限责任公司(内资法人独资企业)

经营范围:主要以机制糖、食用酒精、文化纸等生产销售为主,兼运输服务

企业历史和现状:YY有限责任公司是一家以制糖为主的企业,位于××省××市经济开发区东北路××号,于2001年经××省区国资委批准由××股份公司、某省××县××糖厂共同出资组建,并经××省区工商管理局批准成立的有限责任公司,注册资本为人民币10 000万元,占地331 489.89平方米,现有员工534人,其中:专业技术人员130人,下设7个车间和11个部门。企业主要以机制糖、食用酒精、文化纸等生产与销售为主。YY有限责任公司经过多年的滚动发展并且依靠科技创新对甘蔗资源进行全面的综合开发,利用甘蔗渣生产的文化用

纸等综合利用产品已占全厂工业总产值的30%以上。主要产品年生产能力为：机制糖2.55万吨、文化纸3万吨、酒精2万吨。到2016年末企业资产规模为1.48亿元，2016年实现工业总产值1.68亿元。该企业先后荣获"某省资源综合利用先进企业""某省环保先进企业""某省用户满意企业""某省企业管理优秀奖""农业产业化某省重点龙头企业""某省食品企业百强企业""某省食品卫生等级A级单位"等荣誉称号。该企业通过了食品安全管理体系认证证书。2016企业的财务状况及经营成果，如表7-2、表7-3所示。

表7-2　　　　　　　　　　　　　资产负债表　　　　　　　　　金额单位：元

资产	年末余额	年初余额	负债和所有者权益	年末余额	年初余额
流动资产：			流动负债：		
货币资金	7 895 847.67	4 944 178.05	短期借款	1 760 000.00	7 760 000.00
交易性金融资产			交易性金融负债		
应收票据	93 861.70	148 174.85	应付票据		
应收账款	2 544 257.61	2 598 199.20	应付账款	11 032 615.26	3 165 894.87
预付款项	912 094.30	698 093.19	预收账款	2 193 071.45	2 137 169.33
应收利息			应付职工薪酬	1 793 542.82	1 752 342.38
应收股利			应交税费	434 446.41	609 653.28
其他应收款	565 758.26	465 076.08	应付利息		
存货	13 179 037.24	10 665 563.28	应付股利	131 555.59	131 555.59
一年内到期的非流动资产			其他应付款	961 368.86	719 188.88
流动资产合计	25 190 856.78	19 519 284.65	其他流动负债		
非流动资产：			流动负债合计	18 306 600.39	16 275 804.33
可供出售金融资产	9 036.00	9 036.00	非流动负债：		
持有至到期投资	100 000.00	100 000.00	长期借款	10 000 000.00	10 000 000.00
长期应收款			应付债券		
长期股权投资			长期应付款		
投资性房地产			专项应付款	288 500.00	288 500.00
固定资产	92 905 827.03	91 785 209.94	预计负债		
在建工程	219 148.87	347 377.96	递延所得税负债		
工程物资	2 495.73		其他非流动负债		

续表

资产	年末余额	年初余额	负债和所有者权益	年末余额	年初余额
固定资产清理			非流动负债合计	10 288 500.00	8 574 373.46
生产性生物资产			负债合计	28 595 100.39	24 850 177.79
油气资产			股东权益:		
无形资产	28 305 627.76	30 550 661.39	股本	100 000 000.00	100 000 000.00
开发支出			资本公积	10 793 447.34	10 793 447.34
商誉			减:库存股		
长期待摊费用	482 617.72	506 984.82	盈余公积	1 888 512.25	1 888 512.25
递延所得税资产			未分配利润	5 938 549.89	5 286 417.38
其他非流动资产			少数股东权益		
非流动资产合计	122 024 753.11	123 299 270.11	股东权益合计	118 620 509.48	117 968 376.97
资产总计	147 215 609.87	142 818 554.76	负债和股东权益总计	147 215 609.87	142 818 554.76

表7-3　　　　　　　　　　　　利润表　　　　　　　　　　　　金额单位：元

项目	本期金额	上期金额
一、营业收入	168 811 284.26	131 563 638.75
减:营业成本	135 780 365.55	107 373 878.04
营业税金及附加	1 176 514.82	848 750.36
销售费用	8 792 003.69	6 912 624.50
管理费用	13 527 567.09	12 345 522.88
财务费用	1 956 016.04	1 587 594.13
加:公允价值变动权益(损失以"-"号填列)	-180 864.59	-634 634.57
投资收益(损失以"-"号填列)	0.00	25 749.31
其中:对联营企业和合营企业的投资收益	0.00	0.00
二、营业利润(亏损以"-"号填列)	7 397 952.48	1 886 383.59
加:营业外收入	251 030.34	267 636.20
减:营业外支出	2 611 745.55	519 599.54
其中:非流动资产处置损失		
三、利润总额(亏损总额以"-"号填列)	5 037 237.27	1 634 420.25
减:所得税费用	1 259 309.32	539 358.68
四、净利润(净亏损以"-"号填列)	3 777 927.96	1 095 061.57

续表

项目	本期金额	上期金额
五、每股收益：		
（一）基本每股收益		
（二）稀释每股收益		

（二）产权所有者

根据YY有限责任公司提供的公司章程、验资报告及现时的工商登记记录显示，于评估基准日2016年12月31日，YY有限责任公司注册资本人民币一亿元，股东为××集团股份公司和××省××县××糖厂。其中：××集团股份公司出资6 000万元，××省××县××糖厂出资4 000万元，两股东分别持有YY有限责任公司股份的60%和40%。

（三）委托方以外的评估报告使用者

除国家法律、法规另有规定外，本评估项目委托方以外的其他评估报告使用者为国有资产监督管理机构。

二、评估目的

因××集团股份公司拟收购YY有限责任公司全部股东权益，××省××资产评估评估公司受××集团股份公司委托，对YY有限责任公司的股东全部权益进行评估，为股份收购提供价值参考依据。

本次评估的经济行为文件为××集团股份公司《关于同意收购YY有限责任公司全部股东权益事宜的批复》，××省国资委《关于同意××集团股份公司收购YY有限责任公司的批复》。

三、评估对象和评估范围

（一）评估对象

本次资产评估的对象为YY有限责任公司的股东全部权益。

（二）评估范围

评估范围为YY有限责任公司于评估基准日经审计后资产负债表反映的全部资产和负债，其中总资产账面价值为147 215 609.87元，负债账面价值为28 595 100.39元，净资产账面价值为118 620 509.48元。评估资产类型主要包括以下几方面。

流动资产：账面价值 25 190 856.77 元

固定资产：账面原值 139 361 800 元，账面净值 92 905 827.03 元

无形资产（土地使用权）：账面价值 22 644 502.21 元

流动负债：账面价值 18 306 600.39 元

总负债：账面价值 28 595 100.39 元

纳入评估范围的资产和负债与业务约定书确定的评估范围一致，详细资产评估范围以经审计后的资产负债表为准。

YY 有限责任公司评估基准日的资产负债表已经过××省××会计师事务所有限公司审计并出具审计报告。

(三) 被评估单位情况介绍

企业名称：YY 有限责任公司

住所：××省××市东北路××号

法定代表人：邓××

公司类型：有限责任公司（内资法人独资）

注册资本：人民币一亿元

经营范围：主要以机制糖、食用酒精文化纸等生产销售为主，兼营运输服务。

公司前 2 年主要财务数据，如表 7-4 所示。

表 7-4　　　　　　　　主要财务数据　　　　　　　　单位：元

主要项目	2008 年	2007 年
1. 流动资产	25 190 856.7700	19 519 284.650
2. 固定资产	92 905 827.0300	91 785 209.940
3. 资产总额	147 215 609.8700	142 818 554.760
4. 流动负债	18 306 600.3900	16 275 804.330
5. 负债总额	28 595 100.3900	24 850 177.790
6. 所有者权益合计	118 620 509.4800	117 968 376.970
7. 营业收入	168 811 284.2600	131 563 638.750
8. 营业成本	135 780 365.5500	107 373 878.040

续表

主要项目	2008 年	2007 年
9. 销售费用	8 792 003.6900	6 912 624.500
10. 管理费用	13 527 567.0900	12 345 522.880
11. 财务费用	1 956 016.0400	1 587 594.130
12. 净利润	3 777 927.9600	1 095 061.570
13. 流动比率	1.2000	1.380
14. 资产负债率	0.1700	0.190
15. 净资产收益率	0.0093	0.032

注：评估基准日 2016 年 12 月 31 日的财务数据已由××省××会计师事务所有限公司审计。

四、价值类型及其定义

根据对影响评估对象价值的三个最重要因素评估目的、市场条件和评估对象使用状况进行分析，本项目资产评估目的为股权收购，因评估人员无法了解未来企业的扩建情况，发展规划以及特殊的市场交易环境，也未使用仅适合于特定投资者的特定评估资料和经济参数，评估目的所涉及的资产能有效使用。因此，本项目选择的资产评估价值类型为成本价值和收益价值。

注册资产评估师执行资产评估业务的目的仅是对评估对象价值进行估算并发表专业意见。评估结果系指评估对象在评估基准日的经济环境与市场状况以及评估师所依据的其他评估前提和假设条件没有重大变化的情况下，为满足评估目的而提出的价值估算成果，不能理解为评估对象价值实现的保证或承诺。

五、评估基准日

本项目资产评估基准日 2016 年 12 月 31 日。

评估基准日是委托方根据本次评估目的的具体要求确定的。评估基准日选择遵从利于评估结果有效服务于评估目的，能减少与避免评估基准日调整事项，能准确划分评估范围和准确高效地核实和检验资产，能合理地选取评估价格依据。本次评估中所采用的价格标准均为评估基准日有效的价格标准。

六、评估依据

（一）经济行为依据

（1）××集团股份公司《关于同意收购 YY 有限责任公司股东全部权益事宜

的批复》。

（2）某省国资委《关于同意××集团股份企业收购 YY 有限责任公司的批复》。

（二）法律法规依据

（1）《国有资产评估管理办法》。

（2）《国有资产评估管理办法施行细则》。

（3）国务院办公厅转发财政部《关于改革国有资产评估行政管理方式，加强资产评估监督管理工作的意见》的通知。

（4）国家国有资产管理局关于转发《资产评估操作规范意见（试行）》的通知。

（5）《企业国有资产评估管理暂行办法》。

（6）《中华人民共和国土地管理法》。

（7）《中华人民共和国城市房地产管理法》。

（8）中华人民共和国国家标准《城镇土地估价规程》。

（9）国土资源局《全国工业用地出让最低价标准》。

（三）准则依据

（1）财政部财企《评估准则——基本准则》和《资产评估职业道德准则——基本准则》。

（2）《注册资产评估师关注评估对象法律权属指导意见》。

（3）中评协《企业价值评估指导意见（试行）》。

（4）中评协《资产评估准则——评估报告》。

（5）中评协《资产评估准则——评估程序》。

（6）中评协《资产评估准则——业务约定书》。

（7）中评协《资产评估准则——机器设备》。

（8）中评协《资产评估准则——不动产》。

（9）中评协《资产评估准则——资产评估价值类型指导意见》。

（10）中评协《资产评估准则——工作底稿》。

（四）重大合同协议、产权证明文件依据

（1）被评估企业提供的《国有土地使用证》复印件。

(2) 被评估企业提供的房屋建筑物产权证复印件。

(3) 被评估企业提供的车辆行驶证或替代性资料复印件。

(4) 被评估企业提供的部分设备购置合同和发票复印件。

(5) 被评估企业提供的材料购货发票、合同复印件。

（五） 取价标准依据

(1) 被评估企业提供的资产评估申报明细表、会计报表及有关协议、合同、发票等资料。

(2)《全国统一建筑工程基础定额某省壮族自治区单位估价表》。

(3)《某省壮族自治区土建工程费用定额》。

(4)《某省壮族自治区建筑工程消耗量定额》。

(5)《××省建设工程造价管理信息》第四期。

(6) 原城乡建设环境保护部发布的《房屋完损等级评定标准》。

(7)《房地产估价规范》。

(8) 国家经济贸易委员会等国家六个部（局）联合发文关于发布《汽车报废标准》的通知。

(9) 机械工业信息研究院编制的《机电产品报价手册》。

(10) 中国汽车网站等权威网站价格信息。

(11) 阿里巴巴网站价格信息。

(12)《资产评估常用数据与参数手册》。

(13) ××市土地定级及基准地价资料。

（六） 参考资料及其他

(1) 被评估企业提供的各类资产及负债评估申报明细表。

(2) 被评估企业提供的财务报表、评估基准日经审计的资产负债表、验资报告、企业章程与资产评估有关的资料。

(3) 某省信达会计师事务所有限公司出具的评估基准日《专项审计报告》。

(4) 评估人员搜集的存货、机电设备及房地产价格信息等有关市场价格资料。

(5) 评估人员搜集的电脑、办公设备及机械设备等类报价资料。

(6) 某省公正资产评估有限责任公司企业资料库数据资料。

七、评估方法

(一) 评估方法概述

资产评估方法是实现评定估算资产价值的技术手段,企业价值评估具体的评估方法按分析原理和技术思路可以大致分为三种基本类型,即市场法、收益法和成本法。

(二) 评估方法的选择

1. 关于不采用市场法进行评估的说明

企业价值评估中的市场法是指将评估对象与参考企业、在市场上已有交易案例的企业、股东权益、证券等权益性资产进行比较以确定评估对象价值等评估思路。由于被评估单位属非上市公司,并且与被评估单位相关行业、相关规模企业转让股权的交易案例很少,而且相关参考企业和交易案例的经营和财务信息等资料难于取得,故本次评估不采用市场法。

2. 关于采用收益法进行评估的说明

收益法是指通过将被评估企业预期收益资本化或折现以确定评估对象价值的评估思路。运用收益法进行评估需具备以下三个前提条件:

(1) 投资者在投资某个企业时所支付的价格不会超过企业(或与该企业相当且具有同等风险程度的同类企业)未来预期收益折算成的现值。

(2) 能够对企业未来收益进行合理预测。

(3) 能够对与企业未来收益的风险程度相对应的收益率进行合理估算。

虽然 YY 有限责任公司运营时间距评估基准日较短,可供参考的历史资料数据有限。但是可以通过参考项目可行性研究报告的相关数据以及类似企业的相关运营数据分析该公司各类业务收入、成本费用、未来的获利能力及现金流量等,因此可以采用收益法进行评估测算。

3. 关于采用成本发进行评估的说明

企业价值评估中的成本法也称资产基础法,是指在合理评估企业各项资产价值和负债的基础上确定评估对象的评估思路。运用成本法评估企业价值,就是以资产负债表为基础,对各单项资产及负债的现行公允价格进行评估,并在各单项资产评估值加和基础上扣减负债评估值,从而得到企业的净资产价值(股东全部权益)。

股东全部权益价值=各项资产评估值之和-各项负债评估值之和

(三) 成本法具体运用过程

根据成本法公式：

净资产评估值=各项资产评估值之和-各项负债评估值之和

由于构成企业各单项资产的属性不同，各单项资产的价值根据其具体情况选用适当的评估方法得出。各单项资产的评估方法叙及如下。

1. 流动资产

(1) 货币资金。

货币资金主要为现金和银行存款，对于现金，采用现场监盘并倒推至评估基准日的方法进行评估。对于银行存款，用核对银行对账单、银行函证单与银行存款余额调节表的方法核实各项存款的余额，以核实后的账面值作为评估值。

(2) 应收账款、应收票据、预付账款、其他应收款。

通过账表、账账核对和抽查原始凭证，具体了解往来款项的发生时间、内容、款项回收时间、欠款人资信状况等，分析判断每一笔款项可能回收的金额、在未来是否取得相应的资产或权利，根据在评估基准日后每笔款项可能回收的金额、形成相应的资产或权利确认评估值。

(3) 存货。

存货包括原材料、在库低值易耗品、包装物、产成品、半成品。企业另外还申报了在用低值易耗品和账外产成品。各类存货的评估方法如下。

第一，原材料。

原材料主要有糖料蔗、石灰和硫黄。对于糖料蔗，其价格为国家规定价格，对于这部分材料按国家规定价格评估；其他材料，由于价格波动较大，基准日不含税的市场价评估。

第二，在库低值易耗品。

在库低值易耗品主要有螺丝、砂纸、棉纱头。由于存量不多，而且周转快，价格变动不大，按账面值评估。

第三，包装物。

包装物主要有编织袋和薄膜袋。包装物周转快，价格变动不大，按账面值评估，评估无增减值。

第四，产成品。

产成品主要为机制糖、文化纸、酒精、桔水、滤泥。

产成品采用市场法评估。

评估思路：单位评估值＝出厂销售价×（1－综合销售费用率－综合税金率－综合利润率×净利润分成率）

第五，半成品。

半成品主要为混合汁、纸浆、和糖浆。对半成品，按半成品数量约当产成品的完工率计算约当产成品数量，从而计算确定半成品评估值。

第六，在用的低值易耗品。

在用低值易耗品主要是螺丝、砂纸和棉纱头。由于在用低值易耗品数量很少，在评估中只评估其中螺丝的价值。由于存量不多，而且周转快，价格变动不大，评估采用成本法。

2. 其他非流动资产

根据所被评估的股票和债券的资产评估基准日收盘价与数量确定评估值。

3. 建筑物类资产

经分析（1）因建筑物类资产的预期收益及资本化率难以单独计量，而且获利能力难于量化，故不适用收益法评估；（2）因当地工业厂房及构筑物的资产交易市场不活跃，难以获取足够数量的具有相似性、可比性的可比资产销售资料，故不宜采用市场法评估；（3）委托评估建筑物类资产的建造时间、面积、体积、结构等资料相对比较完整，现时资产与历史资产具有相同性和可比性，形成资产价值的耗费是必须的，同时资产处于正常继续使用状态，符合成本法的使用条件，故可以采用成本法进行评估。

成本法的计算公式为：

评估值＝重置成本－实体性贬值－功能性贬值－经济性贬值

由于委托评估建筑物类资产使用正常，能满足生产需要，不存在功能性贬值和经济性贬值，评估采用的是更新重置成本，因此成本法的计算公式为：

评估值＝重置成本－实体性贬值

　　　　＝重置成本×（1－实体贬值率）

　　　　＝重置成本×成新率

4. 设备类资产

经分析，(1) 因设备类资产的预期收益及资本化率难以单独计量，而且获利能力难于量化，故不适用收益法评估；(2) 因当地二手设备资产交易市场不活跃，难以获取足够数量的具有相似性、可比性的可比资产销售资料，故不宜采用市场法评估；(3) 而委托评估的设备类资产名称、规格型号等历史资料相对比较完整，现时资产与历史资产具有相同性和可比性，形成资产价值的耗费是必须的，同时，资产处于正常继续使用状态，符合成本法的使用条件，故可以采用成本法进行评估。成本法的计算公式如下所示。

评估值 = 重置价值 − 实体性贬值 − 功能性贬值 − 经济性贬值

本次设备类资产的评估采用的是更新重置成本，由于委托评估设备类资产使用正常，与目前市场上流通的设备在技术性能上差别不大，设备在原地正常使用，不存在经济性贬值，因此不考虑功能性贬值和经济性贬值，仅考虑其实体性贬值。因此，成本法的计算公式如下所示。

评估值 = 重置价值 − 实体性贬值
　　　= 重置价值 ×（1 − 实体性贬值率）
　　　= 重置价值 × 成新率

5. 无形资产——土地使用权

估价对象为工业用地，与待估宗地同一供需圈内的可比交易案例极少，难以用市场比较法评估；待估宗地不是用于开发后销售，也不适用剩余法；待估宗地处在钟山县基准地价覆盖范围外，但可以参照钟山县末级工业用地基准地价，采用基准地价系数修正法进行评估；同时，土地的取得成本资料能收集测算，因此适宜采用成本逼近法评估估价对象地价。

综上所述并根据本次评估的目的和待估宗地的特点，分别采用基准地价系数修正法、成本逼近法进行评估，然后以两种方法的结果综合分析来确定最终的评估结果。

基准地价系数修正法是利用北海市土地定级估价成果及基准地价标准，通过实地调查估价对象区域因素和个别用地条件及其他用地特征，根据调查结果，确定各因素修正系数，求出估价对象的宗地地价。

基准地价系数修正法评估宗地地价的计算公式为：

土地单位地价 = ［基准地价 × K1 ×（1 + $\sum$ K）± X］× K2

式中：K1——期日修正系数；

K2——土地使用年限修正系数；

$\sum$ K——影响地价区域因素及个别因素修正系数之和；

X——开发程度修正值。

成本逼近法是以开发土地所耗费的各项费用之和为主要依据，再加上一定的利润、利息、应缴纳的税金和土地增值收益来确定土地价格的估价方法。

其基本计算公式为：土地价格 =（土地取得费 + 土地开发费 + 投资利息 + 投资利润 + 土地增值收益）× 区位修正系数 × 年期修正系数

6. 负债

负债包括短期借款、应付账款、预收账款、应付工资、应交税费、其他应交款、其他应付款、一年内到期的长期负债。评估人员通过账账核实、查阅相关凭证，在确认负债的真实性和合理性的基础上，以评估目的实现后的产权持有者实际需要承担的负债项目及金额确定评估值。

（四）收益法具体运用过程

1. 评估方法思路

通过对企业整体资产进行分析，明确收益法预测的权益资产价值包含的资产范围。

2. 企业权益资本价值评估值计算公式

企业权益资本价值评估值 = 未来收益期内各期净现金流折现值总和

3. 收益法选择

收益法主要有折现净利润法和折现现金流法，考虑到净利润受会计政策的影响比较大，本次收益法评估采用折现现金流法对被评估单位的整体资产价值进行评估。

4. 收益法的数学表达式及说明

我们将净现金流量作为企业资产收益的指标用符号 R 表示，将持续经营的企业相关资产的收益分前后两段，对于前段的预期收益采取逐年预测折现累加的方法，而对于后段是假设其现金流收益趋于稳定，保持第 n 年的收益额水平，对后段预期收益进行还原及折现处理，将前后段收益加在一起便构成了企业相关资产的收益现值。

在本次评估中，被评估单位的未来相关资产的净收益按照如下模型折现：

$$p = \sum_{i=1}^{n} \left[R_i \times (1+r)^{-i} \right] + \frac{R_n}{r}(1+r)^{-n}$$

式中：p——未来收益期内各期净现金流折现值总和；

R_i——第 i 年净现金流；

r——折现率（权益资本成本）；

R_n——为第 n 年的净现金流；

n——为预测期。

八、评估程序实施过程和情况

××省××评估公司接受××集团股份公司的委托，对 YY 有限责任公司全部股东权益进行评估。本次评估工作于 2017 年 1 月 5 日开始进行评估清查的前期工作，2017 年 1 月 25 日完成评估清查工作，2017 年 1 月 30 日出具正式评估报告。评估程序实施过程和情况如下。

（一）明确评估业务基本事项和签订业务约定书

资产评估师经与委托方沟通洽谈后，明确评估目的、评估对象和范围、价值类型、评估基准日等评估业务的基本事项。

（二）签订业务约定书

在明确评估业务基本事项的基础上，对专业胜任能力、独立性和业务风险进行综合分析和评价，由评估机构承接评估业务，签订业务约定书。

（三）编制评估计划

评估机构承接评估业务后，由资产评估师根据评估业务的具体情况编制评估计划。

（四）现场调查

现场调查的具体步骤如下：

第一，资产评估师根据评估工作的需要，向被评估单位提供资产评估申报表格式和评估所需资料清单；指导其进行资产清查和填表工作，搜集准备基础资料。

第二，资产评估师及评估人员到主要资产所在地进行现场调查。现场调查包括：（1）听取被评估单位有关人员进行情况介绍；（2）获取需要评估的资产清单，进行账账核对、账表核对、账实核对，核实评估对象的存在性和完整性；（3）通过询问、函证、核对、监盘、勘察、检查等方式进行调查，获取评估业务所需的基础资料，了解评估对象的现状、品质和使用状况；（4）对评估对象的法律权属资料进行查验，关注评估对象的法律权属情况。

（五）收集评估资料

根据评估业务的具体情况和评估对象的特点收集评估资料，如到工商管理部门和土地管理部门收集、查阅相关资料和了解有关规定；通过委托方和被评估单位获取相关评估资料；通过查阅有关价格刊物、网站收集相关价格资料和行业发展状况；获取评估基准日的审计报告等。

（六）评定估算

根据评估业务的具体情况对收集的评估资料进行必要的分析、归纳和整理，形成评定估算的依据。

根据评估对象、价值类型、评估资料收集情况等相关条件，分析市场法、收益法和成本法等各种评估基本方法的适用性，选择收益法和成本法分别对评估对象进行评估。

根据所采用的评估方法，选取相应的公式和参数进行分析和计算，形成初步评估结论。在初步评估结论的基础上，对评估结论与评估目的、价值类型的适应性；评估资料的全面性、客观性及适时性；参数选取的合理性及适时性；计算公式的正确性，计算表格链接的正确性等进行分析后，进行相关增减值分析，判断评估结论的合理性，最终选取其中一种方法的结果作为评估结论。

（七）编制和提交评估报告

在履行了评定估算的程序后，根据法律、法规和资产评估准则编制评估报告初稿；根据评估机构内部质量控制制度对评估报告初稿进行内部审核；在不影响对最终评估结论进行独立判断的前提下，与委托方或委托方许可的相关当事方就评估报告的有关内容进行必要沟通。在完成以上评估程序后，向委托方提交正式资产评估报告。

九、评估假设

（一）假设条件

1. 持续经营假设、产权主体变动假设

假设YY有限责任公司能保持评估基准日的资产范围、功能、使用效率，资产经营模式、主营业务不变等资产状态和管理状态；在产权主体变动的情况下，能够持续经营，生产的产品达到生产规模和指标。

2. 公开市场假设

本评估假设此股权的交易是在公开市场条件下进行的，资产收购的双方互无特殊关系、在各自理性行事且未受任何强迫的情况下进行交易；委托评估资产在市场上有足够的展示时间，自愿买方不会特别急于购买和自愿卖方不会急于出售，双方当事人各自精明，谨慎行事。

3. 评估外部条件基本不变的假设

假设国家的宏观政治、经济、社会环境相对稳定，汇率、利率、税收政策、物价或通货膨胀、人口、产业政策等相对稳定，也不考虑外界不可抗力因素影响。

4. 评估对象方面的假设

（1）假设评估对象的产权合法，股权收购不存在法律障碍；假设委托评估资产的权属为YY有限责任公司所有，资产为完全产权。

（2）对于本评估报告中被评估资产的法律描述或法律事项（包括权属或负担性限制），本公司按评估准则要求进行一般性的调查。除在工作报告中已有揭示外，假定评估过程所评资产的权属为良好，可在市场上进行交易；同时也不涉及任何留置权、地域权，没有受侵犯或无其他负担性限制的。

5. 有关资料真实性的假设

由委托方和被评估单位提供的与评估相关的所有资料，是编制本报告的基础，评估假设这些资料是真实和合法的。

（二）评估限定条件

第一，本评估结论是根据本报告所述评估目的、价值类型、评估依据、评估假设、评估方法、评估程序所得出。没有考虑资产购置资金来源、相关负债以及资产现在或将来可能承担的抵押、担保事宜以及特殊交易方式可能追加付出的价格对评估价值的影响，未考虑因企业领导层变更、企业经营决策发生变化、融资条件发生变化对评估价值的影响；未考虑国家宏观经济政策发生变化以及遇有自然力和其他不可抗力对评估价值的影响；也未考虑控股权产生的溢价以及非流通性产生的折扣。当假设条件发生变化时，评估结果一般会失效。

第二，评估机构对市场情况的变化不承担任何责任，亦没有义务就评估基准日后发生的事项或情况修正我们的评估报告。

第三，评估报告中所采用的评估基准日已在报告前文明确，而我们对企业整体价值的估算是根据评估基准日本地货币购买力做出的。

第四，委托方确认评估机构及有关资产评估人员并不是鉴定环境危害和合规性要求对被评估资产产生影响的专家。因此，评估机构对以下事项没有义务也不承担责任：未能就环境因素对被评估资产价值产生的影响做出鉴定，包括因环境污染引起的损失、对任何违反环境保护法律所引起的损失或因某种环境危害的发生而需要清除的费用。在此次，本报告中价值的估算是依据没有任何可能导致价值受损的环境污染危害存在的假设前提下做出。评估机构并不具备所需的工程技术专业知识来识别相关的环境因素，对这些现象亦不承担责任。如果委托方希望获知有关这一方面的进一步信息，则应当另行委聘这一领域的专家。

十、评估结论

（一）成本法和收益法的评估结果（见表 7-5）

表 7-5　　　　　两种评估方法的评估结果　　　　　金额单位：元

评估方法	股东全部权益价值
成本法	212 826 911.57
收益法	118 620 509.48

（二）两种评估方法的评估结果差异分析

从表 7-5 可知，YY 有限责任公司股东部分权益价值用收益法和成本法评估的结果差额为 94 206 402.09 万元，差异率为 79.42%，差异的主要原因是：收益法是利用投资回报和收益折现等技术手段，把评估对象的预期产出能力和获利能力作为评估标的来估测评估对象的价值，强调的是企业整体资产的预期盈利能力，包括了资产综合影响效应；而成本法是从资产的成本角度出发，对企业资产负债表上所有的单项资产和负债，用市场价值代替历史成本，是资产和负债的简单加减，不包括企业未来的获利能力和资产综合影响效应。因此，采用不同的评估途径，评估结果会存在一定的差异。

根据以上分析,我们认为收益法和成本法的评估结果都是合理的,只是通过不同的评估途径反映其现时市场价值。

(三) 评估结果的确定

在收益法预测中,主营业务收入的预测是股权现金流量预测的起点并且对评估结果起关键作用。由于产品产销量及产品价格受市场影响价格波动较大,其产品销量及产品价格变化幅度较难预测,被评估单位未能提供有关收益、成本的预测资料和融资计划。同时YY有限责任公司生产运营的时间距评估基准日较短,可供参考的历史资料数据有限。虽然评估过程中作了特定假设,但评估预测仍存在较大的不确定性因此,本次评估最终将成本法评估结果作为本次评估报告的最终结论。

(四) 成本法评估结论的具体情况

评估基准日2016年12月31日,YY有限责任公司的总资产账面价值为147 215 609.87元,负债账面价值为28 595 100.39元,净资产账面值为118 620 509.48元。账面值无调整。经评估:总资产为241 207 442.17元,负债为28 380 530.60元,净资产为212 826 911.57万元;净资产评估增值96 030 093.33元,增值率为82.22%

具体评估情况见评估结果汇总表及评估明细如表7-6所示。

表7-6 评估结果汇总

项目	账面价值(元)	调整后账面价值(元)	评估价值(元)	增减值(元)	增值率(%)
流动资产	25 190 856.77	25 187 856.78	26 526 969.59	1 339 112.80	5.32
可供出售金融资产	9 036.00	9 036.00	7 580.00	-1 456.00	-16.11
持有至到期投资	100 000.00	100 000.00	120 440.00	20 440.00	20.44
长期股权投资	0.00	0.00	0.00	0.00	0.00
投资性房地产	0.00	0.00	0.00	0.00	0.00
固定资产	92 905 827.03	90 870 565.98	149 426 376.50	58 555 810.52	64.44
在建工程	219 148.87	219 148.87	243 392.00	24 243.13	11.06
工程物资	2 495.73	2 495.73	2 574.00	78.27	3.14

续表

项目	账面价值（元）	调整后账面价值(元)	评估价值（元）	增减值（元）	增值率（%）
无形资产	28 305 627.76	28 305 627.76	64 397 492.37	36 091 864.61	127.51
长期待摊费用	482 617.72	482 617.72	482 617.72	0.00	0.00
资产总计	147 215 609.87	145 177 348.84	241 207 442.17	96 030 093.33	66.15
流动负债	18 306 600.39	18 092 030.60	18 092 030.60	0.00	0.00
长期负债	10 288 500.00	10 288 500.00	10 288 500.00	0.00	0.00
负债合计	28 595 100.39	28 380 530.60	28 380 530.60	0.00	0.00
净资产	118 620 509.48	116 796 818.24	212 826 911.57	96 030 093.33	82.22

评估基准日：2016 年 12 月 31 日

被评估企业名称：YY 有限责任公司

(五) 评估结果与账面价值比较变动情况及原因

本次评估结果与调整后账面值相比较，净资产评估增值 96 030 093.33 元，增值率为 82.22%，评估增减值主要原因如下。

1. 存货类资产

存货评估值为 14 753 574.71 元，增值 1 574 537.47 元，增值率为 11.95%。评估减值主要原因：（1）原材料评估增值 205 297.80 元；（2）在库低值易耗品评估减值 16.56 元，减值的原因是在库低值易耗品盘亏而造成的减值；（3）产成品评估增值 1 372 515.36 元，增值的原因是：由于市场价格波动，使产成品评估增值；（4）半成品评估减值 2 841.70 元。减值的原因是由于半成品实地盘点数盘亏而减值；（5）在用低值易耗品的评估减值 417.43 元，原因是没有账面价值并且存在实体性贬值。

2. 房屋建筑物类资产

房屋建筑物类资产评估净值增值 27 946 846.37 元，增值率为 41.17%，增值原因如下。

（1）由于社会的发展及物价上涨（尤其是近年来钢材价格的上涨）的影响造成了建安工程的成本加大，从而造成了评估增值；

（2）申报评估的房屋建筑物的原始入账价值是按照当时建造建筑物时的原材

料价格入账，造成账面价值较低，而本次的评估价格是评估人员按照评估基准日原材料以及人工费用的市场客观合理价格进行评估，从而造成了评估增值幅度较大。

3. 机器设备评估

机器设备类固定资产评估值为 53 593 242.3 元，增值 30 608 964.18 元，增值率 133.17%。其中：（1）机器设备评估值 50 500 812.93 元，增值率 140.15%。（2）车辆评估值 973 514.4 元，减值 526 485.6 元，减值率 35.10%。评估减值的主要原因：①是近年来汽车加工工艺发展较快，汽车价格呈下降趋势，因而造成汽车类资产的重置全价有所减值；②部分车辆已无实物。但企业没有进行账务处理，因此造成评估减值。（3）电子设备评估值 2 118 915 元，增值率 365.33%。评估增值的主要原因是：①由于近几年生产原材料价格普遍上涨，使部分设备的购置价格有所提高，造成设备评估增值；②由于资产占有单位采用的折旧年限与评估采用的经济寿命年限存在差异。

4. 土地使用权评估

土地使用权评估增值 41 752 347.6 元，增值率 184.38%。增值主要原因分析：

（1）对于工业用地，根据现行国家的土地政策《国务院关于加强土地调控有关问题的通知》及《全国工业用地出让最低价标准》，各级政府部门严格实施对工业用地的调控和管理，出让工业用地确定土地使用权出让价格时必须执行最低控制标准，从而增加了现在土地使用权的取得成本。（2）委托评估企业能以较低的价格取得委托评估宗地的土地使用。

十一、特别事项说明

第一，本次评估在被评估单位资产清查工作完成和由审计机构对清查结果进行财务审计后，再对资产清查结果进行评估，所以评估报告是在审计合法性、公允性和会计处理方法一贯性的基础上进行操作。

第二，评估人员所取得的资产负债表、申报明细表、产权证明及与评估相关的资料，均由被评估单位提供，上述资料的真实性、完整性由被评估单位负责。本次评估没有考虑被评估单位提供的账外资产，申报表之外的负债及可能存在的或有资产、或有负债。

第三，由于条件所限，本次评估中，对机器设备的技术鉴定主要采用现场勘察手段，未使用精密仪器对设备进行测试和检验；对房屋建筑物，评估人员主要采用现场目测勘察方法，而未使用专业仪器对资产进行全面技术检测；对于固定资产中的隐蔽部分无法实际观测，主要是进行表面观察、询问相关人员和查看其档案资料为主。

第四，评估人员并非本项目所涉及糖纸产品行业领域的专家或专业人士，尽管对委托评估项目所涉及专业知识进行了尽可能深入的了解，且评估人员经过充分努力、勤勉尽责，但评估结论仍然会受到专业知识水平、执业能力的限制和影响。

第五，根据 YY 有限责任公司承诺，该公司不存在对外担保事项，也不存在重大法律诉讼事项和影响生产经营的重大事项，评估人员对这些有关事项进行了关注，但无法对其是否存在提供保证。资产评估没有考虑可能存在的上述事项对评估结论的影响。

第六，本评估结论是根据本报告所述评估目的、价值类型、评估依据、评估假设、评估方法、评估程序所得出并且在其存在的条件下成立。没有考虑资产购置资金来源、相关负债以及资产现在或将来可能承担的抵押、担保事宜以及特殊交易方式可能追加付出的价格对评估价值的影响，未考虑因企业领导层变更、企业经营决策发生变化、融资条件发生变化对评估价值的影响。也未考虑国家宏观经济政策发生变化以及遇有自然力和其他不可抗力对资产价格的影响。当假设条件发生变化时，评估结果一般会失效。

第七，本评估结论是本机构出具的，受本机构评估人员的执业水平和职业能力的影响，可能存在一定程度的不确定性。

第八，关于《资产评估报告书附件》使用范围的声明。本资产评估报告及附件仅供委托方用于评估目的对应的经济行为和送交资产评估行政主管部门审查使用；评估报告书的使用权归委托方所有，未经委托方许可评估机构不得随意向他人提供或公开；未经我公司同意委托方不得将报告的部分或部分内容发表于任何公开媒体上；对委托方不当引用评估结果于其他经济行为而形成的结果，我公司不承担任何法律责任。

十二、评估报告使用限制说明

第一，本评估报告只能用于评估报告载明的评估目的和用途。

第二，本评估报告只能由评估报告载明的评估报告使用者使用。

第三，未征得出具评估报告的评估机构同意，评估报告的内容不得被摘抄、引用或披露于公开媒体，法律、法规规定以及相关当事方另有约定的除外。

第四，与本评估报告所述评估目的相关的股权收购行为和程序应该符合国家的有关政策、法规规定，评估报告的使用者应恰当使用评估报告书，由于使用评估报告书不当所造成的后果，由评估报告的使用者负完全责任。

第五，本评估报告的有效期自 2016 年 12 月 31 日～2017 年 12 月 30 日，只有当评估基准日与经济行为实现日相距不超过一年时，才可以使用评估报告。

十三、评估报告日

本评估报告书提出日期为：2017 年 1 月。

十四、问题讨论

1. 成本法的含义、评估基本思路、应用程序和范围是什么？
2. 收益法的含义、评估基本思路、应用程序和范围是什么？
3. 讨论本案例为何采用成本法评估值作为企业全部价值？

案例 32　企业价值评估资产基础法案例

以福建××电脑股份有限公司拟收购福州 YY 工程有限公司全部股权项目为例

资产评估师声明

第一，我们在执行本资产评估业务中，遵循相关法律法规和资产评估准则，恪守独立、客观和公正的原则；根据我们在执业过程中收集的资料，评估报告陈述的内容是客观的，并对评估结论合理性承担相应的法律责任。

第二，评估对象涉及的资产清单由委托方、被评估单位申报并经其签章确认；所提供资料的真实性、合法性、完整性，恰当使用评估报告是委托方和相关当事方的责任。

第三，我们与评估报告中的评估对象没有现存或者预期的利益关系；与相关当事方没有现存或者预期的利益关系，对相关当事方不存在偏见。

第四，我们已对评估报告中的评估对象及其所涉及资产进行现场调查；我们已对评估对象及其所涉及资产的法律权属状况给予必要的关注，对评估对象及其所涉及资产的法律权属资料进行了查验，并对已经发现的问题进行了如实披露。

第五，我们出具的评估报告中的分析、判断和结论受评估报告中假设和限定条件的限制，评估报告使用者应当充分考虑评估报告中载明的假设、限定条件、特别事项说明及其对评估结论的影响。

摘　要

本次评估对应的经济行为福建××电脑股份有限公司拟收购福州 YY 工程有限公司 100% 的股权，涉及对福州 YY 工程有限公司全部股权进行评估。

一、评估目的

因福建××电脑股份有限公司拟收购福州 YY 工程有限公司 100% 的股权，特委托××资产评估有限公司对该经济行为涉及的福州 YY 工程有限公司的全部资产和负债进行评估，来提供价值参考依据。

二、评估对象和评估范围

评估对象为福建××电脑股份有限公司拟收购福州 YY 工程有限公司的股东全部权益价值。

评估范围是福州 YY 工程有限公司申报的表内及表外全部资产和负债。评估资产类型主要包括：流动资产、非流动资产（长期股权投资、固定资产）以及相关负债。该评估范围中表内资产及负债对应的会计报表已经立信会计师事务所（特殊普通合伙）审计，评估前总资产为 4 903.53 万元，负债账面价值为 1 175.80 万元，净资产账面价值为 3 727.73 万元（单户口径）。

三、价值类型

市场价值

四、评估基准日

2016 年 3 月 31 日

五、评估方法

本次评估采用资产基础法进行评估并确定评估结论。

六、评估结论及其使用有效期

在评估基准日 2016 年 3 月 31 日，福建××电脑股份有限公司拟收购的福州 YY 工程有限公司股东全部权益价值为 26 474.13 万元。本评估报告评估结果于

2016年3月31日～2017年3月30日之间使用有效。

七、对评估结论产生影响的特别事项

(一) 福州 YY 工程有限公司

截至评估基准日，序号 1 - 闽 A - ×× 车辆实际已报废，但尚未做账务处理。福州 YY 工程有限公司已于 2016 年 4 月进行了账务处理。本次评估根据已提供的报废处置价格确认车辆评估值。

(二) 流动性折价的考虑

由于无法获取足够丰富的相关市场交易统计资料，缺乏关于流动性因素对评估对象价值影响程度的分析判断依据，本次评估未考虑流动性折价对评估值的影响。

以上内容摘自评估报告正文，欲了解本评估项目的详细情况和合理理解评估结论，应当阅读评估报告正文。

福建××电脑股份有限公司拟收购福州 YY 工程有限公司全部股权项目
资产评估报告

福建××电脑股份有限公司：

某资产评估有限公司接受贵公司的委托，根据有关法律、法规和资产评估准则、资产评估原则，采用资产基础法，按照必要的评估程序，对福建××电脑股份有限公司拟收购的福州 YY 工程有限公司的股东全部权益在 2016 年 3 月 31 日所表现的市场价值进行了评估工作。现将资产评估情况报告如下。

一、委托方、被评估单位及其他报告使用者概况

(一) 委托方概况

名称：福建××电脑股份有限公司（以下简称："××"）

住所：××市××区××西路 1 号

法定代表人：胡××

注册资本：938 621 998 元

公司类型：股份有限公司（上市）

主要经营范围：电子计算机技术服务及信息服务；电子计算机及其外部设备、税控收款机的制造、销售、租赁；移动通信及终端设备的开发、生产、销售；手机研发、设计、生产、销售及通信产品咨询服务；电子产品的开发、生产、销售；公路计算机收费、监控、系统设计、咨询及安装调试；机电、消防工程设计；机

电工程施工；消防工程施工；消防设备销售；建筑智能化工程设计施工（安防产品除外）对电子产品行业的投资；对外贸易；电子收；银秤的研发、销售；电子收银秤的制造（具体内容及有效期详见许可证）（依法须经批准的项目，经相关部门批准后方可开展经营活动）。

（二）被评估单位概况

名称：福州YY工程有限公司

住所：××市××区××路××号××高新技术创业园1、2号楼

法定代表人：林××

注册资本：3 000万元

公司类型：有限责任公司（自然人独资）

经营范围：监控器材、防盗报警器材、楼宇设备批发、代购代销；电子产品研究、开发、技术转让、技术服务；楼宇综合布线、计算机网络技术的研究、开发；计算机技术服务、计算机信息咨询服务；计算机软、硬件的开发及系统集成；承办设计、制作、发布、代理国内各类广告；通信设备、电子产品、计算机软硬件、家电、日用百货、文化体育用品的批发、代购代销（依法须经批准的项目，经相关部门批准后方可开展经营活动）。

福州YY工程有限公司（以下简称"YY"公司）由××信息科技有限公司、林××共同设立，注册资本为200万元，实收资本为200万元，该出资经××有限责任会计师事务所出具《验资报告》验证。

"YY"公司设立时的股权结构如表7-7所示。

表7-7 "YY"公司设立时股权结构

股东名称	出资额（万元）	出资比例（%）	出资方式
××信息科技有限公司	180	90	货币
林××	20	10	货币
合计	200	100	货币

经过历次变更，截至评估基准日，"YY"公司的注册资本及股权结构如表7-8所示。

表7-8　　　　　　　　　"YY"公司评估基准日股权结构

股东名称	出资额(万元)	出资比例(%)	出资方式
林××	3 000	100	货币
合计	3 000	100	货币

"YY"公司2015年度及2016年1~3月的主要财务数据,已经××会计师事务所(特殊普通合伙)审计,并出具了审计报告。"YY"公司2015年度及2016年1~3月主要财务数据如表7-9所示。

表7-9　　　　"YY"公司2015年度及2016年1~3月主要财务数据　　　单位:元

项目	2015年度	2016年1~3月
资产总额	44 359 244.05	49 035 257.21
固定资产总额	10 465.48	4 655.88
负债总额	12 292 348.65	11 758 010.32
净资产	32 066 895.40	37 277 246.89
营业收入	2 188 679.29	0.00
利润总额	9 809 494.95	5 210 351.49
净利润	9 809 494.95	5 210 351.49

福州YY工程有限公司申报的评估基准日各项资产及负债××会计师事务(特殊普通合伙)审计,并出具了审计报告,具体情况如表7-10所示。

表7-10　　　　　　　　　资产及负债数据　　　　　　　　　单位:万元

项目	账面价值
流动资产	174.04
非流动资产	4 729.49
其中:长期股权投资	4 729.02
固定资产	0.47
资产总计	4 903.53
流动负债	1 175.80
负债总计	1 175.80
净资产(所有者权益)	3 727.73

(三) 下属子公司情况

企业名称：××网络科技有限公司

法定住所：××省××市××区××东路××号××楼X层××室（自贸试验区内）

法定代表人：林××

注册资本：10 000.00万元

公司类型：有限责任公司

经营范围：计算机网络技术的研究、开发；计算机技术服务、计算机信息。咨询服务；计算机软、硬件的开发及系统集成；承办设计、制作、发布、代理国内各类广告；通信设备、电子产品、计算机软硬件、家电、日用百货、文化体育用品的批发、代购代销；银行卡收单（业务覆盖范围：全国）（依法顺经批准的项目，经相关部门批准后方可开展经营活动）。

××网络科技有限公司成立于2010年5月，注册资本10 000.00万元。截至评估基准日2016年3月31日，××网络科技有限公司股东出资及持股比例如表7-11所示。

表7-11　　　　　　　　股东出资及持股比例

序号	股东	出资额(万元)	出资方式	持股比例(%)
1	××公司	4 000	货币	40
2	张××榕	900	货币	9
3	范××	900	货币	9
4	施××	900	货币	9
5	詹××	800	货币	8
6	张××	800	货币	8
7	陈××	700	货币	7
8	陈××	500	货币	5
9	王××	500	货币	5
	合计	10 000	—	100

（四）其他评估报告使用者概况

除委托方、国家法律法规规定的评估报告使用者外，业务约定书未约定其他评估报告使用者。

（五）委托方与被评估单位的关系

委托方福建××电脑股份有限公司拟收购被评估企业的股权。

二、评估目的

因福建××电脑股份有限公司拟收购福州YY工程有限公司的全部股权，特委托××资产评估有限公司对该经济行为涉及的福州YY工程有限公司的全部资产和负债进行评估，以提供价值参考依据。

三、评估对象和范围

委托评估对象和评估范围与经济行为涉及的评估对象和评估范围一致。

评估对象为福建××电脑股份有限公司拟收购的福州YY工程有限公司股东全部权益价值。

评估范围包括由福州YY工程有限公司申报的评估基准日各项资产及负债（单户口径），该评估范围中资产及负债对应的会计报表经××会计师事务所（特殊普通合伙）审计，具体情况如表7-12所示。

表7-12　　　　　　　　资产及负债数据　　　　　　　金额单位：元

序号	科目名称	账面价值
一	流动资产合计	1 740 401.16
1	货币资金	62 469.89
2	应收账款	1 634 000.00
3	其他应收款	33 263.67
4	其他流动资产	10 667.60
二	非流动资产合计	47 294 856.05
1	长期股权投资	47 290 200.17
2	固定资产	4 656.00
三	资产总计	49 035 257.21

续表

序号	科目名称	账面价值
四	流动负债合计	11 758 010.32
1	应付职工薪酬	8 000.00
2	应交税费	10.32
3	其他应付款	11 750 000.00
五	负债总计	11 758 010.32
六	净资产	37 277 246.89

其中纳入评估范围的长期股权投资如表 7-13 所示。

表 7-13　　　　　　　　　长期股权投资表金额　　　　　　　　　单位：万元

序号	被投资单位名称	投资日期	持股比例	投资成本	账面价值
1	××网络科技有限公司	40 799	0.4	4 000	4 729.02
	合计				4 729.02

（一）委托评估资产的权属状况

截至评估基准日，序号 1—闽 A××车辆实际已报废，但尚未做账务处理。福州 YY 工程有限公司已于 2016 年 4 月进行了账务处理。

除上述车辆外，评估范围内的资产及负债为福州 YY 工程有限公司所有。福州 YY 工程有限公司已提供重要设备购置发票、重要合同及其他相关替代资料等权属证明文件，资产权属基本清晰。

（二）实物资产的分布情况及特点

纳入本次评估范围的实物资产为固定资产，截至评估基准日，具体分布情况如下：

固定资产——设备类账面原值为 17 350.43 元，账面净值为 4 655.88 元，减值准备为零。委托评估资产存放于企业公司，为车辆、电子设备。其中：车辆 1 项，账面原值 13 000.00 元，账面净值为 650.00 元，为闽 A××车辆。截至评估基准日该车实际已报废，但尚未做账务处理。福州 YY 工程有限公司已于 2016 年 4 月进行了账务处理。电子设备 1 项，账面原值 4 350.43 元，账面净值为 4 005.88

元，是笔记本电脑。这些设备日常维护保养及时，在用状况基本正常。

（三）企业申报的账面记录或者未记录的无形资产情况

无。

（四）引用其他机构出具的报告结论的情况

本次评估未引用其他机构出具的报告的结论。

四、价值类型及其定义

评估价值类型包括市场价值和市场价值以外的价值类型。市场价值以外的价值类型一般包括（但不限于）投资价值、在用价值、清算价值、残余价值等。根据本次评估目的、市场条件以及评估对象自身条件，选择市场价值作为本次评估的价值类型。

市场价值是指自愿买方和自愿卖方在各自理性行事且未受任何强迫的情况下，评估对象在评估基准日进行正常公平交易的价值估计数额。

五、评估基准日

本次评估基准日是2016年3月31日。

委托方在确定评估基准日时考虑的主要因素包括满足经济行为实施的时间要求。

六、评估依据

（一）法律法规依据

(1)《中华人民共和国公司法》；

(2)《中华人民共和国证券法》；

(3)《上市公司重大资产重组管理办法》（中国证券监督管理委员会令第53号）；

(4)《关于修改上市公司重大资产重组与配套融资相关规定的决定》（中国证券监督管理委员会令第73号）；

(5)《中华人民共和国企业所得税法》；

(6)《中华人民共和国增值税暂行条例实施细则》（财政部、国家税务总局令第50号）。

（二）评估准则依据

(1)《评估准则——基本准则》和《资产评估职业道德准则——基本准则》；

(2)《注册资产评估师关注评估对象法律权属指导意见》；

(3)《资产评估准则——企业价值》;

(4)《资产评估准则——评估报告》等 7 项资产评估准则;

(5)《评估机构业务质量控制指南》;

(6)《中评协关于修改评估报告等准则中有关签章条款的通知》;

(7)《资产评估职业道德准则——独立性》。

(三)权属依据

(1)车辆行驶证;

(2)设备购置发票及合同。

(四)取价依据

(1)国家和行业有关部门发布的相关法规、标准等;

(2)《最新资产评估常用数据与参数手册》最新版;

(3)有关协议、合同、发票等资料;

(4)国内大型专业网站提供的计算机及办公自动化设备、全国汽车市场价格资料;

(5)评估人员的现场勘察记录;

(6)被评估企业提供的评估申报明细表及有关资料。

(五)其他参考依据

(1)××会计师事务所(特殊普通合伙)出具的无保留意见审计报告;

(2)被评估企业提供的重大合同、协议。

七、评估方法

(一)评估方法的选择

根据《资产评估准则——企业价值》,注册资产评估师执行企业价值评估业务,应当根据评估目的、评估对象、价值类型、资料收集情况等相关条件,分析收益法、市场法和资产基础法三种资产评估基本方法的适用性,恰当选择一种或多种资产评估基本方法。

对市场法而言,由于与被评估企业相关行业、相关规模企业转让的公开交易案例无法取得,而且无足够的参考企业,故本次评估不具备采用市场法的适用条件。

收益法是从决定资产现行公平市场价值的基本依据——资产的预期获利能力

的角度评价资产，符合对资产的基本定义。该方法评估的技术路线是通过将被评估企业未来的预期收益资本化或折现以确定其市场价值。经过调查了解，被评估企业的利润主要来自于其对长期股权投资公司的投资收益，故本次评估不具备采用收益法的适用条件。

福州 YY 工程有限公司资产及负债结构清晰，各项资产和负债价值也可以单独评估确认，因此选用资产基础法作为本次评估方法。

综上所述，本次采用资产基础法进行评估。

（二）资产基础法

企业价值评估中的资产基础法，是指以被评估企业评估基准日的资产负债表为基础，合理评估企业表内及表外各项资产、负债价值，确定评估对价值的评估方法。

1. 流动资产

（1）流动资产中货币资金根据企业提供的各项目的明细表，以审查核实后账面值为基础，考虑未达账项对其的影响后确定评估值；应收账款、其他应收款等，根据企业提供的各项目的明细表，以审查核实后的调整数作为评估基础，采用对经济内容和账龄分析的方法，按每笔款项可能收回的数额确定评估值。

（2）其他流动资产。其他流动资产为留抵进项税。评估人员在核对总账、明细账和报表一致，核实了其他流动资产产生的时间、内容，收集了相关合同等相关资料，确认基准日账面价值真实、准确。对税费，评估人员核实了相关的原始凭证，以核对无误的账面值确定评估值。

2. 长期股权投资

本次对长期股权投资评估均现场实地核查被投资单位资产和负债，根据控股权情况及企业实际经营情况分别选用不同的评估方法。对被评估单位进行整体评估，确定被投资单位在评估基准日净资产的评估价值后，再根据股权投资比例计算确定评估值。

本次对长期股权投资公司采用了资产基础法和收益法进行整体评估，并最终采用收益法评估结果作为长期股权投资公司的企业价值评估结果。

本次长期股权投资评估结果引用了评估报告的评估结果。该评估报告的评估目的为：福建××电脑股份有限公司拟收购××科技有限公司 60% 股权；评估基准日为 2016 年 3 月 31 日；

评估对象为福建××电脑股份有限公司拟收购的××公司 60%股东权益价值；评估范围是××公司申报的表内及表外全部资产和负债。评估资产类型主要包括：流动资产、非流动资产（固定资产、无形资产、长期待摊费用及递延所得税资产）以及相关负债。

3. 固定资产——设备类

本次设备类固定资产的评估以资产按照现行用途继续使用为假设前提，采用成本法进行评估。原因如下：第一，对于市场法而言，由于在选取参照物方面具有极大难度，且由于市场公开资料较缺乏，故本次评估不采纳市场法进行评估；第二，对于收益法而言，委托评估设备均不具有独立运营能力或者独立获利能力，故也不宜采用收益法进行评估。

截至评估基准日，闽 A××车辆实际已报废，但尚未做账务处理。福州 YY 工程有限公司已于 2016 年 4 月进行了账务处理。本次评估根据已提供的报废处置价格确认车辆评估值。

成本法的基本公式：评估价值 = 重置全价 × 成新率

（1）重置全价的确定

电子设备。能查到现行市场价格的电子设备，根据分析选定的现行市价直接确定重置全价；不能查到现行市场价格的，选取功能相近的替代产品市场价格并相应调整作为其重置全价。

（2）成新率的确定

①对电子设备，主要采用使用年限法确定成新率。

②若观察法成新率和使用年限法成新率的差异较大，经分析原因后，凭经验判断，选取两者中相对合理的一种。

4. 负债

负债是在核实的基础上，以被评估单位在评估基准日实际需要承担的负债金额作为负债的评估值。

八、评估程序实施过程和情况

（一）接受委托

经与委托方洽谈沟通，了解委托评估资产基本情况，明确评估目的、评估对象与评估范围、评估基准日等评估业务基本事项，经综合分析专业胜任能力和独立性和评价业务风险，确定接受委托，签订业务约定书。针对具体情况，确定评估价值类型，了解可能会影响评估业务和评估结论的评估假设和限制条件，拟定评估工作计划，组织评估工作团队。

（二）资产核实

指导被评估单位清查资产、准备评估资料，以此为基础，对评估范围内的资产进行核实，对其法律权属状况给予必要的关注，对收集获取的评估资料进行审阅、核查、验证。

（三）评定估算

根据评估对象、价值类型、资料收集情况等相关条件，选择适当的评估方法。结合所掌握的评估资料，开展市场调研，收集相关市场信息，确定取价依据，进行评定估算。

（四）出具报告

对评估结果进行汇总、复核、分析、判断、完善，形成评估结论。撰写评估报告，经内部审核，在与委托方和相关当事方就评估报告有关内容进行必要沟通后，出具正式评估报告。

九、评估假设

本评估报告及评估结论的成立，依赖于以下评估假设：

（一）基本假设

1. 交易假设

交易假设是假定所有待评估资产已经处在交易过程中，评估师根据待评估资产的交易条件等模拟市场进行估价。

2. 公开市场假设

公开市场假设是假定待评估资产在公开市场中进行交易，从而实现其市场价值。资产的市场价值受市场机制的制约并由市场行情决定，而不是由个别交易决定。这里的公开市场是指充分发达与完善的市场条件，是一个有自愿的买者和卖者的竞争性市场，在这个市场上，买者和卖者的地位是平等的，彼此都有获得足够市场信息的机会和时间，买卖双方的交易行为都是在自愿的、理智的，而非强制或不受限制的条件下进行的。

（二）具体假设

（1）被评估企业经营所遵循的国家及地方现行的有关法律法规及政策、国家宏观经济形势无重大变化，本次交易各方所处地区的政治、经济和社会环境无重大变化，无其他不可预测和不可抗力因素造成的重大不利影响。

（2）针对评估基准日资产的实际状况，假设企业经营期为永续。

（3）假设被评估企业现有的和未来的经营管理者是尽职的，且公司管理层有能力担当其职务。能保持被评估企业正常经营态势，发展规划及生产经营计划能如期基本实现。

（4）假设被评估企业完全遵守国家所有相关的法律法规，不会出现影响公司发展和收益实现的重大违规事项。

（5）假设公司未来将采取的会计政策和编写此份报告时所采用的会计政策在重要方面基本一致。

（6）假设公司在现有的管理方式和管理水平的基础上，经营范围、方式与目前方向保持一致。

（7）假设根据国家规定，目前已执行或已确定将要执行的有关利率、汇率、税赋基准和税率以及政策性收费规定等不发生重大变化。

（8）无其他人力不可抗拒因素及不可预见因素对企业造成重大不利影响。

（9）国通星驿已于2015年7月31日取得高新技术企业证书，所得税减按15%征收，有效期3年。假设国通星驿的高新技术企业证书到期后其人员结构、研发费用投入是符合高新技术企业要求的，其企业所得税税率的优惠政策与现时基本一致。

（10）假设国通星驿现有的研发、管理及销售团队是基本稳定和完整的，公司不会因为上述核心团队可能的流失而导致企业未来生产和经营发生重大变化。

（11）假设国通星驿《支付业务许可证》到期后可获得续期。根据资产评估的要求，认定这些假设条件在评估基准日时成立，当未来经济环境发生较大变化时，将不承担由于假设条件改变而推导出不同评估结论的责任。

十、评估结论

在评估基准日2016年3月31日，福州YY工程有限公司的资产账面价值为4 903.53万元，负债账面价值为1 175.80万元，净资产账面价值为3 727.73万元；

经评估后，总资产评估值为 27 649.93 万元，负债评估值为 1175.80 万元，净资产评估值为 26 474.13 万元，总资产评估值比账面值增值 22 746.40 万元，增值率 463.88%；净资产评估值比账面值增值 22 746.40 万元，增值率 610.19%。评估结果如表 7-14 所示。

表 7-14　　　　　　　　　　资产评估结果汇总

项目	序号	账面价值	评估价值(万元)	增减值(万元)	增值率(%)
		A	B	C = B − A	D = C/A×100%
流动资产	1	17 404.00	17 404.00	0.00	0.00
非流动资产	2	472 949.00	2 747 589.00	2 274 640.00	480.95
其中:长期股权投资	3	472 902.00	2 747 548.00	2 274 646.00	481.00
固定资产	4	0.47	0.41	−0.06	−12.77
资产总计	5	490 353.00	2 764 993.00	2 274 640.00	463.88
流动负债	6	117 580.00	117 580.00	0.00	0.00
负债总计	7	117 580.00	117 580.00	0.00	0.00
净资产(所有者权益)	8	372 773.00	2 647 413.00	2 274 640.00	610.19

评估基准日：2016 年 3 月 31 日

被评估单位：福州 YY 工程有限公司

最终评估结论为：福州 YY 工程有限公司在评估基准日的股东。

全部权益价值评估值为 26 474.13 万元，福建××电脑股份有限公司拟收购的福州 YY 工程有限公司的股东全部权益价值为 26 474.13 万元。

十一、特别事项说明

(一) 福州 YY 工程有限公司

截至评估基准日，序号 1—闽 A ×× 车辆实际已报废，但尚未做账务处理。福州 YY 工程有限公司已于 2016 年 4 月进行了账务处理。本次评估根据已提供的报废处置价格确认车辆评估值。

(二) 流动性折价的考虑

由于无法获取足够丰富的相关市场交易统计资料，缺乏关于流动性因素对评估对象价值影响程度的分析判断依据，本次评估未考虑流动性折价对评估值的影响。

十二、评估报告使用限制说明

第一，评估报告只能用于评估报告载明的评估目的和用途。

第二，评估报告只能由评估报告载明的评估报告使用者使用。

第三，评估报告的全部或者部分内容被摘抄、引用或者披露于公开媒体，需评估机构审阅相关内容，法律、法规规定以及相关当事方另有约定的除外。

第四，评估报告所揭示评估结论的使用有效期为一年，自评估基准日2016年3月31日起，至2017年3月30日止。

十三、评估报告日

评估报告日为2016年5月26日。

评估机构法定代表人（或授权代表）：

注册资产评估师：

注册资产评估师：

附件：

（1）被评估单位审计报告；

（2）委托方和被评估单位法人营业执照；

（3）评估对象涉及的主要权属证明资料；

（4）委托方和相关当事方的承诺函；

（5）签字注册资产评估师的承诺函；

（6）评估机构资格证书；

（7）评估机构法人营业执照副本；

（8）签字注册资产评估师资格证书；

（9）授权委托书。

十四、问题讨论

1. 资产基础法的含义、基本思路、应用程序和范围是什么？
2. 讨论应用资产基础法应注意的问题。

案例33　部分股权评估收益法案例

以福建××电脑股份有限公司拟收购福建××支付技术有限公司30%股权项目为例

注册资产评估师声明

（1）我们在执行本资产评估业务中，遵循相关法律法规和资产评估准则，恪守独立、客观和公正的原则；根据我们在执业过程中收集的资料，评估报告陈述的内容是客观的，并对评估结论合理性承担相应的法律责任。

（2）评估对象涉及的资产、负债清单由被评估单位申报并经其签章确认；所提供资料的真实性、合法性、完整性，恰当使用评估报告是委托方和相关当事方的责任。

（3）我们与评估报告中的评估对象没有现存或者预期的利益关系；与相关当事方没有现存或者预期的利益关系，对相关当事方不存在偏见。

（4）我们已对评估报告中的评估对象及其所涉及资产进行现场调查；我们已对评估对象及其所涉及资产的法律权属状况给予必要的关注，对评估对象及其所涉及资产的法律权属资料进行了查验，对已经发现的问题进行了如实披露，并且已提请委托方及相关当事方完善产权以满足出具评估报告的要求。

（5）我们出具的评估报告中的分析、判断和结论受评估报告中假设和限定条件的限制，评估报告使用者应当充分考虑评估报告中载明的假设、限定条件、特别事项说明及其对评估结论的影响。

摘　要

一、本次评估对应的经济行为

福建××电脑股份有限公司拟收购福建××支付技术有限公司30%股权。

二、评估目的

因福建××电脑股份有限公司拟收购福建××支付技术有限公司30%股权事宜，特委托××资产评估有限公司对该经济行为涉及的福建××支付技术有限公司30%的股权价值进行评估，以提供价值参考依据。

三、评估对象和评估范围

评估对象为福建××支付技术有限公司 30%的股东权益价值。

评估范围是福建××支付技术有限公司在评估基准日 2016 年 3 月 31 日全部资产和负债。其总资产账面价值为 102 401.39 万元，负债账面价值 84 140.49 万元，净资产账面价值 18 260.90 万元。

四、价值类型

市场价值。

五、评估基准日

2016 年 3 月 31 日。

六、评估方法

采用资产基础法、收益法进行评估，最终选取收益法结果作为最终评估结果。

七、评估结论及其使用有效期

评估结论为：福建××电脑股份有限公司拟收购福建××支付技术有限公司 30%股权价值为 29 951.51 万元。

评估报告所揭示评估结论的使用有效期为一年，自评估基准日 2016 年 3 月 31 日起，截至 2017 年 3 月 30 日。

八、对评估结论产生影响的特别事项

（1）由于无法获取足够丰富的相关市场交易统计资料，缺乏关于流动性以及非控股权对评估对象价值影响程度的分析判断依据，本次评估未考虑流动性折价以及非控股权折价对评估价值的影响。

（2）××支付的可供出售金融资产——因只持有其 11.5%股权，无法取得其基准日的财务报表，本次评估按其账面价值确定评估价值。

以上内容摘自评估报告正文，欲了解本评估项目的详细情况和合理理解评估结论，应当阅读评估报告正文。

福建××电脑股份有限公司拟收购福建××支付技术有限公司 30%股权资产评估报告

福建××电脑股份有限公司：

××资产评估有限公司接受贵公司的委托，根据有关法律、法规和资产评估准则、资产评估原则，采用收益法和资产基础法，按照必要的评估程序，对贵公司拟收购福建××支付技术有限公司 30%股权事宜涉及的该公司 30%股权价值在

2016年3月31日的市场价值进行了评估，现将资产评估情况报告如下。

一、委托方、被评估单位和其他报告使用者概况

（一）委托方概况

名称：福建××电脑股份有限公司（以下简称"××"公司）

住所：××市××区儒××路1号

法定代表人：胡××

注册资本：938 621 998元

公司类型：股份有限公司（上市）

主要经营范围：电子计算机技术服务及信息服务；电子计算机及其外部设备、税控收款机的制造、销售、租赁；移动通信及终端设备的开发、生产、销售；手机研发、设计、生产、销售及通信产品咨询服务；电子产品的开发、生产、销售；公路计算机收费、监控、系统设计、咨询及安装调试；机电、消防工程设计；机电工程施工；消防工程施工；消防设备销售；建筑智能化工程设计施工（安防产品除外）；对电子产品行业的投资；对外贸易；电子收银秤的研发、销售；电子收银秤的制造（具体内容及有效期详见许可证）（依法须经批准的项目，经相关部门批准后方可开展经营活动）。

（二）被评估单位简介

被评估单位：福建××支付技术有限公司（以下简称"××支付"）

住所：福州保税区经三路埃特佛大厦8层-1

实收资本：7131.45万元

法定代表人：林××

企业性质：有限责任公司

成立日期：2012年5月20日

经营范围：支付受理设备、交易安全设备及电子产品的技术开发、生产、销售、租赁及服务；智能终端设备、移动通信终端设备及无线通信传输设备的开发、生产、销售与租赁；电子支付、网上金融服务等系统集成、开发、销售；计算机软硬件技术的开发、生产、批发兼零售；计算机技术咨询服务；市场调查、社会经济信息咨询（不含金融、证券、期货）；自营或代理各类商品和技术的进出口业务，但国家限定公司经营或禁止进出口的商品和技术除外（以上经营范围涉及许

可经营项目的,应在取得有关部门的许可后方可经营)。2012年6月7日,福建××电脑股份有限公司、林××、周××、沈××签订了《福建××支付技术有限公司章程》,同意共同出资3 000万元设立支付。2012年6月8日,××有限责任会计师事务所出具验字××号《验资报告》确认,截至2012年6月8日,××支付已收到股东××公司、林××、周××、沈××缴纳的注册资本合计3 000万元,均以货币出资。2012年6月20日,××县工商行政管理局向××支付核发了《企业法人营业执照》。××支付设立时的股权结构如表7-15所示。

表7-15　　　　　　　　　××支付设立时的股权结构

序号	股东	出资额(万元)	出资方式	持股比例(%)
1	××公司	2 400.00	货币	8 000
2	林××	360.00	货币	1 200
3	周××	120.00	货币	400
4	沈××	120.00	货币	400
	合计	3 000.00	—	100

经过历次变更,××支付的注册资本及股权结构如表7-15所示。

××支付2015~2016年3月的主要资产经营数据如表7-16所示。

表7-16　　　　　　　　　××支付评估基准日的股权结构

序号	股东	实缴数额(万元)	出资方式	出资比例(%)
1	××公司	4 992.00	货币	70
2	林××	1 283.60	货币	18
3	周××	428.00	货币	6
4	沈××	427.85	货币	6

(三) 其他评估报告使用者概况

除委托方、国家法律法规规定的评估报告使用者外,业务约定书未约定其他评估报告使用者。

(四) 委托方和被评估企业的关系

××支付是××科技集团的成员企业,是福建××电脑股份有限公司(深市A股上市公司),投资控股的企业。截至评估基准日,××电脑股份有限公司持有××支付70%股权。

二、评估目的

因××电脑股份有限公司拟收购××支付30%股权事宜,特委托××资产评估有限公司对该经济行为涉及的××支付股东全部权益进行评估,以提供价值参考依据。

三、评估对象和范围

委托评估对象和评估范围与经济行为涉及的评估对象和评估范围一致。评估对象为福建××支付技术有限公司的30%的股东权益。评估范围包括由××支付申报的评估基准日表内各项资产及负债,该评估范围中表内资产及负债对应的会计报表经××会计师事务所(特殊普通合伙)审计并出具无保留审计报告。具体情况如表7-17所示。

表7-17　　　　　　　　　　主要财务数据　　　　　　　　单位:元

项目	2015 年	2016 年 3 月 31 日
资产总额	915 299 832.10	1 024 013 926.88
固定资产	6 974 786.57	6 972 170.76
负债总额	756 406 606.10	841 404 902.50
净资产	158 893 226.00	182 609 024.38
营业收入	1 011 864 707.02	278 855 471.17
营业成本	812 600 394.72	225 147 622.72
利润总额	88 108 499.67	27 364 291.23
净利润	76 775 265.27	23 609 148.38

（一）××支付资产负债表，具体情况如表7-18所示。

表7-18　　　　　　　　　　资产负债表　　　　　　　　　　单位：元

序号	科目名称	账面价值
1	一、流动资产合计	1 001 570 811.73
2	货币资金	179 503 910.91
3	应收票据	1 651 704.00
4	应收账款	170 636 285.74
5	预付款项	4 230 873.88
6	其他应收款	2 585 689.84
7	存货	553 830 391.55
8	其他流动资产	89 131 955.81
9	二、非流动资产合计	22 443 115.15
10	可供出售金融资产	1 814 080.61
11	长期股权投资	10 000 000.00
12	固定资产	6 972 170.76
13	无形资产	1 287 581.28
14	递延所得税资产	2 369 282.50
15	三、资产总计	1 024 013 926.88
16	四、流动负债合计	841 360 854.88
17	短期借款	27 091 405.78
18	应付票据	257 188 726.79
19	应付账款	216 069 280.73
20	预收款项	238 706 051.14
21	应付职工薪酬	2 366 993.65
22	应交税费	5 317 460.82
23	应付利息	142 382.87
24	其他应付款	94 164 267.39
25	一年内到期的非流动负债	314 285.71

续表

序号	科目名称	账面价值
26	五、非流动负债合计	44 047.62
27	其他非流动负债	44 047.62
28	六、负债总计	841 404 902.50
29	七、净资产	182 609 024.38

（二）资产负债情况

评估资产类型主要包括：流动资产、非流动资产以及相关负债。评估前总资产账面价值为102 401.39万元，负债账面价值84 140.49万元，净资产账面价值18 260.90万元。

（三）企业申报的账面记录或者未记录的无形资产情况

经核实，企业存在48项其他无形资产，为11项外购软件、19项实用新型专利、12项外观设计专利、1项发明专利及5项软件著作权，除外购软件外均无账面值，具体情况如表7-19、表7-20、表7-21、表7-22、表7-23所示。

表7-19　　　　　　　　　　　　外购软件　　　　　　　　　　　　单位：元

序号	名称和内容	取得日期	原始入账价值	账面价值
1	MasterCardPaypass3.××测试软件	2013.3.31	97 605.98	37 412.53
2	EMV-AmexExpresspayV3××测试软件	2013.6.30	82 634.02	35 810.92
3	神州数码××管理软件	2013.6.30	75 000.00	32 500.00
4	神州数码××软件升级	2013.6.30	41 051.28	17 791.15
5	项目管理软件	2013.12.31	214 000.00	114 130.40
6	业务架构平台	2014.9.30	216 981.20	148 271.50
7	LabVIEW××系统	2015.3.31	9 999.00	7 832.55
8	××输入法	2015.5.13	122 051.28	99 675.19
9	管易××软件	2015.10.21	18 632.48	16 769.24
10	鼎捷易拓××软件	2015.1.1	590 085.47	442 564.07
11	鼎捷××系统	2015.7.1	393 910.26	334 823.73
	合计		1 861 950.97	1 287 581.28

表7-20　　　　　　　　　　　　　　实用新型专利

序号	名称和内容	申请号/专利号	申请日	取得方式
1	一种机壳防拆保护结构	略	2015/9/17	原始取得
2	一种电子电路中数据防窃取的保护装置	略	2015/9/17	原始取得
3	一种音量可调的无源磁电式蜂鸣器驱动电路	略	2015/6/11	原始取得
4	一种USB长距离供电电路	略	2015/3/18	原始取得
5	液晶屏安全保护装置及其柔性防撕保护电路板	略	2015/3/16	原始取得
6	一种微型刷卡装置	略	2015/1/29	原始取得
7	POS死机强制关机电路	略	2014/11/29	原始取得
8	一种移动终端中锂电池多输出电源电路	略	2014/11/29	原始取得
9	一种采用单节锂电池的POS机供电电路	略	2014/11/29	原始取得
10	一种IC卡半卡插入的防呆结构	略	2014/11/26	原始取得
11	一种简易型IC卡座的新型结构	略	2014/9/26	原始取得
12	一种用于金融终端设备的安全框	略	2014/9/26	原始取得
13	一种刷卡磁头的安装结构	略	2014/9/26	原始取得
14	一种液晶屏的新型安全结构	略	2014/9/26	原始取得
15	一种移动个人支付终端的新型结构	略	2013/11/12	原始取得
16	一种安全开关	略	2012/10/31	原始取得
17	一种从音频口获取电源的装置	略	2012/9/29	原始取得
18	一种敏感数据传输线及其与磁头的连接结构	略	2012/9/29	原始取得
19	一种PCB安全保护板及PCB安全保护装置	略	2012/9/29	原始取得

表7-21　　　　　　　　　　　　　　外观设计专利

序号	名称和内容	申请号/专利号	申请日	取得方式
1	综合受理终端(N900)	略	2015/6/15	原始取得
2	POS机(ME60)	略	2014/12/1	原始取得
3	POS机(ME30S)	略	2014/12/1	原始取得
4	POS机(ME15)	略	2014/11/29	原始取得
5	POS机(ME18)	略	2014/11/29	原始取得
6	POS机(ME31S)	略	2014/11/29	原始取得
7	POS机(SP50)	略	2014/11/29	原始取得

续表

序号	名称和内容	申请号/专利号	申请日	取得方式
8	电子签字板	略	2013/7/5	原始取得
9	POS 机（SP80）	略	2013/4/23	原始取得
10	POS 机（SP60）	略	2013/4/23	原始取得
11	POS 机（SPw70）	略	2013/4/23	原始取得
12	POS 机（SP10）	略	2013/4/23	原始取得

表 7－22　　　　　　　　　　　　　发明专利

序号	名称和内容	申请号/专利号	申请日	取得方式
1	安全支付与移动支付可分拆组合的终端及其支付方法	略	2011/2/1	原始取得

表 7－23　　　　　　　　　　　　　软件著作权

序号	名称和内容	著作权登记号	登记日期	取得方式
1	××移动营销平台软件	略	2014/3/3	原始取得
2	ME30－××基于蓝牙通信的移动支付软件	略	2014/2/12	原始取得
3	NL－××车载 POS 系统（嵌入）软件	略	2014/1/24	原始取得
4	M10－××基于音频通信的磁卡支付软件	略	2014/1/22	原始取得
5	××ME31 手机移动支付软件	略	2014/1/22	原始取得

（四）企业申报的表外资产

企业无申报的表外资产。

（五）引用其他机构出具的报告结论的情况

本次没有引用其他机构出具的报告结论的情况。

四、价值类型及其定义

评估价值类型包括市场价值和市场价值以外的价值类型。市场价值以外的价值类型一般包括（但不限于）投资价值、在用价值、清算价值、残余价值等。根据本次评估目的、市场条件以及评估对象自身条件，选择市场价值作为本次评估的价值类型。

市场价值是指自愿买方和自愿卖方在各自理性行事且未受任何强迫的情况下，评估对象在评估基准日进行正常公平交易的价值估计数额。

五、评估基准日

本次评估基准日是 2016 年 3 月 31 日。

委托方在确定评估基准日时考虑的主要因素包括满足经济行为实施的时间要求，选取会计期末以便于明确界定评估范围和准确高效清查资产。

六、评估依据

（一）法律法规依据

（1）《公司法》《证券法》；

（2）《上市公司重大资产重组管理办法》（证监会令第 73 号）；

（3）《关于规范上市公司重大资产重组若干问题的规定》；

（4）深圳证券交易所上市公司重大资产重组信息披露工作备忘录。

（二）评估准则依据

（1）《资产评估准则——基本准则》和《资产评估职业道德准则——基本准则》；

（2）《注册资产评估师关注评估对象法律权属指导意见》；

（3）《资产评估职业道德准则——独立性》；

（4）《资产评估准则——评估报告》；

（5）《资产评估准则——企业价值》；

（6）《资产评估准则——评估程序》；

（7）《资产评估准则——机器设备》；

（8）《资产评估准则——无形资产》；

（9）《评估机构业务质量控制指南》；

（10）《中评协关于修改评估报告等准则中有关签章条款的通知》。

（三）权属依据

专利证书、软件著作权证书、车辆行驶证。

（四）取价依据

（1）国家和行业有关部门发布的相关法规、标准等；

（2）《最新资产评估常用数据与参数手册》；

(3) 有关协议、合同、发票等资料；

(4) 评估人员的现场勘察记录；

(5) 被评估企业提供的评估申报明细表及有关资料；

(6) ××支付提供的未来盈利预测。

（五）其他参考依据

(1) ××致同会计师事务所（特殊普通合伙）出具的福建××支付技术有限公司 2015 年度及 2016 年 1~3 月无保留意见《审计报告》；

(2) 被评估企业提供的生产经营统计资料。

七、评估方法

（一）评估方法的选择

根据《资产评估准则——企业价值》，注册资产评估师执行企业价值评估业务，应当根据评估目的、评估对象、价值类型、资料收集情况等相关条件，分析收益法、市场法和资产基础法三种资产评估基本方法的适用性，恰当选择一种或多种资产评估基本方法。

市场法是以现实市场上的参照物来评价评估对象的现行公平市场价值，它具有评估角度和评估途径直接、评估过程直观、评估数据直接取材于市场、评估结果说服力强的特点。采用市场法评估的条件之一是能够在公开市场上获取与被评估企业相同或类似公司的可采信的股权交易资料，由于与被评估企业相关行业、相关规模企业转让的公开交易案例无法取得，故本次评估不具备采用市场法的适用条件。

收益法是从决定资产现行公平市场价值的基本依据——资产的预期获利能力的角度评价资产，符合对资产的基本定义。该方法评估的技术路线是通过将被评估企业未来的预期收益资本化或折现以确定其市场价值。经过调查了解，被评估企业收入、成本和费用之间存在比较稳定的配比关系，未来收益可以预测并能量化。与获得收益相对应的风险也能预测并量化，因此符合收益法选用的条件。

资产基础法是指在合理评估企业各项资产的价值和负债的基础上确定评估对象价值的思路。××支付的资产及负债结构清晰，企业各项资产和负债价值也可以单独评估确认，因此可选用资产基础法作为本次评估的方法。

综上，本次评估采用收益法和资产基础法进行评估。

(二) 资产基础法

企业价值评估中的资产基础法，是指以被评估企业评估基准日的资产负债表为基础，合理评估企业表内及表外各项资产、负债价值，确定评估对象价值的评估方法。在运用资产基础法进行企业价值评估时，各项资产的价值是根据其具体情况选用适当的具体评估方法得出。本次评估涉及的具体评估方法如下。

1. 流动资产

（1）流动资产中的货币资金、应收票据及其他流动资产根据企业提供的各项目的明细表，以审查核实后账面值确定评估值；应收账款、其他应收款和预付账款根据企业提供的各项目的明细表，以审查核实后的账面值作为评估基础，采用对经济内容和账龄分析的方法，按每笔款项可能收回的数额确定评估值。

（2）存货主要有原材料、在产品、产成品和发出商品。根据企业提供的存货清单，核实有关购置发票和会计凭证，盘点存货，现场勘察存货的仓储情况，了解仓库的保管、内部控制制度，根据待估资产的特点，选择适当的评估标准和方法。原材料，以经核实后的数量并参考评估基准日近期市场购置价（含运费，不含税）确定评估值。由于被评估企业原材料周转速度快，均为近期购买，账面单价与市场价相近，故以核实后账面值确定评估值。在产品，以核实后的账面值确定评估值。产成品和发出商品，在获取相关销售价格的基础上，将不含税销售单价、扣减销售费用、营业税金及附加、所得税和必要的利润折扣后，乘以评估基准日核实的结存数量和发出商品数量作为产成品和发出商品的评估价值。

2. 交易性金融资产

××支付的可供出售金融资产，因只持有其11.5%的股权，无法取得其基准日的财务报表，本次评估按其账面价值确定评估价值。

3. 长期股权投资

由于本次评估范围中的长期投资是全资子公司，对被投资单位评估基准日的整体资产进行评估，然后根据被投资单位评估基准日净资产评估值确定长期股权投资的评估值。

4. 固定资产

本次设备类固定资产的评估以资产按照现行用途继续使用为假设前提，采用成本法进行评估。原因如下：第一，对于市场法而言，由于在选取参照物方面具有极大难度，且由于市场公开资料较缺乏，故本次评估不采纳市场法进行评估；第二，对于收益法而言，委托评估设备均不具有独立运营能力或者独立获利能力，故也不宜采用收益法进行评估。

成本法的基本公式：评估价值＝重置全价×成新率

（1）重置全价的确定。

①机器设备。

对于国产设备，能查到现行市场价格的设备，根据分析选定的现行市价作为设备购置价，再加上运杂费和安装调试费等其他合理费用确定重置全价；不能查到现行市场价格的设备，选取功能相近的替代产品市场价格并相应调整作为设备购置价，再加上运杂费和安装调试费等其他合理费用确定重置全价。其重置全价的计算公式为：

重置全价＝设备购置价＋运杂费＋安装工程费＋其他合理费用

对于零星购置的小型设备、不需要安装及运输的设备，其重置全价的计算公式为：

重置全价＝设备购置价

②车辆。

按照现行市场价格，加上车辆购置税、运费等合理费用确定重置全价。

③电子设备。

能查到现行市场价格的电子设备，根据分析选定的现行市价直接确定重置全价；不能查到现行市场价格的，选取功能相近的替代产品市场价格并相应调整作为其重置全价。

（2）成新率的确定。

①机器设备，主要采用观察法和年限法成新率确定综合成新率，其计算公式为：

成新率＝观察法成新率×60％＋使用年限法成新率×40％

观察法。观察法是对评估设备的实体各主要部位进行技术鉴定，并综合分析资产的设计、制造、使用、磨损、维护、修理、大修理、改造情况和物理寿命等因素，将评估对象与其全新状态相比较，考察由于使用磨损和自然损耗对资产的功能、使用效率带来的影响，判断被评估设备的成新率。

②运输车辆，主要采用观察法和理论成新率确定综合成新率，其计算公式为：

成新率 = 观察法成新率 × 60% + 理论成新率 × 40%

观察法。观察法是对评估设备的实体各主要部位进行技术鉴定，并综合分析资产的设计、制造、使用、磨损、维护、修理、大修理、改造情况和物理寿命等因素，将评估对象与其全新状态相比较，考察由于使用磨损和自然损耗对资产的功能、使用效率带来的影响，判断被评估设备的成新率。

理论成新率法。理论成新率法是分别采用使用年限法和行驶里程法两种方法计算出的相应的成新率，然后根据孰低原则确定理论成新率。

经济使用年限和经济使用里程是指从资产开始使用到因经济上不合算而停止使用所经历的年限和行驶的里程。

③对电子设备，主要采用使用年限法确定成新率。

④若观察法成新率和使用年限法成新率的差异较大，经分析原因后，凭经验判断，选取两者中相对合理的一种。

5. 无形资产——其他无形资产

（1）对于外购的软件无形资产，通过网上调查和了解部分销售机构相关报价后，确定其重置价。对于部分已经不再销售，或者无法查询到销售价格的软件，以替代软件确定其销售价格并考虑适当升级费用后确定其重置价。评估人员在确定相关软件的重置价后，综合考虑相关贬值因素最终确定其评估值。公式如下：

评估价值 = 重置全价 ×（1 - 贬值率）

贬值率因素基于以下角度考虑：市场其他同类产品替代性、产品可升级性、软件使用行业的包容性等、使用年限等。

（2）对于外观设计专利，考虑到这些专利价值与其成本存在较大相关性，而收益法或市场法的应用不具备相关条件，最终选取成本法进行评估。计算公式如下：

专利评估值 = 重置全价 - 贬值

（3）对于未来收益可以预计的软件著作权和专利，采用收益法进行评估。具体评估思路是首先通过估算被评估软件著作权和专利在合理的收益期限内未来分成收益，并采用适宜的折现率折算成现值，然后累加求和，得出被评估软件著作权和专利的收益现值。

6. 递延所得税资产

递延所得税资产的核算内容为因企业执行的会计政策与税法规定不同，资产的账面价值与其计税基础产生的差异。评估人员通过查阅相关账簿、凭证，了解差异产生的原因、形成过程并核实金额的准确性。经核实，该科目核算的金额符合企业会计制度及税法相关规定，评估时根据对应科目的评估处理情况计算确认递延所得税资产。

7. 负债

在核实的基础上，以被评估单位在评估基准日实际需要承担的负债金额作为负债的评估值。对评估目的实现后不再需要被评估单位承担的负债项目，评估为零。

（三）收益法

1. 收益法的定义和原理

企业价值评估中的收益法，是指将预期收益资本化或者折现，确定评估对象价值的评估方法。收益法常用的具体方法包括股利折现法和现金流量折现法。

本次评估采用现金流量折现法中的企业自由现金流折现模型（或股权自由现金流折现模型）。具体方法为，以加权资本成本（Weighted Average Cost of Capital，WACC）作为折现率，将未来各年的预计企业自由现金流（Free Cash Flow of Firm，FCFF）折现加总得到经营性资产价值，再加上溢余资产和非经营性资产的价值，得到企业整体资产价值，减去付息债务价值后，得到股东全部权益价值。

2. 收益法的应用前提

本次评估是将××支付置于一个完整、现实的经营过程和市场环境中，对其股东权益价值的评估。评估基础是对企业未来收益的预测和折现率的取值，因此被评估资产必须具备以下前提条件。

（1）评估对象应具备持续使用或经营的基础和条件。

（2）资产经营与收益之间存在较稳定的比例关系，并且未来收益和风险能够预测及可量化。

（3）当对未来的收益预测较为客观、折现率的选取较为合理时，其评估结果具有较好的客观性，能合理地反映资产的现实价值。

3. 收益年限的确定

评估时在对企业收入成本结构、资本结构、资本性支出、投资收益和风险水平等综合分析的基础上，结合宏观政策、行业周期及其他影响企业进入稳定期的因素合理确定预测期，假设收益年限为无限期。并将预测期分两个阶段：第一阶段为 2016 年 4 月 1 日~2021 年 12 月 31 日；第二阶段为 2022 年 1 月 1 日直至永续。其中，假设 2022 年及以后的预期收益额按照 2021 年的收益水平保持稳定不变。

八、评估程序实施过程和情况

（一）接受委托

经与委托方洽谈沟通，了解委托评估资产基本情况，明确评估目的、评估对象与评估范围、评估基准日等评估业务基本事项，经综合分析专业胜任能力和独立性和评价业务风险，确定接受委托，签订业务约定书。针对具体情况，确定评估价值类型，了解可能会影响评估业务和评估结论的评估假设和限制条件，拟定评估工作计划，组织评估工作团队。

（二）资产核实

指导被评估单位清查资产、准备评估资料，以此为基础，对评估范围内的资产进行核实，对其法律权属状况给予必要的关注，对收集获取的评估资料进行审阅、核查、验证。

（三）评定估算

根据评估对象、价值类型、资料收集情况等相关条件，选择适当的评估方法。结合所掌握的评估资料，开展市场调研，收集相关市场信息，确定取价依据，进行评定估算。

（四）出具报告

对评估结果进行汇总、复核、分析、判断、完善，形成评估结论。撰写评估报告，经内部审核，在与委托方和相关当事方就评估报告有关内容进行必要沟通后，出具正式评估报告。

九、评估假设

本评估报告及评估结论的成立，依赖于以下评估假设：

(一）基本假设

1. 交易假设

交易假设是假定所有待评估资产已经处在交易过程中，评估师根据待评估资产的交易条件等模拟市场进行估价。

2. 公开市场假设

公开市场假设是假定待评估资产在公开市场中进行交易，从而实现其市场价值。资产的市场价值受市场机制的制约并由市场行情决定，而不是由个别交易决定。这里的公开市场是指充分发达与完善的市场条件，是一个有自愿的买者和卖者的竞争性市场，在这个市场上，买者和卖者的地位是平等的，彼此都有获得足够市场信息的机会和时间，买卖双方的交易行为都是在自愿的、理智的，而非强制或不受限制的条件下进行的。

3. 在用续用假设

在用续用假设是假定处于使用中的待评估资产在产权变动发生后或资产业务发生后，将按其现时的使用用途及方式继续使用下去。

（二）具体假设

（1）国家现行的有关法律法规及政策、国家宏观经济形势无重大变化，本次交易各方所处地区的政治、经济和社会环境无重大变化，无其他不可预测和不可抗力因素造成的重大不利影响。

（2）假设公司的经营者是负责的，且公司管理层有能力担当其职务。

（3）除非另有说明，假设公司完全遵守所有有关的法律法规。

（4）假设公司未来将采取的会计政策和编写此份报告时所采用的会计政策在重要方面基本一致。

（5）假设公司在现有的管理方式和管理水平的基础上，经营范围、方式与目前方向保持一致。

（6）有关利率、汇率、赋税基准及税率、政策性征收费用等不发生重大变化。

（7）无其他人力不可抗拒因素及不可预见因素对企业造成重大不利影响。

（8）××支付获得了《高新技术企业证书》，有效期三年。享受国家需要重点扶持的高新技术企业税收优惠，减按15%的税率征收企业所得税。假设期满后××支付可以通过相关复审，继续享受所得税优惠。根据资产评估的要求，认定这些假设条件在评估基准日时成立,当未来经济环境发生较大变化时,将不承担由于假设条件改变而推导出不同评估结论的责任。

十、评估结论

(一) 资产基础法评估结果

在评估基准日 2016 年 3 月 31 日,××支付的总资产账面价值为 102 401.39 万元,负债账面价值 84 140.49 万元,净资产账面价值 18 260.90 万元;评估后,总资产评估值为 114 509.80 万元,负债评估值 84 140.49 万元,净资产评估值 30 369.31 万元。总资产评估值比账面值增值 12 108.41 万元,增值率 11.82%;净资产评估值比账面值增值 12 108.41 万元,增值率 66.31%。评估结论详细情况如表 7-24 所示。

表 7-24 评估结果

项目	账面价值 A (万元)	评估价值 B (万元)	增减值 C = B - A (万元)	增值率 D = C/A × 100%(%)
流动资产	100 157.08	107 469.46	7 312.38	7.30
非流动资产	2 244.31	7 040.34	4 796.03	213.70
可供出售金融资产	181.41	181.41	0.00	0.00
长期股权投资	1 000.00	667.66	-332.34	-33.23
固定资产	697.22	667.02	-30.20	-4.33
无形资产	128.76	5 287.33	5 158.57	4 006.35
递延所得税资产	236.93	236.93	0.00	0.00
资产总计	102 401.39	114 509.80	12 108.41	11.82
流动负债	84 136.09	84 136.09	0.00	0.00
非流动负债	4.40	4.40	0.00	0.00
负债总计	84 140.49	84 140.49	0.00	0.00
净资产	18 260.90	30 369.31	12 108.41	66.31

(二) 收益法评估结果

在评估基准日 2016 年 3 月 31 日,××支付股东全部权益收益法评估价值为 99 838.38 万元,与账面价值 18 260.90 万元相比,增值 81 577.48 万元,增值率为

446.73%。

(三) 评估结论分析

两种评估结果的差异如表7-25所示。

表7-25　　　　　　　　　　两种评估结果的差异

评估方法	股东全部权益账面值(万元)	股东全部权益评估值(万元)	差异	
			增值额(万元)	增值率(%)
资产基础法	18 260.90	30 369.31	12 108.41	66.31
收益法	18 260.90	99 838.38	81 577.48	446.73
差异额		-69 469.07		

两种方法评估结果差异的主要原因是：两种评估方法考虑的角度不同，资产基础法是从资产地再取得途径考虑的，反映的是企业现有资产的重置价值。收益法是从企业的未来获利能力角度考虑的，反映了企业各项资产的综合获利能力。

(四) 评估结论选取

××支付经营所依赖的主要资源除了固定资产、营运资金等有形资源之外，还包括销售团队、管理团队、客户资源等重要的无形资源。收益法是立足于判断资产获利能力的角度，将被评估企业预期收益资本化或折现，来评估企业价值。是按"将本求利"的逆向思维来"以利索本"，能全面反映企业价值。××支付目前位列电子支付市场第一集团军，在移动智能收单领域市场份额稳居第一；公司拥有一支经验丰富的电子支付、互联网技术及业务团队；与中国银联、银联商务等金融收单机构，快钱、支付宝、拉卡拉、财付通等第三方支付公司建立良好的合作关系。行业影响力渗透到电信、保险、物流、税务、电力、石油等多个领域。立足于优秀的自主创新机制，××支付通过坚持不懈的技术攻关，实现并推出了一系列拥有自主知识产权的产品和技术，科研人员占比超过60%，科研成果的转化率达80%以上。公司在金融行业技术规范方面有着深入的研究和理解，参与起草及制定了中国人民银行、中国银联、中国农业银行、中国移动、中国电信等数十个行业及国家标准。××支付长期打造了一支从事金融信息化建设的专业技术服务团队，致力于大型应用软件的开发及服务，成功开发兴业银行网上银行、外汇交易系统、个人贷款管理系统、企业贷款管理系统等，积累了丰富的行业经验，成为国内为数不多的集端末产品、金融应用及整体解决方案为一体的金融IT服务商。致力于推动"中国制造"走向世界，××支付技术正在加大国际化的发展步伐，将自主品牌的产品行销至世界各地。专业化的产品及服务使得××支付的品牌形象得到客户的普遍认可。凭借优秀的市场表现，2014 年，××支付跻身全球第四大POS机供应商，同比增长率达 141%，增幅居前十POS机供应商之首（尼尔森数据）。2015 年，公司业务进一步发展，传统POS、MPOS、IPOS在中国市场占有率第一，软件收入、海外营业收入跨上了新台阶，公司全系列POS机产品获得国家商用最高等级信息安全认证。而资产基础法是立足于资产重置的角度，通过评估各单项资产价值并考虑有关负债情况，来评估企业价值。相比较而言，资产基础法评估企业价值的角度和途径是间接的，难以全面反映企业价值。

综上所述，评估人员在分析了××支付业务种类、经营范围以及收益稳定性等关键因素的基础上，认为收益法评估值较资产基础法评估值更能真实合理的反映××支付的股东权益价值。故最终采用收益法评估结果作为最终评估结论。

评估结论为：福建××电脑股份有限公司拟收购××支付 30% 股权的评估值为 29 951.51 万元。

十一、特别事项说明

（1）由于无法获取足够丰富的相关市场交易统计资料，缺乏关于流动性以及控股权对评估对象价值影响程度的分析判断依据，本次评估未考虑流动性折价以及控股权溢价对评估价值的影响。

（2）××支付的可供出售金融资产，因只持有其 11.5% 的股权，无法取得其基准日的财务报表，本次评估按其账面价值确定评估价值。

十二、评估报告使用限制说明

（1）评估报告只能用于评估报告载明的评估目的和用途。

（2）评估报告的全部或者部分内容被摘抄、引用或者披露于公开媒体，需评估机构审阅相关内容，法律、法规规定以及相关当事方另有约定的除外。

（3）评估报告只能由评估报告载明的评估报告使用者使用。

（4）评估报告所揭示评估结论的使用有效期为一年，自评估基准日 2016 年 3 月 31 日起，截至 2017 年 3 月 30 日。

十三、评估报告日

评估报告日为 2016 年 5 月 26 日。

评估机构法定代表人（或授权代表）：

注册资产评估师：

注册资产评估师：

2016 年 5 月 26 日

附件

（1）与评估目的相对应的经济行为文件。

（2）被评估单位专项审计报告。

（3）委托方和被评估单位法人营业执照。

（4）产权证明材料。

（5）委托方承诺函。

（6）被评估企业承诺函。

（7）签字注册资产评估师的承诺函。

（8）评估机构资格证书。

（9）评估机构法人营业执照副本。

（10）签字注册资产评估师资格证书。

（11）授权委托书。

十四、问题讨论

讨论本案例为何采用收益法作为评估值？

第八章 资产评估报告

教学目的和要求：通过本章案例学习，能对资产评估报告的类型、构成要素、编写步骤有一个深刻、全面的理解，理解委托方、资产评估行政管理部门和行业管理协会如何利用评估报告，并能运用本章理论及案例知识解决实际评估问题。

第一节 概述

资产评估报告是指注册资产评估师遵照相关法律、法规和资产评估准则，在实施了必要的评估程序对特定评估对象价值进行估算后，编制并且由其所在评估机构向委托方提交的反映其专业意见的书面文件。

一、资产评估报告书的概述

（一）资产评估报告书的作用

（1）它为被委托评估的资产提供作价意见。

（2）资产评估报告书是反映和体现资产评估工作情况，明确委托方、受托方及有关方面责任的依据。

（3）对资产评估报告书进行审核，是管理部门完善资产评估管理的重要手段。

（4）资产评估报告书是建立评价估档案，归集评估档案资料的重要信息来源。

（二）资产评估报告的种类

（1）按资产评估的范围划分，资产评估报告书可分为整体资产评估报告书和单项资本评估报告书。

(2) 按评估对象不同划分，资产评估报告书可划分为资产评估报告书、房地产估价报告书、土地估价报告书等。

(3) 按评估报告所提供信息资料的内容和详细程度划分，资产评估报告可划分为简明评估报告和完整评估报告。

（三）资产评估报告的基本要素

(1) 评估报告类型。

(2) 委托方、资产占有方及其他评估报告使用者。

(3) 评估范围和评估对象基本情况。

(4) 评估目的。

(5) 价值类型

(6) 评估基准日。

(7) 评估假设和限制条件。

(8) 评估依据。

(9) 评估方法。

(10) 评估程序实施过程和情况。

(11) 评估结论。

(12) 声明。

(13) 评估报告日。

(14) 评估机构和注册资产评估师签章。

(15) 附件。

二、资产评估报告的基本制度

第一，资产评估报告基本制度的产生与发展。

第二，资产评估报告书的基本内容。

1. 资产评估报告书正文及相关附件的基本内容

(1) 资产评估报告书封面基本内容。

(2) 资产评估报告书摘要的基本内容。

(3) 资产评估报告书正文的基本内容。

首部、绪言、委托方与资产占有方简介、评估目的、评估范围和对象、评估基准日、评估原则、评估依据、评估方法、评估过程、评估结论、特殊事项说明、评估基准日期后重大事项、评估报告法律效力、使用范围和有效期、评估报告提出日期、尾部。

  (4) 备查文件的基本内容。

 2. 资产评估说明的基本内容

  (1) 评估说明封面及目录的基本内容。

  (2) 关于评估说明使用范围的声明的基本内容。

  (3) 关于进行资产评估有关事项的说明基本内容。

  (4) 资产清查核实情况说明的基本内容。

  (5) 评估依据说明基本内容。

  (6) 各项资产及负债的评估技术说明基本内容。

  (7) 整体资产评估收益现值法评估验证说明基本内容。

  (8) 评估结论及其分析的基本内容。

 三、资产评估报告书的制作步骤

  (1) 整理工作底稿和归集有关资料。

  (2) 评估明细表的数字汇总。

  (3) 评估初步数据的分析和讨论。

  (4) 编写评估报告书。

 四、资产评估报告书制作的技术要点

  (1) 文字表达方面的技能要求。

  (2) 格式和内容方面的技能要求。

  (3) 评估报告书的复核及反馈方面的技能要求。

  (4) 撰写报告书应注意的事项。

第二节 资产评估报告案例

案例 34 S 公司改制为股份有限公司项目的资产评估报告书

摘 要

K 整评报字（01）第×××号

  以下内容摘自资产评估报告书，欲了解本评估项目的全面情况，应认真阅读资产评估报告书全文。

K 评估公司接受 S 公司的委托，根据国家有关资产评估的规定，本着客观、独立、公正、科学的原则，按照公认的资产评估方法，对 S 公司改制为股份有限公司所涉及的整体资产进行了评估。本公司评估人员按照必要的评估程序对委托评估企业的经营状况、财务状况、投资环境、整体资产的使用效果、获利能力和企业的发展进行了客观、全面、科学的预测、核算，对该整体资产截至 2014 年 8 月 31 日所表现的市场价值作出了公允反映。现将资产评估情况及评估结果报告如下。

本次资产评估范围系截至 2014 年 8 月 31 日 S 公司所拥有的整体资产。

评估基准日：2014 年 8 月 31 日。

评估目的：公司改制。

评估方法：收益现值法。

评估结果：S 公司账面资产总额为 657 565 495.68 元，账面负债总额为 353 263 253.82 元，账面净值 304 302 241.86 元，经评估 S 公司整体资产价值为 495 630 000.00 元，增值 191 327 758.14 元，增值率为 62.87%。

本报告提出日期为 2014 年 10 月 16 日，评估结果的有效使用日期至 2015 年 8 月 30 日止。

本报告仅供委托方为本报告所列明的评估目的服务和送交财产评估主管部门审查使用，本评估报告的使用权归委托方所有。除按规定报送有关政府管理部门或依据法律需公开的情形外，未经委托方许可，评估机构不得将报告的全部或部分内容发表于任何公开的媒体上。

K 评估公司　　　　　　　法定代表人：略

　　　　　　　　　　　　总评估师：略

　　　　　　　　　　　　项目负责人：略

　　　　　　　　　　　　注册评估师：略

　　　　　　　　　　　　2014 年 10 月 16 日

S 公司改制为股份有限公司项目的资产评估报告书

K 评估公司接受 S 公司的委托，根据国家有关资产评估的规定，本着客观、独立、公正、科学的原则，按照公认的资产评估方法，对 S 公司改制为股份有限公司所涉及的整体资产进行了评估。本公司评估人员按照必要的评估程序对委托评估企业的经营状况、财务状况、投资环境、整体资产的使用效果、获利能力和企业的发展进行了客观、全面、科学的预测、核算，对该整体资产截至 2014 年 8 月 31 日所表现的市场价值作出了公允反映。现将资产评估情况及评估结果报告如下。

一、委托方及资产占有方概况

委托方、资产占有方：S 公司

注册地址：K 市经济开发区

法定代表人：×××

注册资本：2 850 万美元

企业类型：外商独资经营

经营范围：开发、生产、销售电子等高科技产品；生产销售陶瓷制品、美术陶瓷、精密陶瓷。

S 公司成立于 1997 年 10 月，投资总额 3 000 万美元，注册资本 2 200 万美元，后增资至 2 850 万美元。2021 年 5 月产品正式开始量产。公司经营范围为生产销售陶瓷制品、美术陶瓷、精密陶瓷。现行业务范围以生产及销售各种内外墙砖及通体砖为主，产品包括：外墙砖、通体外墙砖、地砖、壁砖、广场砖、渗花通体砖、多管布料通体砖等。公司先后通过 ISO－9001 和 ISO－14001 认证，并被有关评估公司评定为 AAA 级企业。

长期以来，S 公司秉持公司一贯的经营方针及经营理念，积极深入和开发中国大陆市场。公司成立以来，公司经营规模、资产规模逐年增大，盈利总额也逐年增加，保持资产利润双增长的局面。公司被授予"年度 K 市最佳外商投资企业"荣誉称号。

二、评估目的

根据 S 公司董事会决议，拟改制为股份有限公司。

本次评估目的：改制为股份有限公司

三、评估范围和对象

本次资产评估范围系截至 2014 年 8 月 31 日 S 公司所拥有的该公司整体资产，其中包括流动资产 32 720.63 万元、固定资产 28 040.51 万元、无形资产 3 931.87 万元、其他资产 1 063.54 万元、总资产共计 65 756.55 万元，流动负债 34 126.33 万元、长期负债 1 200.00 万元、负债总计 35 326.33 万元，净资产 30 430.22 万元。以上均为经营性资产，评估对象为企业的整体资产。

四、评估原则

根据国家国有资产管理及评估的有关法规，我们遵循的工作原则是独立性原则、科学性原则、客观性原则、专业性原则。评估适用的经济原则是贡献原则、替代原则、预期原则以及持续经营原则、最佳使用原则。

五、评估依据

（一）法规依据

(1) 中华人民共和国国务院发布的《国有资产评估管理办法》。

(2) 国家国资局制定的《国有资产评估管理办法施行细则》。

(3) 财政部财评字文《资产评估报告基本内容与格式的暂行规定》。

(4) 原国家国资局转发的《资产评估操作规范意见》。

(5) 财政部《外商投资企业会计制度》。

(6) ××市国有资产管理办公室颁布的《收益法适用性判断规则（试行）》。

(7) 其他有关法规和规定。

（二）经济行为依据

《S公司董事会决议》。

（三）产权依据

(1) 外观设计专利证书34件。

(2) 外观设计专利申请受理通知书69件。

(3) 商标注册证6件。

(4) 注册商标许可使用合同6件。

(5) 房权证5件。

(6) 国有土地使用证1件。

（四）评估预测参数及选取依据

(1) S公司2011~2013年度财务报表。

(2) S公司评估基准日财务报表。

(3) S公司历史经营状况分析资料。

(4) S公司提供的营运计划书。

(5) WWW.14148.COM 中国陶瓷在线、WWW.TAOCI.COM 陶瓷世界、WWW.TAOCIWORLD.COM 全球陶瓷信息网、WWW.2CUC.COM 中国建材网等网

站所载相关资料。

(6) S公司提供的其他相关资料。

(7) 评估人员收集的各类与评估相关的佐证资料。

六、评估方法

本次评估采用收益现值法。

(一) 评估技术思路和程序的理论基础

收益现值法是指通过估算被评估资产的未来预期收益并折算成现值，借以确定被评估资产价格的一种资产评估方法。所谓收益现值，是指企业在未来特定时期内的预期收益按适当的折现率折算成当前价值（简称折现）的总金额。

采用收益法评估出的价值是企业整体资产获利能力的量化和现值化，而企业存在的根本目的就是为了盈利，因此运用收益法评估能够真实地反映企业整体资产的价值，更能为市场所接受。收益法能弥补成本法仅从各单项资产价值加和的角度进行评估，未能充分考虑企业整体资产所产生的整体获利能力的缺陷，避免了成本法对效益好或有良好发展前景的企业价值低估、对效益差或企业发展前景较差的企业价值高估的不足。

$$P = \sum_{i=1}^{t} \frac{F_i}{(1+r)^t} + \frac{F}{r(1+r)^t}$$

式中：P——评估值（折现值）；

r——所选取的折现率；

t——收益年限（收益期）；

F_i——未来第 i 个收益期的预期收益额；

F——未来等额预期收益额。

本次评估使用该公式，是基于企业正常持续经营条件下，通过对企业未来收益的折现来确定评估值，其特点是资产经营期间每年的收益额不等且收益期较长，在对企业未来 5 年的产品销售收入、各类成本、费用等进行预测的基础上，自第六年起以后各年的收益额水平假定保持在第五年（即 2020 年）的水平上。

(二) 适用性判断

1. 总体情况判断

S 公司主要开发、生产、销售中高档建筑陶瓷制品。公司在建筑陶瓷市场占有率位居前列，销售网络辐射江、浙、沪、东北、华北、华南、西南和中南等地区。

本次采用收益现值法的原因分析如下：

（1）本公司接受委托后对 S 公司资产进行清查核实，2014 年 8 月 31 日公司拥有的各类资产基本为经营性资产，为持续经营提供了必备的条件。

（2）S 公司进入中国大陆市场已近 8 年，积累了丰富的经营经验，建立起了可观的企业规模和市场网络，进入了高速发展的时期，未来收益可以量化预测，未来风险也可以加以衡量，基本具备了采用收益现值法评估的前提条件。

2. 评估目的判断

本次评估的目的是为 S 公司改制为股份有限公司所涉及的整体资产提供价值依据，重置成本法仅能反映资产本身的重置价值，不能全面、科学地体现企业的市场价值。本次评估委托方要求我公司在评估时，对 S 公司的市场公允价值予以客观、真实的反映，不仅仅是对各单项资产价值予以简单加总，而是要综合体现企业各单项资产的价值以及企业经营规模、行业地位、成熟的管理模式所蕴含的整体价值，即把企业的各单项资产作为一个有机整体，以整体资产的获利能力来评估企业整体资产价值。

3. 企业会计报表判断

根据 S 公司提供的会计报表，公司前几年的营业收入、净利润等均为正值，平稳增长且波动幅度不大，表明公司的经营活动比较稳定，企业整体资产的获利能力从前 3 年的实际运行来看是可以合理预期的。

七、评估过程

我们根据资产评估的有关原则和规定，对评估范围内的资产进行了评估和权利鉴定，具体步骤如下：

第一，2014 年 9 月 22 日接受 S 公司的委托对其整体资产进行评估。

第二，听取关联方及资产占有方有关人员对委托评估对象历史和现状的介绍；根据评估目的和评估对象及范围，选定评估基准日，拟定评估方案。

第三，评估人员在对企业填报的资产评估申报内容进行征询、鉴别，与企业有关财务记录数据进行核对的基础上，对资产进行了清查核实，并收集了各类与未来年期收益预测相关的资料以及企业产权证明文件，确定企业收益有效年限。

第四,深入了解企业的生产、管理和经营情况,如:人力配备、物料资源供应情况、管理体制和管理方针、财务计划和经营计划等。

第五,对企业前几年的财务资料进行分析并且对经营状况及发展计划进行分析。

第六,对由该企业整体资产可带来的未来收益进行预测。

第七,对与该未来收益有关的各项成本费用进行预测。

第八,根据各类风险预测,选定合理的风险报酬率,进而确定折现率。

第九,对未来年期的收益按选定折现率进行折现,得出整体资产的现值。

第十,根据评估工作情况,得出初步结果,听取专家意见,确认无重评、漏评事项,分析意见,修改完善。

第十一,起草资产评估报告书,经本公司三级复核完成报告书,向委托方提交正式资产评估报告书。

八、评估结论

S公司账面资产总额为65 756.55万元,账面负债总额为35 326.33万元,账面净值30 430.22万元,经评估S公司整体资产价值为49 563万元,增值19 132.78万元,增值率为62.87%。如表8-1所示。

表8-1　　　　　　　　　　评估结果汇总表

资产项目	账面值 (万元)	调整后账面值 (万元)	评估值 (万元)	增值额 (万元)	增减率 (%)
流动资产	32 720.63	32 720.63			
固定资产	28 040.51	28 040.51			
无形资产	3 931.87	3 931.87			
其他资产	1 063.54	1 063.54			
总资产	65 756.55	65 756.55			
流动负债	34 126.33	34 126.33			
长期负债	1 200.00	1 200.00			
负债总计	35 326.33	35 326.33			
净资产	30 430.22	30 430.22	49 563.00	19 132.78	62.87

九、特别事项说明

第一,由于地方城市规划的需要,公司生产经营场所在未来 1 年内极大可能面临搬迁,这将对公司的生产经营活动产生一定的不利影响。本次评估中对此事项已进行了审慎的考虑并且假定公司搬迁产生的损失可由地方政府予以补贴。

第二,对企业存在的可能影响资产评估值的瑕疵事项,在企业委托时未作特殊说明而评估人员根据专业经验一般不能获悉的情况下,评估机构及评估人员不承担相关责任。

第三,本公司不对委托方提供的有关经济行为批文、营业执照、权证、会计凭证等证据资料的真实性负责。

第四,本公司声明现在及将来与贵公司委托评估的资产或其评估价值概无利益关系。

第五,本公司对所采用的信息资料来源的真实性,可靠性负责。

十、评估报告基准日后重大事项

第一,评估基准日后至出具评估报告日,S 公司一切经营活动正常,不存在需披露而未披露的重大事项。

第二,评估基准日后至报告有效期内,资产数量和作价标准发生明显变化时,或委托方发生期后事项并对委托评估价值产生显著影响时,不能直接使用本评估结论。

十一、评估报告的法律效力

第一,评估报告成立的前提条件和假设条件。

一是本报告所称"评估价值",是指所评估的资产在现有用途不变并继续经营以及在评估基准日的外部经济环境前提下,根据公开市场原则确定的现行公允价,没有考虑将来可能承担的抵押担保事宜,以及特殊的交易方式可能追加付出的价格等对评估价值的影响。

二是国家宏观经济、政治政策变化对企业预期情况的影响,除已经出台尚未实施政策除外,假定其将不会对企业预期情况构成重大影响。

三是不可抗拒的自然灾害或其他无法预测的突发事件,不作为预期企业未来情况的相关因素考虑。

四是企业持续经营,仍按原先设计使用、保持原有要素资产、保持原有正常的经营方式；并假定企业在工商登记经营期期满后，仍继续经营无期限。

五是企业经营管理者的某些个人的行为未在预测企业未来情况时考虑。

六是预期收益的测算是以企业评估基准日的资产正常经营管理为前提，假定搬迁不会对企业的生产经营造成影响，并假定企业按照原定投资计划进行追加投资。

七是收益的计算以会计年度为准，假定收支均发生在年末。当上述条件发生变化时，评估结果将会失效。

第二，本评估报告的作用依据法律法规的有关规定发生法律效力。

第三，根据国家的有关规定，评估结论的有效使用期为一年，从资产评估基准日 2014 年 8 月 31 日起计算，截至 2015 年 8 月 30 日。

第四，资产评估报告的使用范围。

本报告仅供委托方为本报告所列明的评估目的服务和送交财产评估主管部门审查使用，本评估报告的使用权归委托方所有。除按规定报送有关政府管理部门或依据法律需公开的情形外，未征得委托方的许可，本公司承诺不向他人提供或公开本报告的全部或部分内容。

十二、问题讨论

1. 资产评估报告的构成要素、类型有哪些？
2. 委托方使用资产评估报告有何注意事项？
3. 请指出本评估报告书的几例缺陷。

主要参考文献

[1] 潘学模. 资产评估学（第二版）[M]. 成都：西南财经大学出版社，2014.

[2] 雒翠，杨慧媛，黄敏. 资产评估学[M]. 武汉：武汉大学出版社，2014.

[3] 虞晓芬，汪初牧. 资产评估[M]. 北京：清华大学出版社，2015.

[4] 全国注册资产评估师考试用书编写组. 资产评估[M]. 北京：经济科学出版社，2013.

[5] 内蒙古财经学院财政税务学院资产评估系编. 资产评估案例集[M]. 内蒙古：内蒙古人民出版社，2018.4

[6] 余炳文，杨飞虎，胡梅根. 企业价值评估案例[M]. 北京：经济管理出版社，2016

[7] 徐茜. 资产评估理论与实务[M]. 北京：经济科学出版社，2015.

[8] 钱保国. 资产评估方法与精选案例[M]. 北京：化学工业出版社，2010.

[9] 杨志明. 资产评估实务与案例分析[M]. 北京：中国财政经济出版社，2015

[10] 百度文库，https：//wenku.baidu.com/view/af53d130eefdc8d376ee327e.html。